학생부 바이블
교육계열

학생부 바이블 교육계열
저자소개

김강석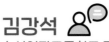
숭신여자고등학교 진로전담교사 재직중

집필이력
'나만의 진로 가이드북'
'학과바이블'
'교과세특 탐구주제 바이블'

활동이력
2009, 2015 교육과정 및 성취기준 연구
전 단국대학교 과학교육과 강사
경기 진로진학상담교사협의회 부회장

최미경
서현고등학교 윤리과 교사 재직중

집필이력
'교과세특 탐구주제 바이블'

활동이력
학교생활기록부 컨설팅 지원단
고교 교육과정 지원단
단국대학교 논술고사 검토위원

수상이력
2020 전국현장교육연구대회 1등급 수상

한승배
양평전자과학고등학교 진로전담교사 재직중

집필이력
'10대를 위한 직업 백과'
'10대를 위한 유망 직업 사전'
'교사 어떻게 되었을까'
'의사 어떻게 되었을까'
'나만의 진로 가이드북'
'교과세특 탐구주제 바이블'
2009 개정 교육과정 중학교, 고등학교, 특성화고 '진로와 직업' 교과서
2015 개정 중학교, 고등학교 '진로와 직업' 교과서

활동이력
네이버 카페 '꿈샘 진로수업 나눔방' 운영자
네이버 밴드 '함께하는 행복한 진로수업' 운영자

수상이력
근정포장, 대교눈높이교육상, 정보문화대상 대통령상, 청소년푸른성장대상, 장관표창(교육부, 행정안전부, 환경부, 보건복지부) 등

전소영
별가람고등학교 영어과 교사 재직중

생활기록부 지원단

활동이력
창의인성영어수업디자인 연구회
학교생활기록부 업무담당자 단톡방 자료 공유
학교생활기록부 업무 관련 블로그 운영
 blog.naver.com/ruby500
생활기록부기재요령 현직교사 연수 유튜브 강의 제작
 youtu.be/lXmMtOaiuol

배수연
늘푸른고등학교 사회과 교사 재직중

집필이력
'교과세특 탐구주제 바이블'

활동이력
전국연합출제위원
도단위 NTTP 교과연구회 연구위원
경기혁신교육모니터단
2021경기도성남교육지원청 교육과정 지원단

이남순
동백고등학교 진로전담교사 재직중

집필이력
'교과세특 탐구주제 바이블'
'기업가정신으로 플레이하자'
'꿈틀꿈틀 기업가정신 워크북'
'서술형평가 ROADVIEW'
'고3 담임 매뉴얼'

활동이력
경기도중등진로교육연구회 연구위원
경기도중국어교육연구회 연구위원
전국연합학력평가 출제위원
경기도진학지원단
대교협 대표강사

안병무
여강고등학교 진로전담교사 재직중

집필이력
'교과세특 탐구주제 바이블'
'교과세특 기재예시 바이블'
'YBM 우리는 체인지메이커'

활동이력
학생 진로교육 사이버 인증 시스템 개발위원
경기도교육청 대입진학지도 리더교사
2015 개정 교육과정 고등학교 '진로와 직업' 인정도서
심의위원
정부 부처 연계 진로체험 사업 자문위원
APEC 국제교육협력단 파견(AIV)

유현종
성남외국어고등학교 영어과 교사 재직중

집필이력
'심화영어'
'심화영어회화I' 검토

활동이력
중·고등학생 영어듣기평가 검토위원
경기도 전국연합학력평가 문항검토위원
2012년 경기도교육청 인정도서심의회 심의위원
2015 개정 교육과정 영어과 교육과정 보고서
경기도교육청 외고·국제고 교육과정운영 지원단

서문_ 학생부 바이블을 출간하며 ✏️

　드디어 학생부 바이블이 탄생했습니다. 기존 출간된 학교생활기록부를 다룬 책들과는 차별화된 새로운 관점에서 만든 책입니다. 어떤 내용으로 구성해야 일선에서 지도하는 현직 교사, 자신의 진로를 위해 노력하는 학생들과 학부모님, 모두에게 도움을 줄 수 있을까를 고민하고, 또 고민하면서 현직 중·고등학교 교사들이 힘을 모아서, 1여 년이 넘는 시간동안 서로 머리를 맞대고 노력한 결실입니다. 학생부종합전형은 학교 생활에 충실한 학생 중에서 적성이나, 소질, 잠재력 등을 종합적으로 평가해서 선발하는 전형입니다. 따라서 학생부종합전형을 정확하게 이해하고, 학생들이 스스로 질문하고, 답을 찾으며 학교 교육과정에 능동적으로 참여하는 것이 가장 기본적인 사항이라고 할 수 있습니다. 이 책의 초점은 여기에 있습니다.

　이 책은 인문, 사회, 자연, 공학, 의약, 예체능, 교육 등 7개 계열별 맞춤형 진학 설계 가이드북입니다. 학생부종합전형의 특징과 각 대학의 평가 요소, 변화하는 학교생활기록부에 대한 내용을 7개 계열별로 상세하게 정리했습니다. 이와 함께 학생부 각 영역에 대한 대학의 평가 관점, 학생들의 학생부 관리 방법을 함께 실었습니다. 또한 학생들을 지도하는 교사들을 위해 각 영역별 기재 방법을 상세하게 설명하고, 창의적 체험활동의 자율동아리, 진로활동 등에 대한 계열별·학과별 추천 활동과 맞춤형 기록 사례를 구체적으로 제시했습니다. 앞으로는 학생부종합전형에서 교과학습발달상황이 더욱 중요한 평가의 대상이 됩니다. 이에 발맞추어 국어, 영어, 수학, 사회, 과학 교과군 모든 과목의 세부능력 및 특기사항의 기재 예시를 제시하여 이 책을 활용하는 사람들에게 보다 효과적인 도움을 줄 수 있도록 구성하였습니다. 이와 함께 인문, 사회, 자연, 공학, 의약, 예체능, 교육 등 7개 계열에 해당하는 대표적인 직업 및 학과와 그에 적합한 선택과목을 제시하여, 학생들이 자신의 진로로드맵을 작성하는 데 참고할 수 있도록 했습니다.

　학생부종합전형의 핵심 평가 자료는 학생부입니다. 따라서 이를 어떻게 관리하느냐에 따라 대학 합격 여부가 결정됩니다. 자신이 원하는 대학교에 합격하는 것은 모든 수험생들의 바람입니다. 그러나 학생부종합전형에서는 더 이상 열심히 공부만 하는 모범적인 학생을 원하지 않습니다. 물론 성적도 우수해야 하지만, 이와 함께 학업역량, 진로역량, 공동체역량 등을 골고루 갖춘 학생을 원합니다.

　'아는 만큼 보인다'라고 했습니다. 학생들이 자신의 희망하는 학교에 진학하기 위해서, 교사들이 진학 지도를 올바르게 하기 위해서는 학생부종합전형에 대한 충분한 이해가 필수적입니다. 이 책을 꼼꼼히 읽고, 학생부 변화의 방향에 발 빠르게 대응한다면 성공적인 진학을 향하는 과정에 한 발짝 먼저 다가설 수 있을 것입니다.

　지금 이 시간에도 열심히 학생들을 지도하시는 일선의 교사들과 자신의 꿈을 이루기 위해 공부하는 학생들, 그리고 이들을 위해 노력하시는 모든 학부모님을 응원하며, 이 책이 큰 도움이 되기를 진심으로 바랍니다.

1.

이 책은 대학 입시의 주요 전형인 학생부종합전형을 준비하는 데 필수적인 학교생활기록부의 이해를 돕고자 교육계열 특성에 맞게 학교생활기록부에 필요한 정보를 담고 있습니다.

2.

교육계열 학과 정리, 학생부종합전형의 특징과 학교생활기록부의 항목별 내용을 구체적으로 정리하여 교육계열에 적합한 학교생활기록부를 디자인할 수 있는 정보를 제공하고 있습니다.

3.

무엇보다 학생 자신에 적성 및 흥미에 적합한 교육계열과 학과를 찾아갈 수 있도록 다양한 적성검사를 활용하는 방법과 교육계열 적성 및 흥미 그리고 근무 환경과 일자리 전망을 소개하고 있어 이를 활용하여 학생의 진로를 찾는 과정을 선행하는 것을 권장합니다.

4.

특히 2장에서는 학생부종합전형의 이해를 돕고자 학생부종합전형의 이해와 학생부종합전형에서 대표적인 평가요소인 학교생활기록부의 항목별 주요 포인트 및 활용 방안에 대해 소개하여 교사 및 학생이 맞춤형 활동과 학교생활기록부 작성에 도움을 주고자 하였습니다.

5.

학교생활기록부는 출결상황부터부터 행동특성 및 종합의견까지의 항목별 내용, 기재 요령 그리고 대학의 관점에서 바라보는 학교생활기록부의 주요 포인트를 분석하여 학생 및 교사가 해당 항목을 관리할 수 있도록 하여 학교생활에 선택과 집중을 할 수 있도록 정보를 제공하고 있습니다.

6.

특히, 교육계열에 적합한 학과별 추천 자율활동, 동아리활동, 봉사활동, 진로활동을 소개하고 더 나아가 관련 활동을 실시한 후 바람직한 학교생활기록부의 다양한 예시를 제공하여 학생에게는 활동의 방향성을 제시하고, 교사에게는 학생 지도 및 학교생활기록부 작성에 로드맵을 제공하고자 하였습니다.

7.

변화하는 교육정책에 따라 더욱 중요성이 커진 교과학습발달상황에서는 해당학과에 필요한 과목별 성취기준 및 단원별 학교생활기록부 예시를 제공하여 해당학과의 진학을 위해 어떤 활동을 해야 하며 후속활동에는 어떤 것이 있는지에 대한 정보를 담고 있습니다.

8.

마지막으로 급변하는 시대에 변화하는 학과의 이해를 돕고자 교육계열에 해당하는 학과 소개 및 개설대학, 관련 학과, 그리고 졸업 후 진출 분야를 중심으로 직업과 선택과목 로드맵에 대한 정보를 담아 교사의 학생 지도 및 직업과 선택과목 로드맵에 대한 정보를 담고 있어 교사의 학생 지도 및 해당 학과를 진학하고자 하는 학생에게 도움을 주고자 하였습니다.

학생부 바이블 교육계열 INDEX ✏️

학생부 바이블
교육계열

CHAPTER

진로(계열) 결정의 어려움

진로선택, 진로탐색, 진로준비

중고등학생들의 진로문제는 학생, 교사, 학부모 모두의 최대 관심사이다. 학생들이 어떤 진로를 선택하고, 선택한 진로를 어떻게 준비하는지에 따라 성인이 되어 가게 될 '길'이 달라질 것이라는 믿음 때문이다.

여기서 '길'이란 넓게는 삶 자체를 의미하지만, 대입을 준비하는 학생들에게는 '어떤 대학' 또는 '어떤 전공'의 문제로 상당히 축소되기도 한다. 이를 위해 국가와 사회는 입시전형 방식에 변화를 주었다. 점수 위주의 획일적인 입시 방식인 수능 중심의 정량평가에서 벗어나 학생의 성장과정과 결과, 대학 지원동기, 인성, 관심 영역, 노력과 열정 등 종합적인 학업 역량을 평가하여 학생을 선발하는 학생부종합전형이 시행된 것이다.(교육부, 2014) 학생부종합전형의 도입으로 학생의 학교생활 전반이 기록되는 학생부가 대학입학전형에 중요하게 반영됨에 따라 학교 교과활동과 비교과활동의 중요성이 더욱 커졌으며, 학생들이 수능 점수 외에도 미래 자신의 삶을 위한 적성과 흥미를 찾아볼 수 있는 기회가 마련되었다.

더 나아가 학생들의 적성과 진로희망을 실현하기 위해 다양한 교육과정을 편성·운영하는 '학생 맞춤형 교육과정'이 도입되는 등 학생의 진로와 적성을 담아내기 위한 학교의 노력이 계속되고 있다.[*] 그러나 이러한 노력과 시도에도 불구하고 학생들은 여전히 진로선택과 결정에 어려움을 겪고 있다.

*일반고 학생들의 진로선택과정에 대한 질적 연구(박나실, 서울대학교 대학원, 2020)

진로를 결정하지 못하는 이유(2020)

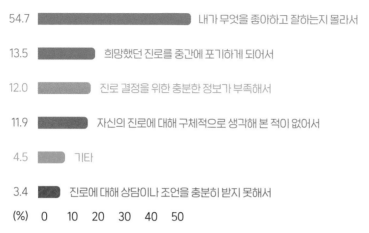

54.7	내가 무엇을 좋아하고 잘하는지 몰라서
13.5	희망했던 진로를 중간에 포기하게 되어서
12.0	진로 결정을 위한 충분한 정보가 부족해서
11.9	자신의 진로에 대해 구체적으로 생각해 본 적이 없어서
4.5	기타
3.4	진로에 대해 상담이나 조언을 충분히 받지 못해서

(%) 0   10   20   30   40   50

*고교학점제 도입에 따른 교육과정 이수 지도 방안 탐색(교육과정평가원, 2020)

교육과정평가원에서 전국의 305개교, 고등학교 2학년 학생 총 7,244명을 대상으로 설문조사한 결과 학생들이 진로를 결정하지 못하는 이유로 ▲내가 무엇을 좋아하고 잘하는지 몰라서(54.7%)에 가장 많이 응답하였고, ▲희망했던 진로를 중간에 포기하게 되어서(13.5%), ▲자신의 진로에 대해 구체적으로 생각해 본 적이 없어서(11.9%) 순으로 응답하였다.

최근 한 기업에서 10대 청소년 645명을 대상으로 10대 청소년의 진로나 장래희망 결정에서 어려운 점을 묻는 설문조사 진로 및 직업 탐색'에 대한 청소년 설문조사(스마트학생복, 2021.05.20.)를 실시한 결과, ▲나의 선호와 적성을 몰라서(30.5%, 197명), ▲자신감이 부족해서(21.7%, 140명), ▲진로체험 기회가 부족해서(18.3%, 118명), ▲생각하는 진로가 너무 많아 선택하기 어려워서(15.2%, 98명), ▲관련 정보탐색이 어려워서(5.4%, 35명), ▲부모님과 의견이 달라서(4.5%, 29명) ▲기타(4.3%, 28명) 순으로 응답이 나타났다.

10대 청소년의 진로나 장래희망 결정에서 어려운 점(2021)

31	나의 선호와 적성을 잘 몰라서
22	자신감이 부족해서
18	진로 체험 기회가 부족해서
15	생각하는 진로가 너무 많아 선택하기 어려워서
5	관련 정보 탐색이 어려워서
5	부모님과 의견이 달라서
4	기타

(%) 0   10   20   30

*진로 및 직업 탐색'에 대한 청소년 설문조사(스마트학생복, 2021.05.20.)

두 설문조사 결과에 따르면 청소년들이 진로를 결정하는 데 겪는 장애요인으로 '내가 무엇을 좋아하는지와 적성을 잘 모르고, 관련 정보가 부족하기 때문에 진로, 계열을 결정하는 것이 어렵다.'는 응답이 가장 많았다. 이러한 설문조사와 같이 한 연구에서는 청소년들이 진로 의사결정에 어려움을 겪는 이유로 크게 준비 부족, 정보 부족 그리고 모순된 정보 요인이 있다고 제시하였다.*

*자아존중감과 무망감을 기준으로 한 진로 결정 유형에 따른 진로준비 행동과 진로 의사결정 어려움의 차이(김소영, 건국대학교, 2018)

첫 번째 '준비 부족'은 설문조사 결과 두 번째로 많이 나왔던 '자신감 부족'과 같은 맥락으로, '동기 부족'이 그 원인이다. 이 외에도 진로 결정뿐만 아니라 의사결정 상황을 다양한 이유로 회피하는 '우유부단함', 그리고 진로 결정 과정에서의 비합리적인 기대로 인한 '역기능적 신념'이 진로 결정에 어려움을 주는 '준비 부족'에 해당한다.

두 번째는 '정보 부족'이다. 설문조사 결과 가장 많은 응답이 나왔던 '진로 결정 과정에 대한 지식 부족', 자신의 적성이나 성격적 특성, 능력과 관련된 '자신에 대한 정보 부족'이 '정보 부족'에 해당한다. 또한, 진로 관련 정보 탐색이 어렵다는 응답에 따라 '직업에 대한 정보 부족'도 청소년들의 진로 의사결정 과정에 어려움을 주는 중요한 요소라고 볼 수 있다.

마지막으로 '모순된 정보' 이다. 관심 있는 진로와 자신의 능력 사이의 불일치 등과 관련된 '내적 갈등', 부모님과의 의견 차이처럼 자신의 기대와 중요한 타인의 기대 사이에서 오는 불일치 등과 관련된 '외적 갈등'이 모순된 정보에 포함된다. 최근 교육부와 한국직업능력연구원에서는 '2020 초·중등 진로교육 현황 조사'를 통해 청소년들의 장래 희망과 희망직업 순위의 결과를 아래의 표와 같이 발표하였다.

구분	초등학생			중학생			고등학생		
	2018년	2019년	2020년	2018년	2019년	2020년	2018년	2019년	2020년
1	운동선수	운동선수	운동선수	교사	교사	교사	교사	교사	교사
2	교사	교사	의사	경찰관	의사	의사	간호사	경찰관	간호사
3	의사	크리에이터	교사	의사	경찰관	경찰관	경찰관	간호사	생명·자연 과학자 및 연구원
4	조리사 (요리사)	의사	크리에이터	운동선수	운동선수	군인	뷰티 디자이너	컴퓨터공학자/소프트웨어 개발자	군인
5	인터넷방송 진행자 (유튜버)	조리사 (요리사)	프로게이머	조리사 (요리사)	뷰티 디자이너	운동선수	군인	군인	의사
6	경찰관	프로게이머	경찰관	뷰티 디자이너	조리사 (요리사)	공무원	건축가/건축 디자이너	생명·자연 과학자 및 연구원	경찰관
7	법률 전문가	경찰관	조리사 (요리사)	군인	군인	뷰티 디자이너	생명·자연 과학자 및 연구원	건축가/건축 디자이너	컴퓨터공학자/소프트웨어 개발자

구분	초등학생			중학생			고등학생		
	2018년	2019년	2020년	2018년	2019년	2020년	2018년	2019년	2020년
8	가수	법률전문가	가수	공무원	공무원	간호사	컴퓨터공학자/소프트웨어 개발자	항공기승무원	뷰티디자이너
9	프로게이머	가수	만화가(웹툰작가)	연주자/작곡가	컴퓨터공학자/소프트웨어 개발자	컴퓨터그래픽디자이너/일러스트레이터	항공기승무원	공무원	의료·보건 관련직
10	제과·제빵사	뷰티디자이너	제과·제빵사	컴퓨터공학자/소프트웨어 개발자	간호사	조리사(요리사)	공무원	경영자/CEO	공무원
11	만화가(웹툰작가)	만화가(웹툰작가)	컴퓨터그래픽디자이너/일러스트레이터	건축가/건축디자이너	경영자/CEO	컴퓨터공학자/소프트웨어 개발자	조리사(요리사)	의사	컴퓨터그래픽디자이너/일러스트레이터
12	과학자	제과·제빵사	법률전문가	가수	항공기승무원	크리에이터	의사	뷰티디자이너	건축가/건축디자이너
13	뷰티디자이너	과학자	뷰티디자이너	항공기승무원	건축가/건축디자이너	경영자/CEO	의료·보건 관련직	기계·자동차공학자 및 연구원	경영자/CEO
14	동물사육사/보호·관리사	컴퓨터공학자/소프트웨어 개발자	배우/모델	간호사	법률전문가	법률전문가	기계·자동차공학자 및 연구원	의료·보건 관련직	유치원교사/보육교사
15	작가	수의사	동물사육사/보호·관리사	경영자/CEO	가수	가수	경영자/CEO	화학·화학공학자 및 연구원	마케팅·홍보 관련 전문가
16	컴퓨터공학자/소프트웨어 개발자	작가	수의사	법률전문가	일러스트레이터	제과·제빵사	작가	유치원교사/보육교사	화학·화학공학자 및 연구원
17	연주자/작곡가	배우/모델	과학자	배우/모델	심리상담사/치료사	회사원	배우/모델	운동선수	운동선수
18	수의사	연주자/작곡가	컴퓨터공학자/소프트웨어	제과·제빵사	작가	만화가(웹툰작가)	사회복지사	조리사(요리사)	감독/PD
19	건축가/건축디자이너	군인	작가	일러스트레이터	연주가/작곡가	작가	화학·화학공학자 및 연구원	연주자/작곡가	기계·자동차공학자 및 연구원
20	배우/모델	생명·자연과학자 및 연구원	공무원	회사원/직장인	유치원교사/보육교사	수의사	경영·경제 관련 전문직	마케팅·홍보 관련 전문가	약사

*2020 초, 중등 진로교육 현황 결과 발표(교육부, 한국직업능력연구원, 2021)

시대적인 이슈에 따라 다소 차이가 있을 수 있으나, 우리나라 초·중등 학생의 희망직업은 교사, 간호사, 의사, 군인, 경찰관, 운동선수가 상위권을 차지하고 있다.

반면 미국에서 구인구직 사이트를 운영하고 있는 글래스도어에서 급여, 직업만족도, 채용인원 등을 기준으로 선정한 유망직업을 보면 우리나라 청소년들이 선정한 직업과는 다소 차이가 있어 보인다.

 2021 미국 최고 직업

	직업명	급여평균($)	직무 만족도(5점만점)	채용
1	자바 개발자	90,830	4.2	10,103
2	제품 관리자	113,736	4.1	5,971
3	엔터프라이즈 아키텍트	121,107	3.9	14,515
4	데옵스 엔지니어	131,361	4.0	10,069
5	데옵스 엔지니어	110,003	4.0	6,904
6	정보 보안 엔지니어	110,000	4.0	5,621
7	비즈니스 개발 관리자	82,182	4.1	8,827
8	모바일 엔지니어	94,301	4.1	4,631
9	소프트웨어 엔지니어	110,245	3.8	40,564
10	치과의사	134,122	4.0	4,315
11	프론트 엔드 엔지니어	81,360	4.0	6,978
12	HR 관리자	87,852	4.2	3,818
13	전략 관리자	123,207	4.2	2,647
14	세일즈포스 개발자	89,098	4.2	3,346
15	자동화 엔지니어	86,445	4.1	4,123
16	백 엔드 엔지니어	90,757	4.3	3,001
17	기계 학습 엔지니어	104,837	4.1	2,977
18	제품 마케팅 관리자	120,267	4.1	2,998
19	세무 관리자	111,046	4.0	4,052
20	프로그램 관리자	80,066	3.9	18,963

*참고: https://www.glassdoor.com/List/Best-Jobs-in-America-LST_KQ0,20.htm
*글래스도어(https://www.glassdoor.com/)

이러한 차이는 왜 발생하는 것일까?
이에 대해서는 더욱더 많은 연구가 이뤄져야 하겠지만 우리나라 청소년들의 진로 결정 과정에서 자신에 대한 이해보다는 부모님을 비롯한 사회적 시선과 분위기가 중요한 요소가 되고 있으며, 이것이 정보의 내적, 외적 갈등으로 이어지기 때문에 진로 결정에 어려움을 겪는 것으로 예측할 수 있다. 이를 위해 진로 결정 과정의 이해, 나에 대한 이해를 위해서는 어떠한 노력을 해야 하는지 살펴보도록 하자.

02

진로(계열) 결정의 과정

진로 결정이란 자신의 진로와 관련된 방향을 설정하는 것으로 자신이 선택한 직업에 참여하기 위해 지속적이고 의미 있는 행동을 하는 것이다. 다시 말하면 자신에 대한 정보, 직업 세계에 대한 정보, 자신의 직업관과 가치관 등을 바탕으로 진로를 최종 선택하는 것이다.

이를 분명하게 만들기 위해서는 진로 결정과 진로 미결정의 개념을 살펴볼 필요가 있다. 진로 결정이란 바람직한 진로교육을 통해 진로설계와 계획이 장시간에 걸쳐 진로 발달로 이루어진 것이며, 진로를 결정해야 할 결정적 시기에 합리적으로 진로를 결정할 수 있게 된 상태를 말한다.
반대로 진로 미결정은 자신에 대한 이해 부족, 진로 또는 직업에 대한 인식과 정보의 부족, 선택에 대한 두려움, 자신과 환경 간의 유기적 연관성을 지각하지 못하는 것 등을 이유로 아직도 진로를 구체화하지 못하고 결정하지 못한 상태를 의미한다.

즉, 진로 결정 과정이란 개인의 성격과 상황에 따라 다소 차이가 있겠지만 진로 미결정 상태를 진로 결정 상태로 만드는 과정을 말하며, 이를 위해 자신에 대한 이해, 직업에 대한 정보, 선택에 대한 확신을 제공하는 과정이다.

진로 결정을 위해서는 첫 번째로 진로선택에 방해되거나 부정적인 영향을 미치는 진로 장벽과 진로 갈등 요인을 살펴보고, 이를 슬기롭게 해결해야 한다. 여기서 진로 장벽이란 진로를 결정하는 과정에서 부딪히게 되는 어려운 상황을 의미한다. 자기이해 및 자신감의 부족, 가치관의 혼란, 학습 및 자아존중감의 부족 등과 같은 개인적인 요인과 경제적 어려움, 부모님 또는 사회와의 가치 갈등, 직업에 대한 고정관념 등과 같은 환경적인 요인으로 구분된다. 그리고 진로 장벽으로 인해 주변 사람들 간 서로 다른 의견으로 발생하는 갈등을 진로 갈등이라 한다.
진로 장벽과 진로 갈등은 다양한 요인에 의해 발생하기 때문에 가장 먼저 정확한 이해와 분석이 필요하다. 이를 해결하기 위해서는 진로 장벽이나 갈등 상황을 회피하지 않고 구체적인 해결방안을 고민해야 하며, 필요하다면 담임 또는 진로 선생님과의 상담을 통해 슬기롭게 대처해야 할 필요가 있다. 또는 아래 커리어넷 진로상담(www.career.go.kr)을 활용하여 도움을 받을 수도 있다.

진로 결정을 위해 진로 장벽과 갈등을 확인하였다면 두 번째로는 개인적, 환경적, 직업적, 사회적 요인을 충분히 고려해야 한다.

진로 의사결정 요인

구분	내용
개인적 요인	나이, 성, 지능, 적성, 건강, 자아개념, 흥미, 성격, 대인관계
환경적 요인	부모 직업 및 교육 수준, 자녀에 대한 기대, 가정의 전통, 종교, 경제적 여건, 사회적 여건
직업적 요인	직업의 의미, 태도 및 가치관, 미래 직업 세계의 변화
사회적 요인	직업의 안정성, 발전가능성, 급여, 여가 시간, 직장의 환경

마지막으로 합리적인 진로 의사결정을 위해서는 다음 5가지 단계가 필요하다.

합리적인 진로 의사결정 과정

1) 문제인식 단계 — 진로선택과 관련된 문제 상황을 객관적으로 이해
진로 장벽 및 갈등, 자신의 직업 가치 이해

2) 정보탐색 단계 — 진로선택 시 고려해야 할 기초 정보 수집 및 이해
자신의 특성 및 진로 의사결정 요인 확인

3) 대안설정 단계 — 진로와 관련된 문제를 해결하기 위한 대안 찾기
합리적 해결방법을 충분히 고려하여 대안 설정

4) 대안평가 단계 — 진로문제해결을 위한 대안 평가
대안에 대한 실현가능성, 적합성 등을 예측

5) 의사결정 단계 — 바람직한 대안을 선택하고 나의 진로를 결정
진로 결정이 안 될 경우 처음으로 돌아가 다시 의사결정 진행

이와 같은 진로(계열) 결정 과정을 통해 자신의 진로가 결정된다. 문제는 이러한 과정에서 자기실현을 진로선택 과정의 중요한 요소로 고려해야 하는데, 우리나라 학생들의 경우 경쟁을 통한 입시 등의 교육 문화 때문에 자기실현보다는 자신보다 더 뛰어난 대상을 목표로 삼아 비교하는 경향을 보인다.[*]

[*]남녀 청소년의 사회 비교 경향성, 비합리적 신념과 성취목표와의 관계(하정희, 교육심리연구, 20(40), 785-805, 2006)

진로 결정의 어려움 해소 및 의사결정 과정에서 가장 중요한 것은 바로 자기이해이다. 다음 장에서 자기이해를 위한 방법을 알아보도록 하자.

03.

자기이해를 위한 진로검사(커리어넷 활용)

진로(계열)를 선택하기 위해서는 자기 자신에 대한 이해가 중요하다. 이를 위해서는 자신이 생각하는 '나', 주변 사람들이 바라보는 '나', 다양한 진로검사를 통한 '나'를 이해하는 방법이 있다. 내가 하고 싶은 것과 잘하는 것이 있다면 자기 생각대로 진로를 개척하는 것이 가장 좋다.

하지만 진로 결정의 어려움에 대해 묻는 설문조사에서 가장 많이 나온 응답 결과처럼 자신의 흥미와 적성 그리고 꿈에 대한 확신이 없다면, 진로검사를 통해 자신의 흥미와 적성이 무엇인지 확인해보고, 이를 통해 진로(계열)를 선택하는 것을 추천한다.

학교에서 진행한 진로검사결과를 다시 꺼내어 확인해보는 것도 도움이 될 수 있다. 만약 검사결과가 없다면 다음 방법을 참고하여 커리어넷을 활용한 흥미검사를 진행해 보자.

1   커리어넷 접속하기

진로정보망 커리어넷 사이트(www.career.go.kr)에 접속한다.
커리어넷은 진로심리검사, 진로상담, 직업정보, 학과정보, 진로동영상, 진로교육자료 등의 메뉴로 구성되어 있다.

상단 메뉴 안내

1. 진로심리검사 : 자신을 이해하는 데 도움이 되는 심리검사 및 정보 제공
2. 진로상담 : 진로 문제로 고민하는 학생, 학부모를 위한 진로상담 서비스 제공
3. 직업정보 : 관심 있는 직업에 대한 다양한 정보를 제공
4. 학과정보 : 관심 있는 학과에 대한 다양한 정보를 제공
5. 진로동영상 : 직업, 학과 등 다양한 동영상 자료를 통한 진로탐색 자료 제공
6. 진로교육자료 : 진로지도 활동에 활용할 수 있는 다양한 자료 제공

2   회원가입하기

진로검사를 위해서는 커리어넷에 회원가입을 해야 한다.
회원가입하기 → 개인 회원가입 → 중학생 또는 고등학생 선택 → 개인정보 입력

3 진로심리검사 – 직업흥미검사(H)

커리어넷에 상단 메뉴 중 '진로심리검사'를 선택한 후 직업흥미검사(H)로 이동한다.

검사 종류 안내

1. 진로적성검사 : 직업과 관련된 다양한 능력을 의미하며, 이를 스스로 진단해보고 진로 및 직업 세계를 탐색
2. 진로성숙도검사 : 개인의 진로선택과 결정 과정에서 필요한 태도, 능력, 행동의 준비 정도
3. 직업가치관검사(청소년) : 개인의 가치관이 직업이나 직장의 조직 및 환경 등에 적용된 것으로 개인의 직업을 통해 얻는 성취감과 행복에 영향
4. 직업흥미검사(K) : 특정 직업에 대한 흥미를 간편하게 검사
5. 직업흥미검사(H) : 흥미유형 및 세부 직업에 대한 정보를 제공

4 직업흥미검사(H) 선택하기

직업흥미검사(H)를 클릭하고 검사 정보(이름, 성별, 이메일, 소속, 나이) 확인하기
▶ 검사 구분에서 중학교, 고등학교 선택 후 검사 시작 클릭

5 직업흥미검사(H)형 검사하기

검사 시간은 대략 20분 정도로 정확한 결과를 위해서는 질문을 읽고 자신이 얼마나 좋아하는지 솔직하게 답해야 한다.

04.

교육계열에 적합한 커리어넷 결과 확인하기

커리어넷 결과 확인하기

1 직업흥미검사(H)형 결과 확인

커리어넷에서 검사를 마치면 다음과 같은 결과를 볼 수 있다.

직업흥미검사(H형) 결과표

커리어넷 직업흥미검사는 홀랜드 직업흥미유형 이론에 따라 설계되었습니다. 홀랜드 직업흥미유형은 미국의 저명한 심리학자인 John L. Holland가 개발하였으며, 성격 유형에 기반하여 직업 유형을 선택할 수 있게 한 심리검사 이론입니다. 본 검사를 통하여 나의 성격과 생활모습, 어떠한 직업적 활동들에 흥미를 느끼는지 검토해보고, 이와 더불어 나의 직업흥미유형과 관련된 직업들의 정보를 탐색하고 학습방법을 검토해보는 기회도 가져보세요.

이름	성별	소속	학년(나이)	나이스식별번호	검사일
김모아	여자	모아고등학교	1학년(17세)	12345678	2022.03.10

1. 직업흥미유형별 결과(T점수)

홀랜드 검사 결과를 통해 알아본 최발니 학생의 대표적인 직업흥미유형은 A유형입니다. 6개의 원중 주황색 원은 가장 높은 흥미를 가진 유형을 의미합니다. 검사지에 대한 응답 시 심리적 상태나, 응답자의 이해 방식 등에 따라 그 결과가 차이날 수 있고, 진로 선택에 있어서는 흥미 뿐 아니라 잘하는지에 대한 유능감(능력), 적성, 가치관, 성격, 미래직업전망 등 다각도로 고려해서 결정해야 합니다.

현재검사 (2021.10.15)

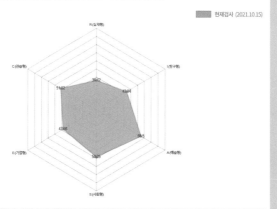

주요직업 흥미유형	A유형		진로교사용 결과표 해석 정보	
흥미유형 육각형모양	구분	크다	작다	설문의성실도	3.0 / 4.0 점
	정육각형	모든 분야에 높은 흥미	모든 분야에 낮은 흥미	긍정응답률	1. 매우 싫어한다 (24.6%)

직업흥미검사 결과표에서는 주요직업 흥미유형을 통해 나의 대표적인 직업흥미유형을 확인할 수 있다.

커리어넷 흥미검사에는 현실형, 탐구형, 예술형, 사회형, 진취형, 관습형 6개의 흥미유형이 있으며, 육각형 그래프를 통해 자신이 강한 유형과 약한 유형을 확인할 수 있다.

커리어넷 흥미유형 및 설명

업무수행능력	설명
현실형(R)	사물, 도구, 기계 및 동물에 대해 명확하고 질서정연하며 체계적인 조작을 하는 활동들을 선호하고, 교육적이거나 치료하는 활동을 싫어하는 경향이 있다. 이러한 경향성은 조작, 기계, 농경, 전기 및 기술적인 능력을 획득하게 하지만 사회적 능력 및 교육적 능력에서는 결함을 보여준다.
탐구형(I)	물리적, 생물학적, 혹은 문화적 현상에 대해 호기심을 가지고 관찰하는 것을 즐기며, 상징적이고, 체계적이고 창조적인 활동을 필요로 하는 조사나 연구 활동을 선호하고, 설득적이고 사회적이며 반복적인 활동을 혐오한다. 이러한 행동 경향성은 과학적이고 수학적인 능력을 갖추게 하지만 설득하는 능력에서는 결함을 보여준다.
예술형(A)	예술적 형태를 창조해내는 신체적, 언어적 활동이나 자유스러우며 체계화되지 않은 활동을 선호하고, 분명하고 체계적이고 질서정연한 활동들을 싫어하는 경향이 있다. 이러한 행동 경향성은 예술적인 능력을 획득하게 하지만 사무적인 능력의 결함을 보여준다.
사회형(S)	다른 사람들을 훈련시키고, 발달시키고, 치료해주기 위한 활동을 선호하고, 자료나 도구 혹은 기계를 포함하는 명확하고 체계적인 활동을 싫어하는 경향이 있다. 이러한 경향은 사회적 및 교육적 능력을 획득하게 하는 반면에 조작, 기계, 농경, 전기 및 기술적인 능력에서는 결함을 보여준다.
진취형(E)	조직적인 목표나 경제적인 이익을 얻기 위한 다른 사람과의 상호작용 활동을 선호하고, 관찰하고 상징적이며 체계적인 활동을 싫어하는 경향이 있다. 이러한 경향성은 리더십, 대인관계능력 및 설득능력이 뛰어나지만 과학적인 능력에서는 결함을 보여준다.
관습형(C)	자료에 대해 명확하고, 질서정연하며 체계적인 조작을 해야 하는 활동을 선호하고, 모호하고 자유스러우며 탐색적이고 체계적이지 않은 활동들을 싫어하는 경향이 있다. 이러한 경향은 사무적이고 계산적인 능력은 높지만 예술적인 능력에서는 결함을 보여준다.

2 주요 흥미유형과 특성 및 교육계열 흥미 알아보기

자신의 6가지 흥미유형 중 높게 나타난 흥미유형별 성격특성 및 직업특성, 그리고 대표적인 직업을 확인한다. 여기서는 대표직업 자체보다는 직업의 특성을 중심으로 살펴보고, 자신이 교과 및 학교급별로 필요로 하는 특성을 가지고 있는지 확인해 보자.

3 선호 직업군

검사결과를 통해 다양한 직업군에 대한 나의 흥미 정도를 확인할 수 있다. 이 직업군은 절대적인 것이 아니므로 결과를 통해 자신의 강점이 될 수 있는 직업군과 흥미를 느끼는 활동을 중점적으로 살펴보자.

교육계열 흥미 확인하기

다음은 워크넷의 자료로 중등학교 교사, 초등학교 교사, 특수학교 교사, 유치원교사의 흥미유형에 따른 결과이다. 이 결과는 계열 결정을 위한 하나의 참고사항일 뿐, 절대적인 지표는 아니다.

결과 파악에서 가장 중요한 것은 흥미유형별로 자신의 강점과 보완해야 할 점이 무엇인지를 확인하는 것이다. 이를 교육활동에 어떻게 활용할지에 대한 대안을 만든다면 차별성 있는 교사가 될 수 있다.

1 중등학교 교사

중등학교 교사의 경우 사회형과 관습형 그리고 예술형이 중요하다. 하지만 중등학교의 경우, 자신의 담당 과목에 따라 6가지 흥미유형이 변화할 수 있다. 예를 들어 수학교사나 과학교사의 경우는 수와 자연현상에 대한 호기심을 가지고 관찰 연구하는 것이 중요하기 때문에 탐구형의 중요도가 높다. 한편, 공업계열 교사의 경우는 기계를 다루는 업무를 많이 하므로 현실형의 중요도가 높다. 이 외에도 음악 또는 미술교사의 경우 예술형의 중요도가 높을 수 있다.

2 초등학교 교사

초등학교 교사는 학생의 생활습관 형성과 더불어 즐거운 학급을 형성해야 한다. 어린 학생들을 공감하고 이해하며 도와줘야하므로 사회형과 관습형이 무엇보다도 중요한 흥미 지표이다. 또한, 자연의 법칙을 이해하고 이를 학습자의 눈높이에 맞춰 전달하기 위해서는 탐구형도 도움이 된다. 이 외에도 음악과 미술 수업을 위해서는 예술형의 지표도 중요할 수 있다.

3 유치원교사 및 보육교사

유치원교사 및 보육교사의 경우 학생들의 눈높이에 맞게 지식을 전달하기 위해 다양한 예술적 방법을 활용하며 신체적, 언어적 능력을 발휘해야 한다. 또한 영유아기 학생들의 보육 및 도움의 역할이 강하므로 예술형과 사회형의 중요도가 높다.

4 특수교사

특수교사는 장애 학생 도우미의 역할이 강하다. 따라서 흥미유형 가운데 다른 사람을 훈련시키고 발달시키며 치료하는 활동을 선호하는 사회형과, 물리적·생물학적·문학적 현상에 호기심을 가지고 관찰하는 것을 즐기는 탐구형이 필요하다. 중등특수교사의 경우 중등학교 교사와 같이 담당하는 과목에 따라 흥미유형이 변화할 수 있다.

교육계열에 필요한 적성과 흥미

중등학교 교사

중등학교 교사는 청소년기 학생들의 다양한 욕구나 느낌을 민감하게 알아차리고 이들을 이해하고 도와주려하는 등 타인에 대한 배려가 많은 성격으로, 다른 사람들과 즐거운 관계를 유지하려는 협조적인 태도가 필요하다. 특히 청소년기의 학생들을 올바른 길로 이끌고 바람직한 삶의 자세를 일깨워주는 지도력과 의사소통능력, 공감능력이 필요하다.

또한, 학생들을 가르치고 지도하는 것이 가장 중요한 업무이므로 교육자로서 투철한 사명의식과 책임감을 가져야 한다. 학생에 대한 리더십, 관계형성능력 및 의사소통능력이 필요하며 원만한 수업 진행을 위한 정확한 언어구사능력이 필요하다.

중등학교 교사의 경우, 자신의 교과목을 가르쳐야하므로 무엇보다 교과에 대한 전문성이 요구되고, 자신이 알고 있는 내용을 학생들에게 잘 전달할 수 있는 소통능력이 요구된다.

초등학교 교사

초등학교 교사는 유소년기의 학생들을 대하는 만큼 솔직하고 도덕적인 성격을 지니고, 다른 사람들과 즐거운 관계를 유지하며 협조적인 태도를 갖추는 것이 필요하다. 또한, 어린 학생들의 욕구나 느낌을 민감하게 알아차리고, 이들을 이해하고 도와주려하는 등 타인을 배려하는 태도를 갖추는 것도 필요하다.

초등교사는 아동기로 변하는 아이들과 만나는 직업이므로 이 시기의 아이들을 좋아하고 잘 이해할 수 있으면 좋다. 또한, 다양한 교과를 가르치므로 국어, 수학, 미술, 음악, 사회, 과학 등 다양한 과목에 대한 관심과 학생들의 흥미에 맞춰 다양한 교육방법을 적용할 수 있는 창의성을 가지고 있다면 유리하다.

유치원교사 및 보육교사

유치원교사는 아이들을 배려하고 도와주려는 마음이 강한 것을 넘어 아이들을 사랑하는 마음을 가지고 있어야 한다. 다른 사람을 잘 이해하는 섬세한 성격의 사람에게 유리하며, 어려움이 있어도 참고 견디며 책임감을 느끼고 스스로 통제할 수 있는 능력이 요구된다. 또한, 영·유아의 부모들과 함께 자녀의 최적 성장·발달에 관한 이야기를 나눌 수 있어야 하므로 인간발달 및 인간관계에 대한 이해가 필요하다.

무엇보다 유치원교사는 관찰력과 통솔력, 돌발 상황에 대처할 수 있는 능력이 필요하다. 정확하면서도 이해하기 쉬운 어휘를 구사하는 능력을 갖추어야 하며, 이 외에도 솔직하고 도덕적인 정직성이 중요하다. 어린이에게 효과적인 의사 전달을 할 수 있도록 눈높이에 맞는 신체적, 언어적 활동과 이를 다양한 방식으로 표현해내는 능력이 필요하다. 아울러 어린이의 돌발적이거나 통제되지 않은 상황 등 고도의 스트레스 환경에서도 원활하게 대처할 수 있는 차분함과 인내심, 사소한 부분까지도 주의 깊게 다루는 꼼꼼함이 요구된다.

특수교사

특수교사는 여러 가지 형태의 장애가 있는 학생들의 요구나 느낌을 민감하게 알아차리고, 이해하고 도와주려는 등 장애인에 대한 배려심이 필요하다. 또한, 장애인을 돕는 데 어려움이 있어도 포기하지 않는 인내심, 장애인에 대한 남다른 애정과 희생, 봉사정신이 필요하다.

이 외에도 학생을 가르치는 교사로서의 자질과 함께 어떤 상황에서도 침착하게 문제를 해결할 수 있는 문제해결능력, 상황대처능력, 자기통제능력과 학습전달능력이 있어야 한다.

교육계열 진출 방법

중등학교 교사

중등학교 교사가 되기 위해서는 대학교에서 사범계열 학과를 졸업하거나 비사범계열 학과에서 교직과목을 이수하여 중등학교 2급 정교사 자격을 취득해야 한다. 비사범대 졸업 후 교육대학원에 진학하여 석사 학위를 취득해도 2급 정교사 자격을 취득할 수 있다.

국공립 중·고등학교에서 일하려면 중등학교 2급 정교사 자격을 취득한 후 각 시도교육청에서 시행하는 '국공립 중등학교 교사 임용 후보자 선정 경쟁시험(교원임용시험)'을 치러야 한다. 교원임용시험은 매년 11~12월에 시행되며 시험은 필기, 논술, 면접시험 등을 거쳐 이루어진다. 사립 중·고등학교는 결원 발생 시 교육청 및 채용사이트의 공고 등을 거치고, 학교장의 제청에 따라 이사회 의결을 통해 채용한다.

출산 및 육아휴직 등 일정 기간 휴직하는 교사를 대체하기 위한 기간제 교사의 경우에도 중등학교 2급 이상 정교사 자격 소지자에 한해 채용한다.

또한, 2급 정교사 자격을 소지한 자가 정규교원으로 임용되어 3년 이상의 교육경력을 가지고 소정의 재교육을 받거나, 2급 정교사 자격을 가지고 교육대학원 또는 교육부 장관이 지정하는 대학원 교육과에서 석사 학위를 받은 자로서 1년 이상의 교육경력이 있으면 1급 정교사 자격증을 취득할 수 있다. 시험을 통해 장학사나 교육연구사 등으로도 진출할 수 있다.

초등교사

초등교사가 되기 위해서는 우선 전국 10개의 교육대학교 또는 한국교원대, 이화여자대학교의 초등교육과에 진학해야 한다. 이곳에서는 교육현장을 이해하기 위한 이론, 교육행정, 생활지도에 대한 내용과 교과목을 효과적으로 가르치기 위한 교수법, 교재연구 등에 대해 교육하며, 졸업과 동시에 초등학교 2급 정교사 자격이 주어진다. 1급 정교사는 초등학교 2급 정교사 자격을 가진 자로 3년 이상의 교육경력을 가지고 소정의 재교육을 받거나, 2급 정교사 자격증을 가지고 교육대학원 등에서 초등교육과정을 전공하여 석사 학위를 받은 자로서 1년 이상의 교육경력이 있으면 취득할 수 있다.

초등교사는 주로 공립 초등학교에서 활동하며, 이 밖에도 교육대학교 부설 국립초등학교 혹은 사립초등학교로 진출한다. 국공립 초등학교에서 교사가 되기 위해서는 초등 정교사 2급 자격증을 취득한 후, 각 시도에서 시행하는 교원 임용고시에 합격해야 한다. 임용고시에 합격하지 않아도 초등 정교사 2급 자격증이 있으면 사립초등학교에 취업할 수 있지만, 초등학교 교사 중 사립초등학교의 교원은 약 1%에 불과하다. 교원임용시험은 매년 11~12월에 치러지며 시험은 1차 전공과 필기, 2차 전공 논술, 3차 수업실기 및 면접시험 등으로 이루어져 있다. 정규교원으로 임용되어 교육경력이 일정 이상이 되면 시험을 통해 장학사나 교육연구사 등으로 진출할 수 있다.

유치원교사

유치원교사가 되기 위해서는 전문대학 혹은 대학교에서 유아교육 관련 학과를 전공해야 한다. 유아교육과 및 아동학과를 졸업하면 유치원 2급 정교사 자격을 취득할 수 있으며, 유치원 교육과정이 개설된 교육대학원에서 석사 학위를 취득해도 동일 자격을 발급받을 수 있다.

관련 학과에서 유아의 발달 및 교육에 대한 부분을 학습하며, 실제 유아들의 교육에 적용하기 위해 유아 언어·미술·과학·동작 교육 등의 다양한 실기 과목도 함께 다룬다.

유치원 2급 정교사 자격 소지 후 3년 이상의 교육경력을 가지고 재교육을 받거나, 2급 정교사 자격증을 가지고 교육대학원 등에서 유치원교육과정을 전공하여 석사 학위를 받은 자로서 1년 이상의 교육경력이 있으면 유치원 1급 정교사 자격증을 취득할 수 있다.

특수교사

특수교사가 되려면 대학에서 특수교육 관련 학과를 졸업하거나 대학원에서 특수교육 관련 석사 학위를 취득하여 특수교사 2급 정교사 자격증을 취득해야 한다. 특수교육은 학교에 따라 유아특수교육과, 초등특수교육과, 중등특수교육과 등으로 전공이 세분화되어 있다. 유치원과 초등과정의 특수학교 교사는 시·청각 장애, 지체 부자유 등 심신 장애별로 자격을 구분하며, 중등과정은 중등학교 교사의 담당 과목과 심신 장애 구분을 동시에 적용하여 자격을 구분한다.

국립 특수학교의 특수교사가 되기 위해서는 특수교사 2급 정교사 자격을 취득한 후, 임용시험에 합격해야 한다. 유·초등 특수교사 임용시험의 경우 1차에서는 교직 논술, 교육과정, 한국사(한국사 검정시험으로 대체 가능)를 평가하며, 2차에서는 교직 적성 면접 및 수업 실연을 평가한다.

중등 특수교사 임용시험의 경우, 1차에서는 교육학, 교과 교육학, 교과 내용학에 해당하는 전공 A, B 및 한국사(한국사 검정시험으로 대체 가능)를 평가하며, 2차에서는 유·초등과 같이 교직 적성 면접 및 수업 실연을 평가한다.

사립 특수학교에서 특수교사를 임용할 때는 교육청에 위탁하거나 해당 학교 법인의 시험 절차에 따라 선발한다.

보육교사

보육교사가 되기 위해서는 보육학과, 아동학과, 유아교육과, 아동복지학과 등 전문대 이상의 다양한 보육 관련 학과를 전공하고 대학에서 기초 이론, 영유아 발달과 교육, 영유아 건강, 안전, 영양 등 보육 관련 교과목(17과목, 51학점)을 이수하여 자격증을 취득한다. 또는 대학원이나 보육교사 관련 교육 훈련시설(보육교사교육원)의 과정을 통해 영유아들의 정서 및 신체 발달에 따른 보육 관련 사항을 배운 후 보육실습을 거쳐 보육교사 2급 자격을 취득해야 한다.

또한, 석사를 졸업하고 1년 이상의 보육업무 경력이 있거나, 2급으로 3년 이상의 보육업무 경력을 가지면 1급 자격을 취득할 수 있다. 자격증 취득 후 채용 공고를 통해 원하는 곳에 서류를 넣고 소정의 절차를 통과하면 보육교사가 될 수 있다.

교육계열의 근무 환경 및 일자리 전망

근무환경

1 초·중등학교 교사

초·중등학교 교사의 정규 근무시간은 각 학교의 상황에 따라 다소 차이가 있지만 대략 8:30부터 16:30까지이다. 하지만 방과후학교나 야간자율학습 감독, 동아리 운영 및 행정업무 등으로 정규 시간 외에도 근무하는 경우가 많다.

초등학교, 중학교, 고등학교 간에 차이가 있지만, 일반적으로 하루에 3~5시간의 수업을 담당하며 수업시간 외에도 수업 준비, 학생 평가와 행정업무 등을 수행한다. 수업은 주로 교실에서 이루어지나 교과에 따라 실험실, 실습실, 음악실, 체육관이나 운동장에서 이루어지기도 한다.

학급 담임을 맡은 경우에는 다양한 개성을 가진 학생들을 지도해야 하고, 학습 환경 조성 및 진로진학상담 지도 등에 힘써야하므로 육체적, 정신적 부담이 큰 편이다. 교육계열에 종사하는 교사에게는 여름방학, 겨울방학, 봄방학이 있는데, 학교마다 방학이 시작하는 날짜와 기간이 다르지만 보통 여름방학과 겨울방학은 3~4주 정도 봄방학은 1~2주 정도로 실시된다. 이는 교육부에서 지정한 수업일수 안에서 학교마다 자유롭게 교육과정을 구성하기 때문에 1년으로 봤을 때는 크게 차이가 없다. 하지만 방학이라고 할지라도 며칠간은 출근해야 하며, 나머지는 학기 중 시간상의 문제로 하지 못한 연수나 다음 학기 수업 및 업무 준비를 한다. 또한, 일부 선생님은 오전에 학교에 나와 방과후수업을 진행하거나 자율학습 감독을 하는 경우도 있다.

2 유치원, 보육교사

유치원 및 보육교사는 양육자의 역할, 영유아의 발달단계에 적합한 일과계획의 작성, 보육 활동의 선택 및 수행, 영유아의 흥미·욕구·변화를 고려한 환경의 구성, 식사 및 간식 제공, 영유아 프로그램과 교사에 대한 기록 작성 및 평가 실시 등 전반적으로 일과를 운영하는 교수자의 역할, 부모·관계기관·지역사회와의 관계 형성 및 유지 등 다양한 역할을 수행해야 한다.

근무처에 따라 조금씩 차이가 있지만, 대부분 8:30에 출근하여 18:00에 퇴근한다. 초·중등학교 교사보다 업무 시간이 많은 이유는 다양한 행사 준비도 있지만, 부모의 퇴근 시간 동안 원생을 돌봐야하기 때문이다.

또한, 식사 준비부터 낮잠 휴식 시간까지 영유아들의 모든 것을 준비, 관찰하며 보살펴야하므로 최근 업무 강도에 대한 이야기가 많이 나오고 있으며, 이에 대한 다양한 정책과 대책이 나오고 있다.

일자리 전망

2025년 중·고등학교 교사의 일자리는 2015년과 비교했을 때 연평균 0.3%가량 감소할 것으로 전망된다. 중·고등학교 교사의 고용에 영향을 미치는 요인으로는 학생 수의 감소와 같은 인구구조의 변화와 교육정책의 변화 등을 꼽을 수 있는데 긍정적인 요소와 부정적인 요소가 공존할 것으로 보인다.

먼저 긍정적인 요인으로 현재 교육부는 공교육의 내실화를 목표로 교원 1인당 담당 학생 수를 줄이기 위한 노력을 지속해왔다. 이에 교원 1인당 학생 수가 꾸준히 감소하였고, 2020년 기준 유치원교사는 1인당 11.4명, 초등학교 교사는 14.2명, 중학교 교사는 11.8명, 고등학교 교사는 10.1명의 학생을 담당하고 있다.

앞으로도 교원 1인당 담당 학생 수를 감소시키기 위한 정부의 정책이 지속될 것으로 예상되며, 이는 중등학교 교사의 일자리에 긍정적인 영향을 미칠 수 있다. 실제로 연도별 중등교원의 수를 보면 최근 들어서도 교사 수가 매년 소폭 증가하고 있음을 알 수 있다. 그러나 교사의 일자리와 밀접하게 관련된 학생 수는 과거 2000년대까지 증가하다가 최근 급격히 줄고 있는 추세이다. 사범계열 대학 등 중등교원 양성기관을 통해 매년 배출되는 교원 인력들은 증가하는 데 비해 신규채용 예정 교원 수는 제한되어 있다.

교육부는 매년 교과목별 교원 수요변동, 교원 증원 상황 등을 반영하여 임용시험으로 선발할 중등학교 교사의 수를 정하고 있다. 교사를 지원하는 사람은 많고 인원은 제한되어 있어 경쟁률이 치열하므로 교사로 취업하는 데 상당한 어려움이 있을 것으로 예상된다.

교원 1인당 학생 수의 변화

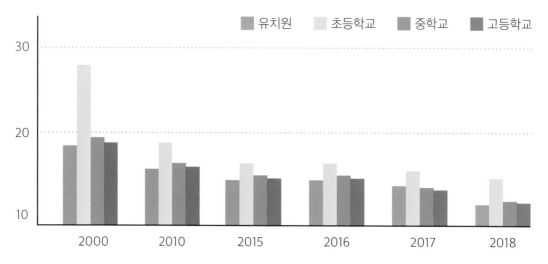

*출처 : 한국교육개발원 「교육통계분석자료집」

어린이집이나 보육교사의 경우, 앞으로의 고용은 다소 증가할 것으로 전망된다. 정부는 저출산 대책으로 무상보육, 양육수당 지원 등 보육정책을 통해 출생률을 높이는 정책을 펼치고 있다. 또한 누리과정, 보육지원 등 보육 관련 사회복지 정책이 확대되면서 사회 전반에 걸쳐 보육교사에 대한 수요가 증가하고 있다. 이에 다양한 시설이 생겨났으며, 해당 시설에 근무하는 교사도 증가하고 있다.

MEMO

학생부 바이블
교육계열

CHAPTER

01.
학생부종합전형의 이해

학생부종합전형이란?

아래 표와 같이 간호학과를 진학하고자 하는 A학생과 B학생이 있다. 학생부종합전형에서는 누구를 선발해야 할까? A학생은 내신 등급이 높은 대신에 간호학과 관련 활동을 하지 않았다. 반면에 B학생은 내신 성적은 좋지 않지만 관련 활동을 꾸준히 해왔다. 예상했겠지만 학생부종합전형에서는 B학생이 선발될 가능성이 더 크다.

이렇듯 최근 입시 결과를 보면 내신 성적의 순서와 합격 순서가 다른 역전 현상을 종종 볼 수 있다. 아래 예시와 같이 성적이 2.5등급인 B학생은 대학에 합격하고, 2.0등급인 A학생은 대학에 불합격하게 되는 경우를 볼 수 있는 것이다. 이는 논술이나 학생부종합전형과 같이 내신 이외의 평가가 있는 입시전형에서 종종 발생하는 현상이다.

논술전형의 경우, 대부분의 수험생과 학부모가 논술 시험에 의해 결과가 바뀔 수 있음을 인지하고 있다. 하지만 학생부종합전형은 어떤 과정에 의해 평가되고 학생의 점수가 어떻게 산출되는지 모르는 경우가 많다. 이에 학생부종합전형을 흔히 '깜깜이 전형'이라고 부르며 불신하는 경우도 많다.

그러나 학생부종합전형은 내신 성적이 다소 부족하더라도 자신의 꿈을 탐색하고 노력하며 대학 진학 후에 더욱 발전하리라 판단되는 학생을 평가하여 선발하는 제도이다. 따라서 내일이 더욱 기대되는 학생들에게 매우 유리한 전형이라고 할 수 있다.

이 장에서는 학생부종합전형을 깜깜이 전형이라고 하여 멀리하기보다는 학생부종합전형에서 무엇을 어떻게 평가하는지에 대해 알아보기 위해 학생부종합전형의 의미와 평가요소를 살펴보고, 이를 통해 학생부종합전형 평가방법에 대한 수험생과 학부모의 이해를 돕고자 한다.

A학생(간호학과)

● **평가기준**

● **학업발전성**
내신평균등급 2.0등급
(1학년 1.0, 2학년 2.0, 3학년 3.0)

● **전공적합성**
- 생명과학 3등급
- 전공과목 평균등급: 2.5등급
- 우주관측 동아리 회원

● **경험다양성**
- 대학 주최 과학캠프 참가
- 음악 오케스트라 회원

● **자기주도성**
- 특이사항 없음
- 지원동기(진로희망)를 발견하기 어려움

● **인화관계성**
- 무단지각 2회
- 이기적인 학생(행동특성 및 종합의견)

B학생(간호학과)

● **평가기준**

● **학업발전성**
내신평균등급 2.5등급
(1학년 3.0, 2학년 2.5, 3학년 2.0)

● **전공적합성**
- 생명과학 1등급
- 전공과목 평균등급: 1.3등급
- 간호학과 동아리 회원

● **경험다양성**
- 학급 자치회장
- 생명 관련 주제탐구활동 다수

● **자기주도성**
- 초등학교 때부터 부모님과 함께 봉사활동 참여, 현재까지 1개월에 한 번씩 병원 봉사활동 참여
- 중학교 때부터 간호사가 꿈

● **인화관계성**
- 선행상, 효행상, 모범상 3회
- 봉사가 생활인 학생(행동특성 및 종합의견)

최근 입시 결과를 보면 내신 성적순과 다른 결과가 발생한다.

성적이 2.0인 A 학생은 ○○대학에 합격했는데 1.7인 B학생은 ○○대학에 불합격되는 경우를 흔히 볼 수 있는데 이는 논술이나 학생부종합전형이 이러한 현상이 발생한다.

논술의 경우 논술 시험에 의해 결과가 바뀌게 되는 것은 대부분의 수험생과 학부모가 알고 있다. 하지만 학생부 종합전형은 어떤 과정에 의해 점수가 산출되는지 모르는 경우가 많다.

이 장에서는 학생부 종합전형의 의미와 평가요소를 알아보고 이를 통해 수험생과 학부모가 학생부종합전형을 준비할 수 있도록 할 예정이다.

먼저 학생부 종합전형이 무엇인지 알아야 하는데 이를 위해 서울대, 연세대, 고려대에서 설명하는 학생부종합전형의 정의를 알아보고자 한다.

1 서울대학교

서울대학교는 이런 학생을 기다립니다.

'미래를 개척하는 지식공동체'

이는, 서울대학교가 추구하는 가치이자 지향점입니다.

서울대학교가 지향하는 가치를 실천할 수 있는 인재의 모습은 다음과 같습니다.

- 학교교육과정을 성실히 이수하며 학업능력이 우수한 학생
- 학교생활에 적극적이고 진취적인 태도를 보인 학생
- 글로벌 리더로 성장할 수 있는 자질을 지닌 학생
- 다양한 교육적, 사회적, 문화적 배경과 경험을 지닌 학생
- 사회적 약자에 대한 배려심과 공동체 의식을 가진 학생

서울대학교는 우수한 학업능력과 적극적인 학업태도를 지닌 학생을 선발하고자 합니다. '글로벌 리더'나 '진취성'이란 단어가 다소 거창하여 구체적인 개념이 쉽게 떠오르지 않을 수 있습니다. 고등학생들에게는 멀리 있는 목표이기도 합니다. 그러나 서울대학교는 이러한 모습으로 이미 완성된 인재를 선발하려는 것이 아니라 장차 훌륭한 인재로 성장할 가능성을 지닌 학생들을 선발하려는 것입니다. 그 가능성은 단순히 수능 몇 점 또는 내신 몇 등급과 같은 점수만으로 파악하기 매우 어렵습니다. 학생부종합전형에서는 서울대학교에 지원한 학생들을 정량화된 수치로 판단하는 것이 아니라 하나의 인격체로 파악합니다.

*2021 서울대학교 학생부종합전형 가이드북

2 연세대학교

학생부종합전형이란 '입학사정관 등이 참여하여 학생부를 중심으로 서류를 통해 학생을 선발하는 전형입니다. 따라서 학생부종합전형은 교과 등급, 수능 성적 등과 같이 정량적인 성적으로 줄을 세우지 않습니다. 정량적인 점수는 지원자의 학업동기, 열정, 발전가능성 등 서로 다른 환경에서, 서로 다르게 성장한 다양한 지원자의 잠재력과 능력을 확인하는 것은 불가능합니다.

학생부종합전형은 이러한 문제점을 극복하고자 지원자가 제출한 서류를 바탕으로 학업 역량분만 아니라, 전공적합성, 인성, 발전가능성 등을 종합적으로 평가하여 선발하게 됩니다.

*2021 연세대학교 학생부종합전형 가이드북

3 고려대학교

학생부종합전형의 정의는 '입학사정관 등이 참여하는 학생부를 중심으로 자기소개서, 면접 등을 통해 학생을 종합적으로 평가하는 전형'입니다.

고려대가 생각하는 학생부종합전형은 고등학교에 대한 신뢰와 교육현장에 대한 체계적 이해를 바탕으로 고려대학교의 미래를 함께 개척해 나갈 수 있는 잠재력을 갖춘 학생을 선발하는 전형입니다.

따라서 고려대학교 학생부종합전형은 3년간 학생이 얼마나 충실하게 학교생활에 임하고 학습하며 성장했는지 주목합니다.

수치로 나타난 성적보다는 학생을 둘러싼 교육 환경에서 어떤 자세로 생활했는가에 초점을 두고 교육 활동 과정 속에서 성장과 발전가능성을 종합적으로 평가하고 있습니다.

더불어 대학에 입학한 이후에도 끊임없이 스스로 성장과 발전을 위해 적극적으로 미래를 설계하고, 그 목표를 달성하기 위해 노력하는 학생을 선발하고자 합니다.

*2021 고려대학교 학생부종합전형 가이드북

학생부종합전형은 위 대학에서 소개한 것과 같이 단지 내신 및 수능 점수의 높고 낮음으로 학생을 선발하지 않는다. 이는 도시, 농어촌 뿐만 아니라 같은 지역이라고 할지라도 부모의 경제력과 학생의 선행학습 정도오 같은 서로 다른 환경에서 다양한 지원자의 잠재력과 발전가능성을 확인할 수 없기 때문이다.

이를 위해 학생부종합전형은 이러한 차이르 인정하고 다양한 능력을 가진 학생들의 가능성과 역량을 평가하기 위해 도입된 평가제도이다.

점수와 같은 수치로 나타난 교과 성적만을 평가에 반영하지 않고 지원자의 학교생활이 담긴 학교생활기록부를 바탕으로 학업능력뿐만 아니라 전공적합성, 인성, 발전가능성을 평가한다.

즉 학생부종합전형은 입학사정관을 통하여 내신성적과 수능점수만으로 평가할 수 없었던 잠재능력과 소질, 가능성을 다각적으로 평가하고 판단하여 각 대학의 인재상과 모집단위의 특성에 맞는 신입생을 선발하는 제도로 글로벌 시대가 요구하는 창의적 인재와 다양한 역량을 갖춘 인재를 선발하기 위한 제도이다.

학생부종합전형 평가요소

학생부종합전형의 평가요소는 대학별 조금씩의 차이가 있으며 각각의 반영 비율도 대학별 모집단위별로 다르지만 공통적으로 학업역량, 전공적합성, 인성, 발전가능성이 학생부종합전형 평가에 반영된다.

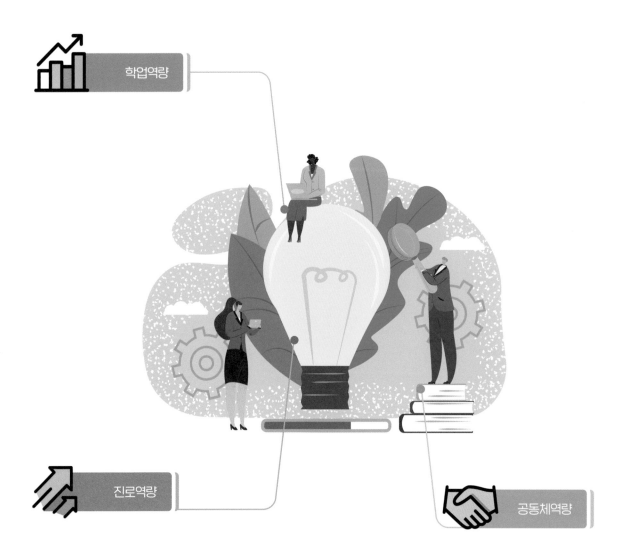

학업역량이란 고등학교 수업을 충실히 수행할 수 있는 기초 수학능력으로 일반적으로 학업성취도, 학업태도와 학업의지, 탐구활동의 항목으로 구분된다.

 학업성취도

학업성취도에 대한 평가는 종합적 학업능력, 지속적 성취도의 발전, 그리고 전공적합성과의 연계 등을 바탕으로 평가된다. 종합적 학업성취도는 3년간의 종합적 학업성취도를 의미하는 것으로 대체로 재학 기간 중의 평균적인 학업성취도에 의해 평가 된다. 다만, 교과 성적은 지원자가 속한 집단에 따른 영향으로부터 무관할 수 없기 때문에 정량적 지표에 의해 선발되는 경우가 아니라면 지원자의 여러 특성을 반영하여 종합적으로 평가하는 것이 일반적이다.

이는 정성평가에서 의미하는 3년간의 학업성취도를 단순 하나의 평균 성적으로 해석하는 것이 아니라, 다양한 과목 구분에 따른 학기별 성적 자료를 참고로 지원자의 학업성취도를 평가한다.

 학업태도

학업태도와 학업의지는 자기 주도성에 기반한 학업에 대한 적극적인 노력과 의지 그리고 도전 정신과 실험 정신, 지적인 호기심, 각종 교내 활동에 대한 열정 등이 표출되었을 때 의미 있는 평가를 받게 된다. 교과 수업에서 집중력을 가지고 적극적으로 참여하며 스스로 탐구하고 이해하는 태도를 보이는 경우와 선택과목에서 어떤 교과목을 어떻게 선택하여 이수하였는지 여부 등을 살펴보면서 확인할 수 있다.

또한 교내에서 열리는 각종 대회의 참여도와 노력의 과정을 주도적으로 보여준 경우, 동아리 활동이나 자율활동, 진로활동 등에서 보이는 징취성과 무엇인가를 적극적이고 능동적으로 배우려는 자세 등에서 평가자는 자기주도적 학업역량을 확인할 수 있다.

 탐구력

탐구력이란 어떤 대상에 대해 호기심을 가지고 깊게 꾸준히 연구할 수 있는 역량을 말한다. 탐구력은 고차원적인 학업역량을 보여주는 필수적인 요소이다. 탐구능력은 학교에서 이루어지는 다양한 실험 실습이나 탐구, 연구 활동, 프로젝트에서 확인이 가능한데, 평가자는 탐구활동 과정에서 지원자의 학문적 열정이나 지적 관심이 어느 정도인지 살펴보게 된다. 또한 수업에서 생긴 궁금증을 풀어보고 싶거나 자신의 역량을 기르기 위해 학교의 어떤 프로그램으로 관심을 확정해 나갔는지를 종합적으로 판단한다.

즉, 탐구력은 교실수업과 수행평가, 주제탐구 및 프로젝트 학습 등과 같이 자율활동, 동아리 활동 등에서 탐구 역량을 나타날 수 있다.

2 진로역량

전공적합성은 지원 전공(계열)과 관련된 분야에 대한 관심과 이해, 노력과 준비 정도를 의미하며 전공 관련 교과목 이수 및 성취도, 전공에 대한 관심과 이해, 전공 관련 활동과의 경험 등을 평가한다.

전공(전공) 관련 교과 이수 노력

전공 관련 교과목 이수 및 성취도는 지원 전공과 관련된 교과 성적에 대한 성취도로, 학업역량의 학업성취도 평가와 크게 다르지 않지만, 전공 적합성 관점에서는 지원 전공 관련 교과를 중심으로 학업성취도 평가한다.

전공(계열) 관련 교과 성취도

전공에 대한 관심과 이해의 경우, 전공에 대한 관심이 없는 학생보다는 관심과 열정이 있는 학생이 대학 입학 후 해당 전공 활동에 적극적이고 주도적으로 참여할 것이라는 가능성을 바탕으로 미래 잠재력을 평가한다.
물론 이는 전공 관련 꿈이 일관되어야 한다는 의미는 아니다. 지원 전공 관련하여 진로는 변경될 수 있지만 진로를 탐색하는 과정에서의 자기주도적인 태도를 중요하게 살피고 있다.

진로 탐색 활동과 경험

진로 탐색활동과 경험은 수업시간, 동아리, 자율활동, 방과후 수업 등을 통해 지원 전공과 관련한 활동을 주도적으로 진행하고 독서 활동의 내용을 통해 전공 분야에 대한 관심과 깊이, 경험을 확인한다.

3 공동체역량

인성은 공동체의 일원으로서 필요한 바람직한 사고와 행동으로, 협업능력, 나눔과 배려, 소통능력, 도덕성, 성실성의 5가지 항목에 평가한다.

협업능력과 소통능력

협업능력은 공동체의 목표를 달성하기 위하여 상호 신뢰를 바탕으로 함께 돕고 함께 생활할 수 있는 역량으로, 학교라는 공동체 안에서 이루어지는 다양한 공동학습과 단체활동 등에서 얼마나 적극적으로 돕고 함께 행동하여 공동의 목표를 달성하는가를 평가하는 항목이다.
소통능력은 상대방의 의견을 경청하고 공감할 수 있으며, 자신의 생각과 정보를 효과적으로 전달할 수 있는 역량을 의미한다. 이는 공동체의 증진을 위해 미래사회의 인재가 갖춰야 할 핵심역량이라는 점에서 중요한 평가요소가 된다.

나눔과 배려

나눔과 배려는 상대방을 존중하고 이해하여 원만한 관계를 형성하는 것으로 타인을 위하여 자신의 것을 나누어 주고자 하는 태도와 행동이다. 나눔이나 봉사를 할 때, 일방적인 베풂보다는 상대의 처지나 어려움을 헤아려 상대방을 존중하고 배려하는 태도가 나타나는 경우 긍정적인 평가를 받을 수 있다.

성실성과 규칙준수

성실성은 책임감을 바탕으로 꾸준히 노력하여 자신의 의무를 다하는 태도와 행동이다. 성실성을 확인할 수 있는 가장 확실한 방법은 지속하기 힘든 어려움이 발생했을 때 이를 어떻게 극복하고 지속하는지를 통해 성실성을 평가될 수 있다.

리더십

리더십은 공동체의 목표 달성을 위해 구성원의 화합과 단결을 이끌어가는 역량이며, 특정 직책을 맡은 경험 여부보다는 구성원의 화합과 단결을 이끌어내는 활동 경험을 통하여 평가가 이루어진다.

학생부종합전형 평가요소 및 평가항목

학업역량
대학 교육을 충실히 이수하는 데 필수한 수학 능력

학업성취도
- 고교 교육과정에서 이수한 교과의 성취수준이나 학업 발전의 정도

학업태도
- 학업을 수행하고 학습해 나가려는 의지와 노력

탐구력
- 지적 호기심을 바탕으로 사물과 현상에 대해 탐구하고, 문제를 해결하려는 노력

공동체역량
공동체의 일원으로서 갖춰야 할 바람직한 사고와 행동

협업과 소통능력
- 공동체의 목표를 달성하기 위해 협력하며, 구성원등과 합리적인 의사소통을 할 수 있는 능력

나눔과 배려
- 상대방을 존중하고 이해하여 원만한 관계를 형성하며, 타인을 위하여 기꺼이 나누어 주고자 하는 태도와 행동

성실성과 규칙준수
- 책임감을 바탕으로 자신의 의무를 다하고, 공동체의 기본 윤리와 원칙을 준수하는 태도

리더십
- 공동체의 목표 달성을 위해 구성원들의 상호작용을 이끌어가는 능력

진로역량
지원전공(계열)과 관련된 분야에 대한 관심과 이해, 노력과 준비 정도

전공(계열) 관련 교과 이수 노력
- 고교 교육과정에서 전공(계열)에 필요한 과목을 선택하여 이수한 정도

전공(계열) 관련 교과 성취도
- 고교 교육과정에서 전공(계열)에 필요한 과목을 수강하고 취득한 학업성취 수준

진로 탐색 활동과 경험
- 자신의 진로를 탐색하는 과정에서 이루어진 활동이나 경험 및 노력 정도

*NEW 학생부종합전형 공통 평가요소 및 평가항목(2021년 건국대·경희대·연세대·중앙대·한국외대 공동연구 발췌)

학생기록부 해석

그렇다면 학생부종합전형 평가를 위해 가장 필요한 서류는 무엇일까?

바로 학생의 학교생활 전반의 기록이 담긴 학교생활기록부이다.

그렇다면 학교생활기록부는 어떻게 평가할까?

각 대학의 인재상과 모집단위의 특성에 다소 차이가 있지만 입학사정관은 학교생활부를 다음과 같이 평가하고 있다.

1 학적사항, 출결상황

학적사항을 통해서 전입 기록 등을 확인한다. 전입 기록이 있는 경우에는 전입 전·후 학생의 활동과 학업성취 수준의 변화를 파악한다.

출결상황은 결석, 지각, 조퇴, 결과를 통해 학생이 학교생활에 임하는 성실성을 확인할 수 있는 항목이다. 다만, 3년간 개근하지 않았다고 해서 반드시 평가에 부정적인 영향을 주는 것은 아니다. 결석, 지각, 조퇴, 결과의 기록이 있어도 질병과 같은 사유가 타당하다면 감점 요인으로 작용하지 않는다.

2 수상경력   *2024 대입에는 수상경력 미반영

수상경력은 교내 활동 참여의 적극성과 우수성을 모두 확인할 수 있는 항목이다. 또한 학생의 관심 분야와 성장 과정에 대한 기록의 의미도 갖는다. 평가는 지원자의 수상실적에 기록된 수상의 개수와 등위를 정량적으로 파악하기보다는 학생이 어떤 분야에 관심을 가지고 있는지, 다양한 분야에서 적극적으로 활동하기 위해 노력하는 모습을 보였는지 등을 정성적으로 평가한다.

3 자격증 및 인증 취득 상황

자신의 역량을 드러내기 위해 반드시 특정 자격증이나 인증을 취득해야 한다고 생각하는 지원자가 많다. 하지만 자격증은 또한 인증을 취득한 경우 지원자가 스스로의 성장을 위해 꾸준하게 노력해 왔다는 점을 참고할 수는 있겠으나 특정 자격증이나 인정을 취득했다는 사실에만 주목하여 평가하지 않으며, 해당 자격증이나 인증이 없다고 해서 학생부종합전형에서 불리한 평가를 받지 않는다.

4 창의적 체험활동

자율활동

대부분 학교에서 운영하는 자율활동은 모든 학생이 참여한 활동을 기록한다. 하지만 모든 학생이 참여한 활동 안에서도 리더십 발휘 경험 등 지원자 고유의 특성과 활동이 드러나는 경우가 있고 이를 통해 지원자의 특성을 파악할 수 있다. 이때 리더십 발휘 경험이란 반장, 부반장과 같은 임원 활동만을 의미하지는 않는다. 학습부장, 서기, 분리배출 담당자, 교과부장 등 작은 역할이라도 책임감을 갖고 다른 학생들에게 솔선수범하는 모습을 보였다면 리더로서의 자질을 확인할 수 있다.

또한 자율활동에는 지원자의 인성, 지원 전공(계열)과 관련한 활동 경험, 학업에 대한 노력 및 우수성을 엿볼 수 있는 내용이 담겨 있다.

동아리활동

동아리활동을 통해 지원자의 구체적인 관심 분야와 흥미를 알 수 있다.

동일한 동아리에서 3년간 관심 분야에 대한 심도 있는 활동을 수행한 경우도 있겠지만 매년 동아리를 변경하면서 다양한 분야에 대한 지적 호기심과 경험을 충족시키기 위해 활동한 지원자도 있을 수 있다. 이 중 어느 쪽이 더 좋은 평가를 받는다고 말할 수는 없다.

이는 동아리 활동 모습을 통해서는 지원자의 전공(계열) 적합성뿐만 아니라 생활 태도, 열정, 도전 정신, 문제 해결능력 등을 다양한 역량 및 특성을 파악할 수 있기 때문이다.

봉사활동

봉사활동에 대해 많은 학생과 부모님은 대학 진학을 위해 필요한 봉사 시간이 있는지 궁금해 한다. 봉사활동을 평가할 때 봉사 시간에 대한 정량적 평가 기준은 존재하지 않는다.

봉사활동에 대한 평가는 봉사활동 하게 된 동기와 목적, 수행한 활동의 성격 등을 중요하게 생각하며 이를 통해 배우고 느낌점을 중요하게 평가한다.

아무리 봉사 시간이 많다고 하더라도 일회성 캠프 참여 등을 통해 단순히 누적 시간만 채운 경우는 좋은 평가를 받기 어렵다.

진로활동

진로활동을 통해 지원자의 진로 탐색 과정과 관심 분야에 기울인 노력을 확인할 수 있다. 물론 진로 활동에 기술된 내용만으로 지원자의 전공(계열) 적합성을 평가하지 않는다. 구체적인 진로 탐색 활동 사례와 세부능력 및 특기사항, 동아리활동 등 학교생활 기록부 곳곳에 기재된 지원자의 진로와 관련된 내용 등을 종합적으로 파악하고 지원자의 진로와 역량을 평가한다.

5 교과학습발달사항

교과학습발달상황에 나타난 지원자의 전체 교과 성취수준을 통해 입학사정관은 지원자의 학업역량과 전공 적합성, 자기 계발 의지 등을 파악한다. 교과 성적은 단순 절대적인 점수와 등급만으로 평가하지 않으며 이수 과목의 난이도, 원점수, 평균, 표준편차, 이수자 수 등 여러 가지 상황을 함께 고려한다.
꾸준히 우수한 성적을 유지한 좋은 평가를 받지만 성적이 점차 향상된 경우에도 학업 적 측면에서의 성장 잠재력과 자기 계발 의지를 긍정적으로 평가한다.

즉, 학생종합전형에서는 고등학교 교육 환경 속에서 지원자가 학업역량 측면에서의 성장을 위해 적극적으로 노력한 모습을 정성적으로 평가하게 된다. 또한 교과 선생님이 기록한 세부능력 및 특기사항을 통해 교과 시간 중의 활동내용 및 수업 태도, 학업에 대한 열정 등을 종합적으로 파악한다.

6 독서 활동상황 *2024 대입에는 수상경력 미반영, 단 교과활동과 연계 가능

독서활동을 통해서는 독서가 지원자의 꿈과 목표에 대한 준비과정으로써 어떤 영향을 주었는지, 다른 교과 또는 교과 외 활동과는 어떤 연계성을 갖는지 등을 중점적으로 확인한다. 따라서 절대적인 독서 권수 또는 반드시 읽어야 하는 도서 등이 정해져 있지 않다.

특정 분야와 관련하여 깊이 있는 독서 활동을 한 경우와 여러 분야에 걸쳐 다양한 독서활동을 한 경우 중 어느 쪽이 더 좋은 평가를 받는다고 단정할 수 없다. 독서활동은 지원자의 지적 호기심과 지식 확장을 위한 노력을 보여줄 수 있는 정도면 충분하다.

7 행동특성 및 종합의견

행동특성 및 종합의견은 1년간 지원자를 지켜본 담임교사가 지원자에 대한 종합적인 의견을 작성하는 항목이다.
학생부종합전형이 고교 3년간 학교생활에서 보여주는 성실성, 잠재력, 성장 가능성 등에 평가하는 전형이라는 점을 고려할 때 행동특성 및 종합의견은 실제로 학생을 오랜 기간 동안 가까이서 지켜본 교사의 의견을 확인할 수 있는 항목이므로 학교생활기록부의 다른 항목에서 찾아보기 어려운 학생의 학교생활 모습과 특성을 파악할 수 있는 중요한 항목이라고 할 수 있다.

즉, 행동특성 및 종합의견을 통해 입학사정관은 지원자의 학교생활기록부에 기록된 학생의 특성이 교사의 의견과 어느 정도의 일치성을 보이는지, 다른 항목들을 통해 미처 파악하지 못한 부분에 대해 담임교사는 어떤 의견을 보이는 지 등을 확인하여 지원자에 대해 종합저으로 평가한다.

학생부종합전형 평가요소 체크리스트

자신의 학교생활기록부 및 학교생활을 보고, 아래 체크리스트를 통해 학생부종합전형의 주요 평가요소인 학업역량, 진로역량, 공동체역량을 점검해 보자.

체크리스트 결과를 통해 자신의 강점 및 보완할 점을 확인해보자.

(매우좋음: 5점, 좋음: 4점, 보통: 3점, 나쁨: 2점, 매우나쁨: 1점)

CHECK LIST 평가

학업역량	진로역량	공동체역량	합계
/85	/65	/80	/230

01. 학업역량 CHECK LIST

학업성취도

평가내용	매우 좋음	좋음	보통	나쁨	매우 나쁨
전체적인 교과 성적은 다른 지원자들에 비해 어느 정도인가					
학기별/학년별 성적은 고르게 유지되고 있는가?					
학기별/학년별 성적은 상승/하락하고 있는가?					
대학 수학에 필요한 기본과목(국,수,영,사/과) 성적은 어느 정도인가?					
희망 전공과 관련된 기본 과목은 어느 정도 이수했는가?					
희망 전공과 관련하여 도전적인 과제나 과목을 이수하기 위해 어떤 노력을 하였는가?					
희망 전공과 관련된 다른 과목의 성적 차이는 어느 정도인가?					
과목별 이수자 수의 규모는 어느 정도인가?					
과목별 등급 외에 원점수(평균/표준편차 포함)는 적절한가?					

학업태도

평가내용	매우 좋음	좋음	보통	나쁨	매우 나쁨
새로운 지식을 획득하기 위해 자기 주도적인 태도로 노력하였는가?					
자발적이 성취동기와 목표의식을 가지고 넓게 깊게 학습하려는 의지와 열정이 있는가?					
교과 활동을 통해 지식의 폭을 확장하고 새로운 것을 창출하려는 노력을 하고 있는가?					
교과 수업에서 적극적이고 집중력이 있으며 스스로 참여하고 이해하려는 태도와 열정을 보이는가?					

탐구력

평가내용	매우 좋음	좋음	보통	나쁨	매우 나쁨
교과에서 이루어지고 있는 탐구활동에 적극적으로 참여하고 있는가?					
각종 교과 탐구활동을 통해 창의적인 결과물을 산출하고 있는가?					
탐구 활동에서 표출되는 학문에 대한 열의와 지적 관심을 가지고 있는가?					
성종적인 학업 생활을 위해 적극적인 탐구의지와 호기심을 가지고 있는가?					

전공(계열) 관련 교과 이수 노력

평가내용	매우 좋음	좋음	보통	나쁨	매우 나쁨
지원 전공(계열)과 관련된 과목을 어느 정도 이수하였는가?					
지원 전공(계열)과 관련해 스스로 선택하여 수강한 과목은 얼마나 되는가?					
지원전공(계열)과 관련된 교과 성정이 우수한가?(이수단위, 수강자수, 원점수, 평균, 표준편차 참고)					

전공(계열) 관련 교과 성취도

평가내용	매우 좋음	좋음	보통	나쁨	매우 나쁨
지원 전공에 대한 흥미와 관심을 가지고 있는가?					
지원 전공에 대해 올바르게 이해하고 있는가?					
자신의 경험과 지원 전공의 연관성을 설명할 수 있는가?					

진로 탐색 활동과 경험

평가내용	매우 좋음	좋음	보통	나쁨	매우 나쁨
지원 전공에 관련된 교과 관련 활동(세부능력 및 특기사항, 수상)이 있는가?					
지원 전공에 관련된 창의적 체험활동(자율, 동아리, 봉사, 진로)이 있는가?					
지원 전공 관련된 독서가, 적절한 수준인가?					
자율, 동아리, 봉사, 진로활동 등 체험활동을 통해 다양한 경험을 쌓았는가?					
독서활동을 통해 다양한 영역에 지식과 문화적 소양을 쌓았는가?					
예체능 영역에서 적극적이고 성실하게 참여하였는가?					
자신의 목표를 위해 도전한 경험을 통해 성취한 적이 있는가?					

협업능력과 소통능력

평가내용	매우 좋음	좋음	보통	나쁨	매우 나쁨
자발적인 협력을 통해 공동의 과제를 완성한 경험이 자주 나타나는가?					
협력이 부족한 상황에서 사람들을 설득하여 협동을 이끌어 낸 경험을 갖고 있는가?					
공동과제나 단체 활동을 즐겨하고, 구성원들로부터 좋은 동료로 인정받고 있는가?					
공동과제 수행이나, 모둠활동, 단체활동 등에서 타인의 의견을 경청하고, 상대방의 관시사항과 요구를 공감적으로 이해하고 있는가?					
수업이나 교과외 활동 등에서 자신의 의견을 효과적으로 표현하고 있는가?					
자신의 생각이나 의견을 논리적, 체계적으로 기술하거나 경험이 나타나는가?					
새로운 지식이나 사고방식에 대하여 열린 마음으로 적극적으로 받아들이고 있는가?					

나눔과 배려

평가내용	매우 좋음	좋음	보통	나쁨	매우 나쁨
타인을 위하여 자신의 것을 나누고자 한 구체적 경험을 지속적으로 나타나는가?					
학교 생활에서 나눔을 생활화 하고자 하는 경험이 지속적으로 나타나는가?					
나와 다른 생각을 가진 상대방의 입장을 이해하고 존중하는 노력을 기울이고 있는가?					
학교생활에서 타인을 배려한 본보기로 언급되거나 모범이 된 사례가 있는가?					

성실성과 규칙준수

평가내용	매우 좋음	좋음	보통	나쁨	매우 나쁨
학업활동에 있어 지속적인 노력을 통하여 꾸준함을 보여주고 있는가?					
자신의 관심분야나 진로활동 관련 활동을 지속적으로 수행한 경험이 있는가?					
어려운 상황이 발생하여도 일관된 모습으로 최선의 노력을 기울이는 경험이 있는가?					
출결상항이나 단체활동 참여 등 학생으로서 당연히 해야 하는 의무를 책임감 있게 수행하고 있는가?					

리더십

평가내용	매우 좋음	좋음	보통	나쁨	매우 나쁨
학생회, 동아리 등 학생 주도 활동에서 역할을 수행한 경험이 있는가?					
구성원의 화합과 단결을 이끌어 가기 위한 구체적인 행동 경험이 있는가?					
공동체의 목표를 달성하기 위해 계획하고 실행을 주도한 경험이 있는가?					

학생부종합전형 평가요소로 분석하는 나의 강점과 약점

체크리스트 결과를 통해 자신의 강점 및 부족한 부분을 확인하고, 이를 보완하기 위한 계획을 수립해 보자.

비고	강점	약점 및 보완 계획
학업역량		
진로역량		
공동체역량		

학교생활기록부의 이해

학교생활기록부의 중요성

초, 중, 고의 학교생활기록부는 국가기록원에 이관되어 준영구(50~70년) 보존하도록 지정된 공공기록물이다. 국가에서 국민 개인 생애 주기를 반영한 보존 기간을 설정할 정도로 학교생활기록부의 가치와 중요성은 크다고 할 수 있으며, 그 이유를 구체적으로 살펴보면 다음과 같다.

첫째 학생이 재학 중에 학습한 교과목들의 학업성취도 결과 및 교과활동의 특기사항이 누적되어 기록된 개인의 학습 이력에 대한 증명서이다.

둘째 교과활동 외 비교과 영역에서도 학생의 다양한 역량 및 인성 요소에 대해 다수의 교사가 관찰하고 평가한 내용이 종합되어 있어 학생 개인의 변화 및 성장과정을 전체적으로 파악할 수 있는 기록물이다.

셋째 이전연도의 학교생활기록부는 다음 연도의 학생 지도 및 교육활동 지원이 연계되도록 피드백하는 근거로 활용된다.

넷째 학교생활기록부는 「초·중등교육법」, 같은 법 시행규칙, 교육부 훈령에 따라 기재된다. 따라서 전국의 모든 학교생활기록부는 표준화된 기준에 따라 작성·관리되므로 상급 학교의 학생 선발에 활용될 수 있다. 특히 고등학교 학교생활기록부는 학생부종합전형을 비롯한 각 대학의 입학전형 유형에 따라 합격 여부를 가리는 중요 서류이다.

앞서 살펴본 바와 같이 학교생활기록부는 교육과정의 범위 안에서 학생이 보여준 학교생활의 과정 및 결과가 종합적으로 기록되는 것임을 인식하고, 학교급별 전환기를 맞이한 학생들이라면 의미 있는 학교생활을 영위하기 위해 특별한 노력을 해야 한다. 특히 대학 진학을 염두에 둔 고등학교 학생들은 고등학교에서 무엇을 적극적으로 배우고 싶은지, 어떤 부분에 중점을 두고 학교생활을 할 것인지, 공동체에서 어떤 사람이 되고 싶은지에 대해 미리 고민하고 구체적인 고교과정 로드맵을 구상해보는 것이 필요하다. 목표가 명확한 학교생활과 목표가 없는 학교생활은 그 학생이 보여주는 과정과 결과 모두에서 큰 차이를 나타낼 것이 자명하기 때문이다.

이 책은 현직 교사들로 구성된 집필진이 교육계열의 진로를 희망하는 학생과 그를 지도하는 교사 및 학부모를 대상으로 '교육계열에 최적화된 맞춤형 학교생활기록부'가 무엇인지 와 닿을 수 있도록 구현한 것이다. 그렇기에 실제 기록에 잘 활용할 수 있도록 각 기재 항목별 구체적인 기록 예시를 제시하고 있다.

그러나 반드시 기억해야 할 것은 단지 기록만을 위한 '흉내내기'에 그치기보다는 본 지침서 속에 기재된 예시와 같이 기록되기 위해서 무엇을 어떤 식으로 하면 되는지에 대한 팁을 얻었다면, 이후에는 학생들 스스로 진정성 있게 노력함으로써 자신에게 꼭 필요한 활동을 실천에 옮겨야 한다는 것이다.

그래야만 온전히 자신의 역량이 될 수 있고, 그러한 성장의 모습은 여러 선생님의 눈에 띄게 될 것이다. 바로 이 때 학교생활기록부의 기록도 일체화되어 원하는 결과를 얻을 수 있을 것이다. 즉 3년간의 플랜을 세우고, 진정성 있는 학교생활 대도로 진로 적합성이 돋보이는 활동을 적극적으로 시도하려는 주체적 의지가 가장 중요하다. '대한민국 교육의 미래를 맡기고 싶어지는 인재'로 거듭날 마음의 준비가 되었다면, 학교생활기록부에 대한 기본적인 이해부터 차근차근 시작해 보자.

▶ 이후부터 제시되는 학교생활기록부 기재 관련 내용 및 도표는 교육부에서 학교생활기록부의 공정성과 신뢰성 제고를 위해 모든 고등학교에 적용하는 「학교생활기록부 작성 및 관리지침(교육부훈령 제365호)」과 「2021학년도 고등학교 학교생활기록부 기재요령」(2021.01)을 발췌하여 정리한 것이다.

항목별 입력 가능 최대 글자수 및 대입 반영여부

연도별 학교생활기록부 대입 반영 변화

구분		2022~2023학년도 대입	2024학년도 이후 대입
교과활동		· 과목당 500자 · 방과후활동(수강) 내용 미기재	· 과목당 500자 · 방과후활동(수강)내용 미기재 · 영재·발명교육 실적 대입 미반영
종합의견		연간 500자	연간 500자
창의적 체험활동	자율활동	연간 500자	연간 500자
	동아리활동	· 연간 500자 · 자율동아리는 연간 1개 (30자)만 기재 · 청소년단체활동은 단체명만 기재 · 소논문 기재 금지	· 연간 500자 · 자율동아리 대입 미반영 · 청소년단체활동 미기재 · 소논문 기재 금지
	봉사활동	특기사항 미기재 교내외 봉사활동실적 기재	· 특기사항 미기재 · 개인 봉사활동실적 대입 미반영 (단, 학교교육계획에 따라 교사가 지도(실시)한 실적은 대입 반영)
	진로활동	· 연간 700자 · 진로희망분야 대입 미반영	· 연간 700자 · 진로희망분야 대입 미반영
수상경력		교내수상 학기당 1건만 (3년간 6건) 대입 반영	대입 미반영
독서활동		도서명과 저자	대입 미반영

√CHECK

- 미기재: 학생부에서 삭제
- 미반영: 학생부에는 기재하되 대입 자료로 미전송
- 학교생활기록부의 서술형 항목은 교사가 직접 관찰·평가한 내용을 근거로 입력하며, 학교교육계획에 따라 실시한 교육활동 중 교사 지도하에 학생이 직접 작성한 자료(동료평가서, 자기평가서, 수행평가 결과물 포함 수업산출물, 소감문, 독후감에 한정)는 활용할 수 있다.

2022, 2023학년도 대입을 치르는 학생들의 학생부 기재 사항과 2024학년도 대입을 치르는 학생들의 학생부 기재 사항에서 변경되는 부분에 유의하도록 한다. 2022학년도 대입부터 적용되는 기재 사항은 학생부 신뢰도 제고 방안에 따른 변경이었으며, 2024학년도 대입부터 적용되는 변경 사항은 대입제도 공정성 강화 방안에 따른 조치이다. 이러한 변화를 통해 알 수 있는 공통점은 학생부의 기재 항목이 축소되었다는 점과 외부 요인의 영향을 차단하기 위해 학교에서 이루어지는 정규 교육과정 이외의 비교과활동을 학생부에 기재하지 않거나 대입에 반영하지 않도록 한다는 점이다.

이와 같은 변화를 직관적으로 바라보면 학생들이 부담스럽게 여기던 많은 활동에 대한 부담이 줄어들었고, 기재 범위와 분량도 축소되었으므로 학교생활기록부는 이제 큰 영향력이 없다고 오해할 수도 있다. 하지만 그렇기에 오히려 더욱 효율적으로 잘 관리하려는 노력이 필요한 것이며, 이제부터는 양이 아닌 질로서 승부해야 함을 알아채야 한다. 이러한 변화에 대해 각 대학은 학생 선발과 평가에 문제가 없다는 입장이다. 즉 교외 활동이 기록에서 제외되면서 주어진 환경에서 학교생활을 얼마나 충실히 했는지 볼 수 있고, 기재 글자수가 축소되어 불필요한 내용이 덜어졌으므로 꼭 알고 싶은 핵심적인 내용만을 살펴볼 수 있다는 것이다. 특히 모든 교과에서 모든 학생의 과목별 세부능력 및 특기사항을 기록하도록 되어 있어 교과학업성취도로 나타난 정량화된 수치 외에도 학생이 가진 학업적 역량을 보다 면밀하게 파악할 수 있다고 이야기한다.
이처럼 교육과 입시를 둘러싼 변화의 맥락과 방향성을 제대로 읽어내야 한다. 원하는 대학의 입시를 준비할 때, 가장 먼저 그 대학에서 추구하는 인재상을 파악하는 일부터 시작하는 것과 같은 이치이다. 상대가 무엇을 원하는지 제대로 아는 것은 일의 성패를 좌우할 수 있으며, 자신에게 유리한 상황을 미리 만들어갈 수 있는 기회가 되기도 한다. 그러므로 여러 가지 제한조건을 설정해둔 학교생활기록부 안에 그저 많은 이야기를 담기보다는 오직 나만의 색깔로 차별화된 이야기와 특별히 끌리는 이야기를 담기 위해 고민해야 한다.

2024학년도 대입(졸업생 포함)부터 상급 학교 진학 시 미제공되는 항목은 다음과 같다.

- 수상경력
- 자율동아리 실적
- 학교교육계획에 의한 정규 교육과정 이외의 청소년단체활동
  (단, 2021학년도 고1부터 미기재)
- 개인 봉사활동실적(학교교육계획에 포함되지 않은 개인으로 등록된 사항)
- 영재·발명 교육 실적, 독서활동 상황

학교생활기록부 기재 관련 유의사항

「학교생활기록부 기재 요령」에서는 '학교생활기록부 작성 시 유의사항'에 해당하는 내용을 다음과 같이 별도로 정리하여 안내하고 있다. 이와 관련된 내용은 학교생활기록부 입력 주체인 전체 교사가 반드시 숙지할 수 있도록 각 학교에서 해마다 당해 연도 지침에 따라 교원 대상 연수를 실시하며 강조하는 부분이다.

1 학교생활기록부는 학생의 성장과 학습 과정을 상시 관찰·평가한 누가기록 중심의 종합 기록이어야 함.

2 학교생활기록부에는 학교교육계획이나 학교교육과정에 따라 학교에서 실시한 각종 교육활동의 이수 상황(활동내용에 따른 개별적 특성이 드러나는 사항 중심)을 기재하는 것이 원칙임.
  - 학교교육계획 이외의 체험활동은 교육 관련 기관(교육부 및 소속 기관, 시도교육청 및 직속기관, 교육지원청 및 소속 기관)에서 주최하고 주관한 행사, 봉사활동실적 등만 학교장이 승인한 경우에 한해 기재 가능함.

3 다음은 사교육 유발 요인이 큰 사항으로 '행동특성 및 종합의견'란을 포함하여 학교생활기록부의 어떠한 항목에도 기재할 수 없음.

  - 각종 공인어학시험 참여 사실과 그 성적 및 수상실적
    *기재불가 공인어학시험 : 영어(TOEIC, TOEFL, TEPS), 중국어(HSK), 일본어(JPT, JLPT), 프랑스어(DELF, DALF), 독일어(ZD, TESTDAF, DSH, DSD), 러시아어(TORFL), 스페인어(DELE), 상공회의소한자시험, 한자능력검정, 실용한자, 한자급수자격검정, YBM 상무한검, 한자급수인증시험, 한자자격검정 등
  - 교과·비교과 관련 교외대회 참여 사실과 그 성적 및 수상실적
    *학교장의 참가 허락을 받아 참여한 각종 교외대회에서의 수상실적도 기재 불가함.
  - 교외 기관·단체(장)등에게 수상한 교외상
    *표창장, 감사장, 공로상 등도 기재 불가함.
  - 교내·외 인증시험 참여 사실이나 그 성적
  - 모의고사·전국연합학력평가 성적(원점수, 석차, 석차등급, 백분위 등 성적 관련 내용 일체) 및 관련 교내 수상실적
  - 논문을 학회지 등에 투고 또는 등재하거나 학회 등에서 발표한 사실
  - 도서출간 사실
  - 지식재산권(특허, 실용신안, 상표, 디자인) 출원 또는 등록 사실
  - 어학연수, 봉사활동 등 해외활동실적 및 관련 내용
  - 부모(친인척 포함)의 사회·경제적 지위(직종명, 직업명, 직장명, 직위명 등) 암시 내용
  - 장학생·장학금 관련 내용

- 구체적인 특정 대학명, 기관명*(기구, 단체, 조직 등 포함), 상호명, 강사명** 등
  ✓ 기관명
    -교육 관련 기관(교육부 및 소속기관*, 시도교육청 및 직속기관, 교육지원청 및 소속기관**에 한함)의 경우 기관명을 입력할 수 있음.
    *교육부 소속기관: 대한민국학술원, 국사편찬위원회, 국립국제교육원, 국립특수교육원, 교원소청심사위원회, 중앙교육연수원(총 6개 기관)
    **시도교육청 및 직속기관: 교육지원청 및 소속기관
    ※교육관련기관이 직접 운영하는 기구, 단체, 조직 등 포함
    -봉사활동 실적의 '장소 또는 주관기관명'에는 구체적인 장소 또는 주관기관명을 입력함
  ✓ 강사명
    -특정 강사명은 강사로 활동하고 있는 사람 모두를 지칭하는 것이 아니라 학생들이 참여한 강의(또는 교육활동)의 강사를 말함

- 교내대회 참여사실과 그 성적 및 수상실적
  *'수상경력' 이외의 항목 입력 불가
- 자격증 명칭 및 취득 사실
  *'자격증 및 인증 취득사항' 이외 항목 입력 불가

4 학교생활기록부에는 학생이 재학(또는 졸업 예정)한 고등학교를 알 수 있는 내용*은 '인적·학적사항', 수상경력의 '수여기관, 봉사활동실적의 '장소 또는 주관기관명'을 제외한 어떠한 항목에도 기재할 수 없음.
  *학교명, 재단명, 학교 축제명, 학교 별칭 등 학교를 알 수 있는 내용 일체

5 학교생활기록부에 '항목과 관련이 없거나 기록해서는 안 되는 내용의 기재', '단순 사실을 과장하거나 부풀려서 기재', '사실과 다른 내용을 허위로 기재'하는 등 학교생활기록부의 신뢰도를 저하시키는 사례가 발생하지 않도록 특히 유의하여야 함.
  - 특히, 학교생활기록부 서술형 항목에 기재될 내용을 학생에게 작성하여 제출하도록 하는 행위 금지
  ※ 학교생활기록부 허위사실 기재는 '학생성적 관련 비위'로 간주되어 「교육공무원 징계양정 등에 관한 규칙」을 적용하며 징계의 감경에서도 제외됨.

6 학부모 등의 학교생활기록부 기재 및 수정 관련 부당 요구는 「부정청탁 및 금품 등 수수의 금지에 관한 법률」 제5조 제1항 제10호에 해당하는 위법행위임.

7 「학교생활기록 작성 및 관리지침」 제3조 제3항에 따라 학교생활기록부 입력 및 정정 권한과 관련하여 업무의 편의나 관행을 이유로 담당이 아닌 교사에게 입력 및 정정 권한을 부여하는 행위를 금지함.

8 학교생활기록부 기재요령 내 '기재방법'은 준수하되, '기재 예시'는 참고자료이며 의미의 변동이 없는 범위에서 다르게 기재할 수 있음.

학교생활기록부 디자인 방법

학교생활기록부의 주체는?

　　선생님. 저희 동아리 담당선생님의 부재로 인하여 동아리에서 어떤 활동도 하지 않고 있는데 어떻게 해야 할까요? 이러다가 학교생활기록부에 어떤 기록도 남기지 못할 것 같아 걱정이에요.

어느 날 한 학생이 찾아와 씩씩거리면서 위와 같은 고민을 털어놓았다. 이 학생이 동아리를 선정할 당시 어떤 동아리가 좋을지에 대해 질문했고, 지금의 동아리를 추천해준 도의적 책임감으로 이야기를 들어보니 충분히 당황하고 고민할 만한 내용이었다.

상황을 알아보니 동아리 담당선생님은 몸이 불편하시어 동아리활동에 참석하지 못하셨고, 다른 선생님이 동아리 지도를 하긴 했지만 대부분 자율학습이 이루어져 아이들이 마땅한 동아리활동을 하지 못한 상황이었다.

　　많이 당황했겠구나. 그런데 나 같으면 지금의 상황을 기회로 생각했을 것 같아. 비록 담당선생님은 안계셨지만 아이들과 함께 자율 탐구 관련 내용을 기획하고 주제를 선정하여 담당선생님이 오시기 전까지 탐구를 수행하고 발표를 준비했으면 어땠을까? 물론 동아리 탐구 기획안을 만든 후, 담당선생님께 메일이나 문자를 통해 사전에 허락을 구하고 말이야. 내가 그 동아리 담당선생님이었다면 이런 어려운 상황에서도 친구들을 독려하여 탐구활동을 기획하고 수행하는 네 모습을 매우 좋게 볼 것 같은데. 이런 게 학교생활기록부 관리가 아닐까?

난세지영웅(亂世之英雄), '난세에 영웅이 난다'는 거창한 말이 아니더라도 학교생활을 하다 보면 언제나 갈등상황이 등장한다. 그리고 이 갈등상황은 학생의 다양한 역량을 관찰하기에 가장 좋은 상황이기도 하다.

학생의 입장에서도 이러한 갈등상황을 즐길 필요가 있다. 갈등을 회피하지 않고 적극적으로 참여하여 문제를 해결하고 친구들과 함께 소통하는 모습을 보여준다면 더 많은 성장을 보여줄 수 있고, 학교생활기록부도 남들과 다른 개별화된 모습으로 디자인될 수 있다.

네, 선생님. 그런데 학교생활기록부는 선생님이 쓰시는 걸로 알고 있는데,
학생이 어떻게 학교생활기록부를 관리할 수 있는 거죠?

학교생활기록부 작성의 주체는 교사이다. 교사는 학생의 성장 및 학습 과정을 상시 관찰하고 평가한 누가 기록 중심의 종합기록을 학교생활기록부에 기록해야 한다. 하지만 기록을 위한 행동의 주체는 바로 학생이다. 또한, 기록을 위해서는 학생의 행동이 선행되어야 한다. 즉, 학생은 학교생활기록부를 디자인하기 위해 자기주도적으로 행동해야 한다.

학생은 행동의 주체

교사는 작성의 주체

독서활동

교사
관찰X

외부
봉사활동

자율
동아리

오른쪽 그림은 2024학년도 대입부터 미반영 항목이 된 독서활동, 외부봉사활동, 자율동아리이다. 이 세 가지의 공통점은 무엇일까? 바로 교사에게 관찰되지 않는다는 것이다.

독서나 외부 봉사활동은 학교 밖에서 활동한 후 관련 서류를 제출하여 교사가 기록하는 것이고, 자율동아리 또한 학생끼리 모여 활동하고 관련 내용을 검토하여 교사가 기록하는 것이다.

하지만 2024학년도 대입부터는 대입 공정성 강화 방안으로 인해 교사가 관찰할 수 없는 영역은 대학에 반영되지 않는다.
이를 달리 해석하면 학생은 학교생활기록부 디자인을 위해서 교사의 눈에 관찰될 수 있도록 많은 노력을 기울여야 한다는 뜻이다.

더군다나 이제부터 교사는 모든 학생의 학교생활기록부를 작성해야 한다. 이를 위해서는 매일 매의 눈으로 학생의 모든 부분을 메모해야 하는데 여기에는 현실적으로 많은 어려움이 존재한다. 따라서 학교생활기록부 관리를 위해서라면 학생은 교사에게 관찰될 수 있도록 노력해야 한다.

진로 결정하기

학교생활기록부 디자인을 위해서는 진로가 먼저 결정되어 있으면 좋다. 학교생활기록부를 어떤 방향성과 목적으로 디자인할지는 진로에 의해 결정되기 때문이다. 그렇기 때문에 학생은 자신의 진로를 잘 결정해야 하고, 교사는 학생의 진로 결정에 도움을 주어 진로에 적합한 개별화된 학교생활기록부를 관리할 수 있도록 노력해야 한다.

자신의 진로를 결정하기 위해서는 독서, 진로체험 그리고 진로수업을 통해 자신을 이해하는 시간이 필요하다. 하지만 이런 시간과 과정에도 불구하고 아직 진로를 결정하지 못했다면, 워크넷과 커리어넷을 이용한 진로심리검사결과를 고려하여 자신의 진로를 결정하기를 추천한다. 이후, 진로의 변경가능성이 있을 지라도 나의 진로에 맞춘 개별화된 학교생활기록부를 위해서는 현재의 진로가 필요하기 때문이다. 따라서 워크넷과 커리어넷을 통해 2~3개의 진로검사를 시행한 후, 검사결과가 보여주는 나의 모습을 확인하고 진로를 결정해 보자.

1 워크넷 – 청소년 대상 심리검사

- 워크넷(www.work.go.kr) 로그인 → 직업·진로 → 직업심리검사
- 청소년 대상 심리검사 종류 (총 6종)

  청소년 직업흥미검사, 고등학생적성검사, 직업가치관검사, 청소년 진로발달검사, 청소년 인성검사, 대학 전공(학과) 흥미검사
- 추천 검사

  (청소년 직업 흥미검사) (고등학생 적성검사)

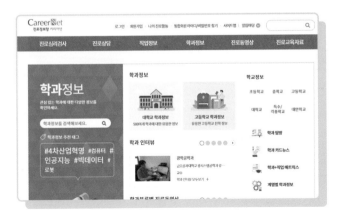

- 커리어넷(www.career.go.kr) 로그인 → 진로심리검사 → 중·고등학생용 심리검사
- 청소년 대상 심리검사 종류 (총 6종)
  직업적성검사, 진로성숙도검사, 직업가치관검사(청소년), 직업흥미검사, 진로개별역량검사
- 추천 검사

  〔 직업적성검사 〕　〔 직업흥미검사(H형 또는 K형) 〕

커리어넷의 경우 학생이 실시한 검사결과를 교사와 공유할 수 있다. 검사결과 공유를 위해서는 학생의 커리어 넷 ID와 나이스 식별번호가 있어야 하며, 이는 커리어넷에 로그인한 후 나의 진로활동에서 확인할 수 있다.
교사가 학생이 실시한 검사결과를 열람하기 위해서는 학생의 커리어넷 ID와 나이스 식별번호를 나이스 진로심리검사 관리에 입력해야 하고, 미리보기를 클릭하면 학생이 검사한 모든 검사결과를 확인할 수 있다.

- 나이스 → 학생/학부모 서비스 → 진로심리검사 → 진로심리검사 관리 → 해당학생 클릭 후 미리보기

대학 인재상 및 학과의 이해

시험공부를 위해서는 무조건 열심히 하는 것도 중요하지만, 제한된 시간 내에 효율적으로 시험 준비를 하려면 시험 과목과 출제 범위를 알아야 한다. 마찬가지로 학생부종합전형을 위한 개별화된 학교생활기록부 디자인과 효율적인 관리를 위해서는 대학의 인재상 및 학과에 대한 정보가 필요하다.

뭘 좋아할지 몰라 다 준비했어

물론 어느 대학, 학과에 진학할지 모르기에 모두 준비할 수도 있다. 하지만 너무 많은 에너지가 소비되고, 학교생활기록부에 기재 가능한 글자수에도 제한이 있어 모든 능력을 보여주는 데 한계가 있다. 무엇보다도 학생들에게는 그럴 시간이 없으며, 많은 능력을 보여주기 위해 욕심을 부리다보면 백화점식으로 나열된 학교생활기록부처럼 특별함 없이 보일 수도 있다.

가장 이상적인 학교생활기록부는 학생이 원하는 대학과 학과의 맞춤형 인재라는 것을 보여주는 것이다. 그러기 위해서는 무엇보다 대학의 인재상과 학과에 대한 이해가 필요하다. 과거에는 대학별 인재상과 학과에 대한 자료가 부족하였지만, 현재는 대학에서 '학생부종합전형 가이드북'을 제작하여 교사, 학생, 학부모에게 공유하고 있다. 학생부종합전형 가이드북에는 해당 학교의 인재상 및 해당학과에 대한 정보가 들어있으며, 학생 평가기준도 제시되어 있어 꼭 확인해볼 필요가 있다.

" 시험 과목과 출제 범위를 확인하고 공부하는 것과 같이 학교생활기록부도 대학과 학과에 대한 이해가 필요하다. "

2022학년도 동국대학교 학생부종합전형 가이드북을 보면 동국대학교의 건학이념 및 교훈, 교육목표과 목적, 인재상 그리고 핵심역량을 확인할 수 있다. 핵심역량으로는 창의융합역량, 디지털역량, 자기개발역량, 소통협력역량, 글로벌 시민역량이 있는데, 이러한 역량이 드러나는 관련 활동이 학생의 학교생활기록부에 기록된다면 맞춤형 인재로서의 모습을 보여줄 수 있을 것이다.

그 외에도 동국대학교 학생부종합전형 가이드북에는 학교생활기록부에서 무엇을 어떻게 평가하는지의 내용도 들어 있으며, 아래 그림과 같이 학과별 전공 준비 TIP을 함께 소개하고 있다. 이를 참고하면 학과에 적합한 역량을 함양할 수 있는 활동도 디자인할 수 있을 것이다.

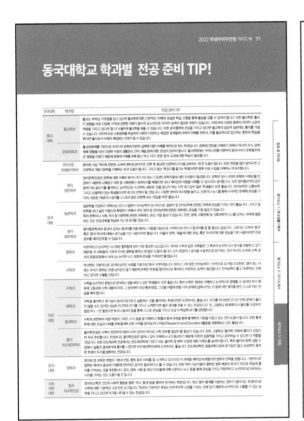

단과대학	학과명	전공 준비 TIP
불교 대학	불교학부	불교는 부처님 가르침을 담고 있으며 불교학에 대한 근본적인 이해와 성실한 학습, 신행을 통해 불심을 갖출 수 있어야 합니다. 또한 불교학은 불교가 영향을 미친 다양한 지역과 관련한 이해가 필수적 요소이므로 외국어 능력이 필요한 부분이 있습니다. 이에 따라 다양한 종류의 언어적 소양과 역량을 가지고 있다면 좀 더 수월하게 불교학을 배울 수 있습니다. 또한 윤리철학에 관심을 가지고 있다면 불교학의 일상적 실천에도 흥미를 가질 수 있습니다. 마지막으로 사회문화를 학습하며 사회의 다양하고 복잡한 문제들에 대하여 이해를 하면서, 이를 불교적으로 접근하는 훈련과 학습을 한다면 불자로서 미래의 촉망받는 인재가 될 수 있습니다.
	문화재학과	불교문화재를 기반으로 우리나라 문화재 전반의 실체에 대한 이해를 목적으로 하는 학과입니다. 문화재 전반을 이해하기 위해서 역사적 지식, 문화재에 영향을 미친 다양한 지방의 생활양식, 언어, 예술 등에 대한 관심이 있어야 합니다. 불교문화재는 우리나라를 비롯하여 동아시아사 문화발전에 큰 영향을 미쳤기 때문에 문화재 이해를 위해 평소 역사, 지리, 한문 등의 교과에 대한 학습이 필요합니다.
	국어국문·	윤리와 사상, 역사와 관련된 교과에 대해 잘 알아두면, 입학 후 필요한 인문학적 지식을 습득하는 데 큰 도움이 됩니다. 또한, 한문을 많이 알아두면 고

이 외에도 강원대학교 학생부종합전형 가이드북에는 학과별 인재상과 필요 교과, 교과별 추천 활동 및 역량 그리고 추천 도서가 구체적으로 정리되어 있다. 즉, 해당학과를 진학하고자 하는데 어떤 활동과 독서활동을 해야 할지 막막하다면 도움을 받을 수 있을 것이다.

마지막으로 최근에는 학과에 대한 이해를 높이기 위해 학과에 대한 정보를 모은 도서들도 많이 출간되어 있다.

이런 도서에는 학과 소개 및 개설대학, 관련 학과, 졸업 후 진출 분야 및 진출 직업, 취득 가능 자격증 등이 정리되어 있다. 무엇보다도 고교학점제에 따른 선택과목 안내 및 추천 도서, 학교생활기록부 관리를 위한 학교생활 TIP을 담고 있어 이를 활용한다면 차별화된 학교생활기록부를 디자인할 수 있을 것이다.

무엇을 행동할 때는 다음부터가 아니라 지금부터 시작해야 한다. 이러한 자료를 찾아보는 것부터 학교생활기록부 디자인까지 한 걸음씩 시작해 보자.

학교 프로그램의 이해

개별화된 학교생활기록부를 위해서 교사는 기록의 주체로서 학생을 관찰해야 한다. 한편, 학생은 행동의 주체로서 관찰되기 위해 스스로 노력해야 하며, 진로를 결정하여 학교생활기록부의 방향성을 결정해야 한다. 또한, 구체적인 방향성을 위해서는 대학의 인재상과 학과에 대한 이해가 필요하다. 그렇다면 이러한 내용들은 학교생활기록부 어디에 기록되어야 할까?

조금 더 구체적으로 어느 교과와 어느 학교 프로그램에 기록되어야 하는지 알아야 하는데, 이를 위해서는 학교의 교육과정과 프로그램을 자세히 파악해야 한다.

학교교육과정과 특색 프로그램은 대부분 학교 홈페이지에 올려놓거나 신입생 오리엔테이션 자료집에 수록하여 학부모님과 학생이 참고할 수 있도록 한다. 학급 게시판에도 교과별 중요 행사나 특색 프로그램에 대한 안내가 잘 되어있다. 그러므로 이러한 정보를 누군가가 알려주기를 기다리기보다는 홈페이지와 학교 및 학급 게시판의 정보를 수시로 확인할 필요가 있다.

하지만 고등학교 입학 전 또는 학교 밖에서 학교의 교육활동에 대해 궁금한 부분이 있다면, 학교알리미 (www.schoolinfo.go.kr)를 통해 학교 전반의 주요 정보를 확인할 수 있다.

학교알리미에 접속하여 학교명을 입력하면 학교에 대한 기본 정보와 공시정보를 확인할 수 있다. 공시정보는 학교마다 다소 차이가 있으나 학생, 교원현황, 학교교육과정 및 교육 운영 특색사업 계획 그리고 교과진도운영계획과 같이 학교생활기록부 디자인에 필요한 자료가 간단히 공시되어 있다.

학교교육과정 편성과 운영 및 평가에 관한 사항에서는 해당연도 교육과정 계획서를 확인할 수 있는데, 이 자료를 통해 입학연도를 기준으로 3년 동안 배우게 될 공통과목과 선택과목을 확인할 수 있다. 또한 자신의 진로 로드맵과 함께 학교생활기록부에서 지식의 심화, 확장 그리고 융합에 대한 계획을 수립할 수 있다.

교과별 교과진도운영계획의 경우, 해당 학년에서 배우는 과목의 지도를 위해 사용하는 교과용 도서의 단원 또는 과목별 국가 수준 교육과정의 세부내용에 대한 진도 계획이 수록되어 있다. 진도 계획에는 지도 중점 내용, 지도 방법 및 진도운영계획 등이 포함되어 있어 대략적인 진도 계획을 확인할 수 있다. 이는 학교생활기록부 활동을 위한 발표 및 탐구 계획을 수립하는 데 도움이 된다.

이 중에서 가장 중요한 것은 교육 운영 특색사업 계획이다. 교육 운영 특색사업 계획에서는 학교의 주요 정책 사업 지정·운영현황 및 기타 교육 운영 특색사업 관련 운영계획에 관한 내용을 확인할 수 있다. 말 그대로 학교의 특별한 교육활동이므로 이러한 활동으로 무엇이 있는지, 언제 하는지 미리 알고 준비한다면 학교생활기록부를 특별하게 디자인하는 데 효과적이다.

이런 프로그램 중 자신의 학업 역량, 전공적합성, 인성, 발전가능성을 보여줄 수 있는 활동을 선택하고, 시기적으로 가능한 프로그램인지를 확인하여 학교생활기록부 디자인을 위한 활동에 선택과 집중을 한다면 조금 더 깊이 있는 학교생활기록부를 만들 수 있을 것이다.

학교생활기록부 기록

마지막으로 개별화된 학교생활기록부의 디자인을 위해 학생들은 기록을 위한 보고서 및 발표 방법에 대한 이해, 교사들은 기록 방법에 대한 내용적 이해를 필요로 한다.

아래 그림과 같이 한 학생이 기후변화에 대해 발표했다고 가정해 보자. 위 발표에는 어떠한 문제가 있을까? 첫 번째 문제는 기후변화의 원인이 되는 물질이 이산화탄소라는 사실은 이미 초등학교에서 배우고 오는 내용임에도 불구하고, 이에 대해 알게 되었다고 발표한 점이다. 이보다 더 큰 두 번째 문제는 기후변화의 원인이 이산화탄소라는 것을 알게 되었다고 할지라도 해당 탐구가 어떠한 과정을 통해 진행되었으며, 탐구를 통해 학생이 어떤 성장을 하게 되었는지에 대한 언급이 없다는 것이다.

학생들은 흔히 단순 사실에 대해 조사하여 발표를 하거나 보고서를 제출하는 경우가 많다. 이러한 조사와 발표를 '좋다', '나쁘다'고 쉽사리 판단할 수는 없지만 개별화된 학교생활기록부를 만드는 데는 그다지 큰 의미가 없다.

대학은 학생이 수업 및 프로그램에 참여하는 과정에서 무엇을 배웠고, 그 결과 어떠한 역량을 갖추게 되었는지 궁금해 한다. 또한, 학교생활기록부를 통해 알고 있는 내용을 실천하는 미래 인재로서의 모습을 확인하고자 한다.

이에 대비하기 위해 학생들은 수업 및 프로그램에 참여한 후 진행하는 발표 또는 소감문 작성에서 단순 발표뿐만 아니라 성장과정과 후속활동을 정리하여 발표해야 한다. 교사들은 이런 부분을 잘 관찰하든가, 학생이 참여 과정에서 느낀 성장과정과 후속활동내용을 발표하게 하거나 보고서에 작성하게 한 후 적절한 피드백을 제공해야 한다.

다음 그림은 학교생활기록부 기록이다. 아래 그림을 통해 알 수 있듯 차별화된 학교생활기록부 기록을 위해서는 주제에 대한 동기, 과정, 결과가 있어야 하고, 이 과정을 통한 성장과정과 후속활동이 필요하다.

기후변화 문제가 심각해지면서 기후변화에 관심을 가지고 주제를 선정하였습니다.
기후변화 원인은 자연적 원인과 인위적 원인이 있는데 인위적 원인에는 이산화탄소가 가장 큰 원인임을 탐구를 통해 알게 되었습니다.

다음 그림은 학교생활기록부 기록이다. 아래 그림을 통해 알 수 있듯 차별화된 학교생활기록부 기록을 위해서는 주제에 대한 동기, 과정, 결과가 있어야 하고, 이 과정을 통한 성장과정과 후속활동이 필요하다.

학생 또한 이런 과정을 참고하여 다음과 같은 흐름으로 발표와 보고서를 준비해야 한다. 수업 및 수행평가 또는 자율 탐구에서 주제를 선정한 동기를 가급적 교과에 대한 호기심을 바탕으로 정리해야 하고, 그 과정과 결과가 구체적이어야 한다. 또한, 이 과정을 통해 자신이 어떤 성장을 했는지, 어떠한 역량을 함양했는지 발표하고 기술해야 한다.

마지막으로 후속활동으로 자신이 알고 있는 내용을 생활에서 어떻게 적용, 실천하고 있는지 정리해보거나, 이 활동으로 확장된 지식과 호기심을 바탕으로 어떤 탐구를 이어나가고 싶은지 정리한다면 단순 발표로 인한 학교생활기록부 기록보다 차별화된 학교생활기록부가 될 것이다.

발표 및 보고서 활동을 위한 탐구활동 4단계

1	수업학습 동기-성취기준 중심으로	수업, 수행평가, 동아리활동, 독서, 기타 자극을 통해 호기심을 가짐
2	탐구 활동(과정 및 결과)	관련 내용을 탐구해 소감문을 쓰고 발표함
3	성장과정	탐구 활동을 통해 성장한 모습이나 역량
4	심화 탐구 활동(후속활동)	탐구영역 심화, 확대, 융·복합 등 학생부 다른 영역으로 확대, 실생활 적용

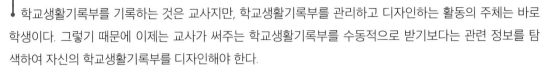

학교생활기록부 디자인 정리하기

학교생활기록부를 기록하는 것은 교사지만, 학교생활기록부를 관리하고 디자인하는 활동의 주체는 바로 학생이다. 그렇기 때문에 이제는 교사가 써주는 학교생활기록부를 수동적으로 받기보다는 관련 정보를 탐색하여 자신의 학교생활기록부를 디자인해야 한다.

교사 또한 모든 아이들의 학교생활기록부를 작성해야 하는 지금, 위와 같은 절차와 방법을 학생에게 안내함으로써 학생들이 개별화된 학교생활기록부를 위해 자기주도적으로 프로그램에 참여할 수 있도록 독려해야 한다.

스스로 활동할 준비가 되었다면 자신의 진로를 결정해야 한다. 더 많은 경험을 통해 진로를 결정하는 것도 좋지만, 워크넷과 커리어넷 검사를 통한 진로탐색도 결정에 도움이 될 수 있다. 그리고 대학과 학과에 대한 이해를 통해 맞춤형 인재의 모습으로 보일 수 있도록 활동을 계획해 보자. 이를 위해 최근 대학에서 발간한 학생부종합전형 가이드북 및 관련 도서를 찾아보고, 자신의 대학과 학과에 대해 공부해 보자.

또한, 우리 학교의 교육과정과 프로그램을 확인하여 어떤 과목 및 발표, 프로그램에 참여할 것인지 계획을 세워 보자. 마지막으로 단순 자료 조사를 통한 발표가 아닌 나의 성장과정과 후속활동을 반드시 발표 및 보고서에 넣어 이 내용이 학교생활기록부에 기록될 수 있도록 한다면 다른 친구들과 차별화된 학교생활기록부를 만들 수 있을 것이다.

개별화된 학교생활기록부를 위한 디자인 단계

STEP 3
자기주도적 활용
발표 및 보고서 제출
· 인재상 및 학과 역량
· 맞춤형 인재의 모습

STEP 2
학교 알리미 활용
학교 프로그램 이해
· 학교 교육과정
· 특색 프로그램 확인

STEP 1
가이드북 활용
대학 및 학과 이해
· 단순 사실 전달의 발표가 아닌 구체적인 성장과정과 후속활동을 보여주는 활동

교육계열 실전 학교생활기록부

학교생활기록부의 제일 첫 번째 기재 영역에 해당하는 인적·학적사항은 학생정보, 학적사항, 특기사항으로 구분된다.

인적·학적사항

학생정보	성명 : 홍** 성별: 여 주민등록번호: 주소 :
학적사항	년 월 일 ○○중학교 제3학년 졸업 년 월 일 □□고등학교 제1학년 입학
특기사항	

'학생정보'란의 성명을 기재할 때는 성과 이름 사이 공백 없이 한글 기준 최대 20자, 영문 기준 최대 60자까지로 글자수가 제한된다. 주민등록번호가 없는 외국인의 경우 여권(외국인등록증, 외국인등록 사실증명, 국내거소신고 사실증명)의 표기대로 입력하며, 복수국적인 경우 대한민국 국적을 적용하여 입력한다. 개명 등으로 학생정보가 변경된 경우에는 증빙서류를 첨부한 후 학교생활기록부 정정대장을 통하여 정정한다.

'학적사항'은 졸업한 중학교와 현재 재학 중인 고등학교가 기재된다. 만약 전학을 왔다면 이전 고등학교와 재학기간, 졸업일 등이 기재되는데 전출일과 전입일은 연중 공백 기간이 없도록 처리되어야 한다. 2021학년도 대입부터는 대입 공정성 강화 방안의 일환으로 시행된 고교정보 블라인드 정책에 따라 대입 전형자료 생성 및 전송 시 학생 성명, 주민번호, 학교명, 수상경력의 수여기관, 봉사실적의 주관기관 및 장소가 일괄 블라인드 처리 항목에 해당한다.

'특기사항'란에는 학적변동의 사유를 입력하는데, 학적변동이 「학교폭력예방 및 대책에 관한 법률」 제17조 제1항 제8호 및 제9호의 가해학생에 대한 조치사항에 해당하는 경우도 특기사항에 기재된다. 이는 교육계열 진학을 희망하는 학생들에게 중대한 부적격 요인에 해당한다.

출결상황

출결상황은 결석, 지각, 조퇴, 결과를 통해 학생이 학교생활에 임하는 성실성, 책임감 등 인성적 측면을 평가할 수 있는 항목이다. 3년 모두 개근이 아니라고 해서 반드시 부정적으로 평가하는 것은 아니며, 질병 등 납득할 만한 사유가 특기사항으로 기록되어 있다면 참고가 될 수 있다. 그러나 지나치게 자주 반복되는 경우에는 학생의 성실성에 의문을 가지게 된다. 원격수업 진행 중 출결을 제대로 관리하지 못하여 미인정 결과 등이 발생한 적이 있다면 한 번의 실수로 그칠 수 있도록 관리할 필요가 있다.

출결상황

학년	수업일수	결석일수			지각			조퇴			결과			특기사항
		질병	미인정	기타	질병	미인정	기타	질병	미인정	기타	질병	미인정	기타	
1	190	20						8						교통사고 입원(20일)
2	192			3										가사조력 (3일)
3	191													개근

'수업일수'란에는 「초·중등교육법 시행령」제45조에 따라 수업일수를 입력한다. '결석일수', '지각', '조퇴', '결과'는 질병·미인정·기타로 구분하여 연간 총일수 또는 횟수를 각각 입력한다. 재취학 등으로 학적이 변동된 경우, 동학년 출결상황은 학적변동 전(원적교)의 것과 변동 이후의 일수를 합산하여 입력한다. '특기사항'란에는 결석사유 또는 개근 등 교육부장관이 별도로 정하는 내용을 학급 담임교사가 입력하며, 학교폭력과 관련된 가해학생이 받은 출결 관련 조치사항도 입력된다. 다음은 출결과 관련된 용어 및 적용 지침을 정리한 것이다.

질병결석	· 질병으로 인해 아파서 결석한 경우
미인정 결석	· 합당하지 않은 사유나 고의로 결석한 경우
기타결석	· 가족 봉양, 가사조력, 간병 등 부득이한 사정에 의한 결석임을 학교장이 인정하는 경우 · 공납금 미납을 사유로 결석한 경우 · 기타 합당한 사유에 의한 결석임을 학교장이 인정하는 경우
장기결석	· 같은 종류로 연속하여 출석하지 않은 경우 · 기간은 7일 내외의 범위(최대 3일의 범위에서 조정 가능)에서 학교장이 정함
출석인정 결석	1) 지진, 폭우, 폭설, 폭풍, 해일 등의 천재지변 또는 법정감염병 등(학교 내 확산 방지를 위해 학교장이 필요하다고 인정하는 비법정감염병을 포함)으로 출석하지 못한 경우 2) 병역관계 등 공적의무 또는 공권력의 행사로 인하여 출석하지 못한 경우 3) 학교장의 허가를 받은 '학교·시도(교육청)·국가를 대표한 대회 및 훈련 참가, 산업체 실습과정(현장실습, 현장실습과 연계한 취업), 교환학습, 교외체험학습, 「학교보건법」제8조에 따른 등교중지' 등으로 출석하지 못한 경우 4) 「초 · 중등교육법 시행령」 제31조에 따른 학교 내의 봉사, 사회봉사, 특별교육이수 기간 5) 「초 · 중등교육법」 제28조에 따른 상담, 진로 프로그램 등 숙려제 참여 인정 기간 6) 다음 경조사로 인하여 출석하지 못한 경우 <table><tr><th>구분</th><th>대상</th><th>일수</th></tr><tr><td>결혼</td><td>형제, 자매, 부, 모</td><td>1</td></tr><tr><td>입양</td><td>학생 본인</td><td>20</td></tr><tr><td></td><td>부모, 조부모, 외조부모</td><td>5</td></tr><tr><td>사망</td><td>증조부모, 외증조부모, 형제·자매 및 그의 배우자</td><td>3</td></tr><tr><td></td><td>부모의 형제·자매 및 그의 배우자</td><td>1</td></tr></table> *경조사 일수에 재량휴업일과 공휴일 및 토요일은 산입하지 않음. 연속된 결석 일 수에 한해 출석으로 인정함. 7) 기타 부득이한 사유로 학교장의 허가를 받아 결석하는 경우 8) 「학교폭력예방 및 대책에 관한 법률」 제12조에 따른 학교폭력대책심의위원회의 개최 및 동 위원회의 학교폭력 피해학생에 대한 보호조치 요청 이전에, 학교폭력 피해자가 학교폭력으로 인한 피해로 출석하지 못하였음을 같은 법 제14조 제3항에 따른 학교폭력 전담기구의 조사 및 확인을 거쳐 학교의 장이 인정한 경우 9) 경찰청 「소년업무규칙」 제31조부터 제33조에 따른 경찰관서의 선도프로그램에 참여하는 경우

수상경력

📄 수상경력

학년(학기)		수상명	등급(위)	수상연월일	수여기관	참가대상(참가인원)
2	1	교과우수상 (국어, 수학, 통합사회, 영어)		2021.07.20	○○학교장	수강자
	1	우수 스터디 그룹대회 (융합탐구부문, 공동수상, 3인)	우수상 (2위)	2021.05.18	○○학교장	전교생 중 참가자 (60명)
	2	표창장(봉사부문)		2021.11.09	○○학교장	전교생(1200명)
	2	독서토론대회	금상 (1위)	2021.12.20	○○학교장	2학년(410명)

수상경력에는 재학 중 학생이 교내에서 수상한 상의 명칭, 등급(위), 수상연월일, 수여기관, 참가대상(참가인원)을 입력한다. 동일한 작품이나 내용으로 수준이 다른 상을 여러 번 수상하였을 경우, 최고 수준의 수상경력만을 입력한다. 학년 초 학교교육계획서에 따라 실시한 교내상만을 입력하고 교외상은 입력할 수 없다. 또한 수상 사실은 수상경력 이외의 어떠한 항목에도 입력하지 않는다. (대회 참가 사실, 준비과정 등은 기재 불가)

✅ 2021학년도 2~3학년의 경우, 상급 학교 진학 시 수상경력은 학생별로 한 학기에 한 개씩만 제공함.
✅ 2024학년도 대입(졸업생 포함)부터 상급 학교 진학 시 '수상경력'은 제공하지 않음.

수상경력은 수상명, 수상부문, 등급(위), 공동수상내역 등 생각보다 학생의 역량을 짐작할 수 있는 많은 내용을 포함하고 있다. 그렇기에 대학의 입학사정관들은 수상경력을 응시한 학생들이 지닌 자기주도성 학업 역량, 전공적합성 등을 파악할 수 있는 중요 정보로 인식한다.

2022, 2023학년도 대입에서 교육계열 진학을 준비하는 학생의 경우, 학기별로 선택할 수상 기록을 고르는 과정에 신중을 기해야 한다. 즉, 자신의 역량을 골고루 보여줄 수 있도록 다양한 역량이 드러나는 구성을 선택하거나, 학업성취도 결과에서 부족한 과목에 대해 다른 측면의 노력을 보여줄 수 있도록 구성하는 등 자신의 전공적합성을 드러내면서도 단점은 보완하고 장점은 부각하는 전략이 필요하다. 이를 위해서는 자신의 학교생활기록부를 종합적으로 분석한 뒤 최선의 선택을 해야 한다.

그러나 2024학년도 대입(졸업생 포함)부터는 상급 학교 진학 시 '수상경력'은 제공하지 않으므로 대입만을 위해서라면 수상의 개수나 수상 순위에 큰 의미를 둘 필요가 없다. 그러나 수상경력은 학교활동에서 교사들이 적극적이고 우수한 학생으로 인식하는 데 도움이 되고, 이는 학생에 대한 긍정적 이미지와 좋은 평가로 연결될 수 있음을 기억해야 한다.

자격증 및 인증 취득상황

자격증 및 인증 취득상황은 고등학생이 재학 중 취득한 기술 관련 자격증으로 '국가기술자격법'에 의한 국가기술자격증, 개별 법령에 의한 국가자격증, '자격기본법'에 따라 국가공인을 받은 민간자격증을 입력하는 영역이다.

자격증 및 인증 취득상황

[자격증 및 인증 취득상황]

구 분	명칭 또는 종류	번호 또는 내용	취득연월일	발급기관
자격증	컴퓨터활용능력2급	20-K4-010622	2021.08.28.	대한상공회의소

[국가직무능력표준 이수상황]

학년	학기	세분류	능력단위 (능력단위코드)	이수시간	원점수	성취도	비고
2	2	측정	비교측정 (1502010506_14v2)	30	95	A	[실무과목] 측정

'국가직무능력표준 이수상황'은 특성화고나 마이스터고의 학생들이 학교교육계획에 따라 국가직무능력표준을 이수한 경우 학교생활기록부에 등록하여 그 결과를 관리하게 된다.

그러나 '자격증 및 인증 취득상황'은 대입전형자료로 제공하지 않으며 취업이나 개인적 목적으로 활용하는 부분이다. 더불어 자격증의 명칭 및 취득 사실은 '자격증 및 인증 취득상황'란에만 입력하고, 학교생활기록부 어떠한 항목에도 입력하지 않는다.

창의적 체험활동

자율활동, 동아리활동, 봉사활동, 진로활동

🔍 창의적 체험활동이란?

창의적 체험활동은 교과와의 상호보완적 관계 속에서 앎을 적극적으로 실천하고 몸과 마음을 조화롭게 발달시키기 위하여 실시하는 교과 이외의 활동이다. 즉, 창의적 체험활동은 학생들이 건전하고 다양한 집단 활동에 자발적으로 참여하여 나눔과 배려를 실천함으로써 공동체 의식을 함양하고, 개인의 소질과 잠재력을 개발·신장하여 창의적인 삶의 태도를 기르는 것을 목표로 하는 활동이다.

이를 위해 창의적 체험활동은 자아정체성의 확립과 진로에 대한 설계를 바탕으로 자기 삶의 주인으로 성장하고 필요한 지식과 정보를 선택·활용하며, 원만한 관계를 형성하여 공동체의 목표를 합리적으로 실천할 수 있는 인재를 양성하는 데 목적이 있다.

창의적 체험활동 교육과정의 기본 방향

목표
학생

- 공동체 의식의 함양
- 소질과 잠재력의 계발·신장

01) 영역과 활동

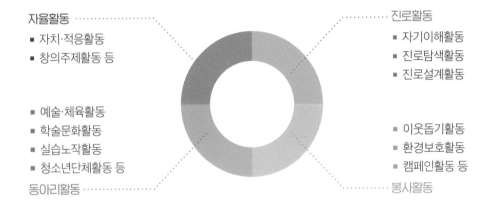

자율활동
- 자치·적응활동
- 창의주제활동 등

진로활동
- 자기이해활동
- 진로탐색활동
- 진로설계활동

실행
학교와 학생

- 예술·체육활동
- 학술문화활동
- 실습노작활동
- 청소년단체활동 등

동아리활동

- 이웃돕기활동
- 환경보호활동
- 캠페인활동 등

봉사활동

02) 편성·운영

- 창의적 체험활동의 편성·운영의 주체로서 학교의 자율성을 강조
  *학교급별, 학년별, 학기별로 영역과 활동을 선택하여 집중 편성·운영 가능
- 교과와 창의적 체험활동, 창의적 체험활동 영역/활동 간의 연계·통합 강조
- 자유학기 및 학교스포츠클럽 활동의 연계 운영 방안 제시

03) 평가

- 학생 평가 : 학교가 편성한 영역에 대하여 문장으로 기술
- 교육과정 평가 : 학교의 책무성을 구현하기 위한 교육과정 질 관리 강조

지원
국가와 지역

04) 지원

- 타 부처 및 유관 기관과의 협의를 통한 다양한 행·재정적 지원
- 안전 대책 및 지침, 지역자원목록, 예산편성지침 제공
- 국가 및 지역수준의 일관성 있는 편성·운영 방향 제시

*2015 개정교육과정 창의적 체험활동 해설(고등학교), (교육부, 2017)

창의적 체험활동은 자율활동, 동아리활동, 봉사활동, 진로활동으로 나누어지고, 학교별 교육과정에 근거하여 정한다. 창의적 체험활동은 영역별로 학급 담임교사와 창의적 체험활동 담당교사가 분담하여 평가하는데, 평소 활동상황을 기록한 자료를 토대로 학생을 관찰하면서 얻은 내용을 근거로 활동실적, 성장 정도, 행동의 변화 등을 종합하여 특기사항에 기록한다. 자율활동, 동아리활동, 진로활동은 영역별 이수시간 및 특기사항을 입력하고 봉사활동은 실적을 입력한다.

즉, 학생의 활동에 대해 교사가 상시 관찰 및 평가한 누가기록을 바탕으로 구체적인 활동 사실과 학생의 활동태도 및 노력에 의한 행동 변화와 성장을 기록한다.

최근 창의적 체험활동에서는 전공적합성을 높이고자 자율탐구활동을 많이 수행하고 있다. 자율탐구활동은 학생들이 자율적으로 주제를 선정하고 보고서를 작성하는 전 과정을 스스로 수행하는 활동으로 사교육 개입 없이 학교 내에서 학생 주도로 수행한 활동을 의미하며, 이러한 자율탐구활동에 한하여 학교생활기록부에 기재할 수 있다.

단, 자율탐구활동을 기재할 경우에는 정규 교육과정 중에 이루어진 활동임을 증명하기 위하여 학교교육계획서 및 내부 결재를 통해 학교장의 승인을 얻은 문서 또는 학생활동 산출물이 보관되어 있어야 한다. 그럼에도 불구하고 소논문은 사교육을 유발할 수 있으므로 학교생활기록부에 기재할 수 없다.

1 창의적 체험활동의 목표와 역량

창의적 체험활동은 교과와 상호보완적 관계에 있으며 교과와의 연계·통합을 지향한다. 이에 창의적 체험활동 교육과정에서는 교과와 차별화된 창의적 체험활동만의 고유 역량을 개발하기보다는 학생이 함양해야 하는 6가지 역량을 창의적 체험활동의 목표에 반영하였다. 그러나 이는 특정 영역을 특정 역량에 한정시키려는 의도가 아니며, 관련 역량은 활동에 따라 변화할 수 있다. 다음 표는 영역 목표별 관련 역량을 보여준다.

영역 목표별 관련 역량

영역	목표	관련 역량
창의적 체험활동	건전하고 다양한 집단 활동에 자발적으로 참여함으로써 나눔과 배려를 실천하여 공동체 의식을 함양하고, 개인의 소질과 잠재력을 개발·신장하여 창의적인 삶의 태도를 기른다.	자기관리 역량, 지식정보처리 역량, 창의적 사고 역량, 심미적 감성 역량, 의사소통 역량, 공동체 역량
자율 활동	특색 있는 활동에 자율적으로 참여하여 일상의 문제를 합리적이고 창의적으로 해결할 수 있는 능력을 기른다.	· 자기관리 역량 · 지식정보처리 역량 · 창의적 사고 역량 · 의사소통 역량
동아리 활동	동아리에 자발적으로 참여하여 소질과 적성을 계발하고, 일상의 삶을 풍요롭게 가꾸어나갈 수 있는 심미적 감성을 기른다.	· 공동체 역량 · 창의적 사고 역량 · 심미적 감성 역량
봉사 활동	나눔과 배려를 실천하고 환경을 보존하는 생활 습관을 형성하여 더불어 사는 삶의 가치를 체득한다.	· 공동체 역량 · 의사소통 역량
진로 활동	흥미, 소질, 적성을 파악하여 자아정체성을 확립하고, 자신의 진로를 개발하여 지속적으로 발전시킨다.	· 자기관리 역량 · 지식정보처리 역량

*2015 개정교육과정 별책 42, 창의적 체험활동 교육과정(제2015-74, 교육부)

창의적 체험활동상황의 영역별 시수 인정과 특기사항 입력

영역	시수	특기사항에 입력할 수 있는 내용
자율 활동	정규교육과정 시수 (행사활동은 별도 행사시수 포함)	· 학교교육계획(정규교육과정 포함)에 의해 학교에서 주최하고 주관하여 실시한 활동 · 타 고등학교에서 주최하고 주관한 국내 체험활동 중 학교장이 승인한 체험활동 · 교육관련기관에서 주최하고 주관하여 실시한 국내 체험활동 중 학교장이 승인한 체험활동 *정규교육과정에 의해 해외에서 실시한 자율활동은 시수만 인정하며, 그 이외의 해외 창의적 체험활동은 시수와 특기사항을 모두 입력하지 않음
동아리 활동	정규교육과정 시수 (정규교육과정 이외 학교스포츠클럽 활동 포함)	· 정규교육과정 동아리활동(정규교육과정 내 청소년단체활동 포함) · 정규교육과정 이외 학교스포츠클럽활동 클럽명과 이수시간 · 학교교육계획에 의한 정규교육과정 이외의 자율동아리활동(동아리명 및 간단한 동아리 소개) · 학교교육계획에 의한 정규교육과정 이외의 청소년단체활동(단체명) *2021학년도 2, 3학년만 해당 ※ 2021학년도 1학년부터는 정규교육과정 이외의 청소년단체활동은 단체명 및 특기사항 모두를 입력하지 않음 · 학교교육계획(정규교육과정 포함)에 의해 학교에서 주최하고 주관하여 실시한 활동 · 타 고등학교에서 주최하고 주관한 국내 체험활동 중 학교장이 승인한 체험활동 · 주최하고 주관하여 실시한 국내 체험활동 중 학교장이 승인한 체험활동
진로 활동	정규교육과정 시수 (행사활동은 별도 행사시수 포함)	· 진로희망분야 · 학교교육계획(정규교육과정 포함)에 의해 학교에서 주최하고 주관하여 실시한 진로활동과 관련된 사항 · 진로지도와 관련된 상담 및 관찰·평가내용 · 타 고등학교에서 주최하고 주관한 국내 체험활동 중 학교장이 승인한 체험활동 · 교육관련기관에서 주최하고 주관하여 실시한 국내 체험활동 중 학교장이 승인한 체험활동

*2021 학교생활기록부 기재요령(경기도교육청)

창의적 체험활동의 영역별 체험활동 특기사항은 활동 장소가 국내일 경우 입력이 가능하며 학교교육계획에 의해 학교장이 승인하여 학교 또는 타학교가 주최하고 주관한 체험활동, 학교장이 승인한 교육 관련 기관에서 주최 또는 주관한 체험활동의 경우에 입력이 가능하다. 단, 복수의 기관이 주최하고 주관하는 체험활동은 모든 기관이 교육기관 또는 고등학교여야 한다. 여기서 교육 관련 기관이란 교육부 및 소속 기관, 시도교육청 및 직속기관, 교육지원청 및 소속 기관이어야만 기록이 가능하다.

반대로 학교장 승인을 받았다고 할지라도 청소년 단체에 소속되지 않은 학생의 경우, 청소년 단체에서 실시한 체험활동은 입력할 수 없다. 이는 학교장의 승인을 받아 대학 등에서 이수한 체험활동이나 특정 과정을 주최기관의 공문으로 요청한다고 할지라도 학교생활기록부의 어떠한 항목에도 입력할 수 없다.

3 창의적 체험활동 양식

📄 창의적 체험활동상황

학년	창의적 체험활동 상황		
	영역	시간	특기사항
1	자율활동		
	동아리활동		(자율동아리)
	진로활동		희망분야 :　　　　　　　　　　*상급학교미제공
2	자율활동		
	동아리활동		(자율동아리)
	진로활동		희망분야 :　　　　　　　　　　*상급학교미제공
3	자율활동		
	동아리활동		(자율동아리)
	진로활동		희망분야 :　　　　　　　　　　*상급학교미제공

학년	봉사활동 실적				
	일자 또는 기간	장소 또는 주관기관명	활동내용	시간	누계시간
1					
2					
3					

학교는 학교급과 학년(군)의 특성에 따른 교육적 요구를 고려하여 이 표에 제시된 활동내용 이외의 다양한 활동내용을 편성·운영할 수 있다.

자율활동 영역의 활동별 목표와 내용

활동	활동목표	활동내용(예시)
자치·적응활동	성숙한 민주시민으로 살아갈 수 있는 역량을 함양하고, 신체적·정신적 변화에 적응하는 능력을 길러 변화하는 환경에 적극적으로 대처한다.	· 기본생활습관형성활동 - 예절, 준법, 질서 등 · 협의활동 - 학급회의, 전교회의, 모의의회, 토론회, 자치법정 등 · 역할분담활동 - 1인 1역 등 · 친목활동 - 교우 활동, 사제동행 활동 등 · 상담활동 - 학습, 건강, 성격, 교우 관계 상담활동, 또래 상담활동 등
창의주제활동	학교, 학년(군), 학급의 특색 및 학생의 발달 단계에 맞는 다양하고 창의적인 주제를 선택하여 활동함으로써 창의적 사고 역량을 기른다.	· 학교·학년·학급특색활동 - 100권 독서하기, 줄넘기, 경어 사용하기, 연극놀이, 뮤지컬, 텃밭 가꾸기 등 · 주제선택활동* - 주제 탐구형 소집단 공동 연구, 자유 연구, 프로젝트 학습(역사탐방 프로젝트, 박물관 견학활동) 등 *창의주제활동의 '주제선택활동'은 자유학기의 '주제선택활동'으로 활용될 수 있으며, 다른 학기, 다른 학교급에서도 편성·운영될 수 있다.

학교는 매년 창의적 체험활동 시수를 결정하는데, 학교 홈페이지 또는 학교알리미를 활용하면 다음 표와 같이 창의적 체험활동 - 자율활동의 시간 및 내용을 확인할 수 있다.

✎ ○○고등학교 창의적 체험활동 - 자율활동내용 예시

월	일	영역	자율활동내용	시수		
				1학년	2학년	3학년
3	○○	자율활동	1학년(입학식) / 2,3학년 (개학식)	1	1	1
3	○○	자율활동	1학기 학급회 조직 및 학급 규칙 정하기	1	1	1
3	○○	자율활동	성희롱 예방 교육	1	1	1
4	○○	자율활동	학급 자치 활동	1	1	1
4	○○	자율활동	장애인식 개선 교육	1	1	1
4	○○	자율활동	저작권 교육	1	1	1
4	○○	자율활동	통일교육	1		
4	○○	자율활동	약물오남용교육		1	1
4	○○	자율활동	독도교육	1	1	1
4	○○	자율활동	생명존중 (자살예방) 교육	1	1	1
4	○○	자율활동	심폐소생술 교육	1	1	1
4	○○	자율활동	학급 자치 활동	1	1	1
5	○○	자율활동	학교 체육대회	4	4	4
5	○○	자율활동	수련회 및 수학여행	3	3	3

자율활동은 전체 학교 학생을 대상으로 하는 프로그램으로, 이 항목 안에서 자기주도성과 호기심을 바탕으로 탐구하는 학업 역량을 보여주기는 다소 어렵다. 그래서 대부분 학교와 학생의 '자율활동'은 다음과 같이 기재되곤 한다.

✏️ ○○고등학교 창의적 체험활동 - 자율활동내용 예시

학년	영역	시간	창의적 체험활동 상황
			특기사항
1	자율활동	102	수련회(20○○.○○.○○.-20○○.○○.○○.)에서 숙소 방장을 맡아 솔선수범함. 학교축제(20○○.○○.○○.)에 참여하여 부스를 꾸림. 금융교육(20○○.○○.○○.)에서 예금과 적금, 보험의 중요성을 알게 됨. 장애인식개선교육(20○○.○○.○○.) 수업에 참여함. 독서교육(20○○.○○.○○. - 20○○.○○.○○.)에 참여하여 자신의 생각을 발표함. 장애인식교육(20○○.○○.○○.)에서 참여하여 특강을 들음. 자율탐구활동(20○○.○○.○○.)에서 교육 분야에 관련된 탐구를 수행함.

학교생활기록부의 좋고 나쁨에는 따로 기준이 없지만, 위와 같은 자율활동의 특기사항에는 학생 개개인의 활동이나 개성, 관심사가 잘 드러나지 않는다. 특기사항의 내용이 학생의 특성을 나타내기보다는 이 학교 행사를 나열한 공통문구로 채워지고 있는 실정이기 때문이다. 때문에 자율활동이 학생부종합전형의 평가요소에 크게 영향력을 행사하지 않는다고 생각하는 경우가 많다.

하지만 최근 자율활동을 모둠별, 개인별로 최적화하는 사례가 늘어나고 있다. 창의적 체험활동의 기재 글자수가 줄어들면서 자율활동을 통해 개인의 기록을 차별화해야한다는 인식이 증가하고 있는 것이다.

개인의 특성이 반영된 차별화된 학생부를 위해서는 수동적인 자율활동일지라도 다양한 교육 중 나의 전공분야에 대한 관심도를 보여줄 수 있는 활동을 2~3가지 선택하고, 그 활동을 통해 가지게 된 호기심을 바탕으로 자기주도적으로 탐구한 내용과 자료 조사 활동과정에서 배우고 느끼며 성장한 부분을 상세히 기술해야 한다. 학교에서 진행하는 같은 활동일지라도 학생이 느끼고 배운 점에 따라 활동의 결과가 달라질 수 있기 때문이다.

또한 공동체의 구성원으로서 수행한 활동이라면, 해당 활동에서 수행한 역할의 내용과 공동체에 긍정적인 영향을 미친 활동을 기술함으로써 그 학생만의 개별화된 학업 역량, 전공적합성, 인성 및 발전가능성을 보여줄 필요가 있다.

학교 또한 개별화되고 차별화된 자율활동을 위해서는 학교 행사로서의 자율활동이 아닌 학생 개개인의 특징을 보여줄 수 있는 활동으로서 자율활동을 재구성할 필요가 있다. 최근 자율활동 가운데 창의주제활동은 학생부종합전형에 가장 잘 어울리는 활동이라 할 수 있다. 획일화된 활동에서 벗어나 개개인의 특징이 반영되는 다양하고 창의적인 활동 등을 통해 개개인의 경험과 성장 그리고 결과물을 개별화하여 기록할 수 있기 때문이다. 이를 통해 학급 또는 학교 내 학생들의 다양한 모습을 조명할 수 있다.

획일화된 활동에서 벗어나 개개인의 특징이 반영되는 다양하고 창의적인 활동 등을 통해 개개인의 경험과 성장 그리고 결과물을 개별화하여 기록할 수 있기 때문이다. 이를 통해 학급 또는 학교 내 학생들의 다양한 모습을 조명할 수 있다.

TIP 자율활동 기록 TIP ✏️

📢 수동적인 자율활동이라고 할지라도 다양한 교육 중 나의 전공분야에 대한 관심도를 보여줄 수 있는 활동 2~3가지를 선택하고, 그 활동을 통해 호기심을 가지게 된 내용을 자기주도적으로 탐구

📢 공동체의 구성원으로서 수행한 활동이라면 내가 수행한 역할의 내용과 공동체에 긍정적인 영향을 미친 활동을 기술
- 직책보다는 공동의 목표를 위해 어떤 역할을 수행했는지가 중요
- 자기주도성이 드러나는 활동을 기획하거나 행사를 주최한 내용 등

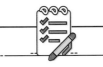

자기주도적 자율활동 기록을 위한 기록지(평가지)

(　　)년도 나의 희망 진로 또는 관심분야는?

(　　)학년도 창의적 체험활동 – 자율활동 목록				
멘토링활동	학급자치활동	환경교육	학급특색활동	고른독서활동
생명존중교육	장애인식교육	통일교육	인물소개활동	주제탐구활동
(기록)	(기록)	(기록)	(기록)	(기록)

선택한 자율활동	자율활동내용
<예시> 장애인식교육	<예시> 장애인식교육(20○○.○○.○○.)에서 '차이를 차별하지 않기 위해서는 다름을 인정하고 타인의 입장에서 생각해야 한다'는 강의 내용을 들음. 평소 비장애인과의 차이에서 오는 편견이 사회적 차별로 이어지는 것이 큰 문제라고 생각하고, 이를 자율탐구주제로 선정하여 탐구를 수행함.

① 자율활동의 창의주제활동(자율탐구활동)

Q 자율활동의 창의주제활동이란?

앞의 내용에서 볼 수 있듯이 교육과정의 창의적 체험활동 중에서 자율활동은 자치·적응 활동과 창의주제활동 두 개의 세부 영역으로 구성되어 있다.

이 중에서 최근 개별화된 학교생활기록부와 학생부종합전형에서의 경쟁력 확보를 위해 창의주제활동 중 주제 선택 활동이 많은 관심을 받고 있다. 대표적인 주제 선택 활동으로는 주제 탐구형, 소집단 공동연구, 자유 연구, 프로젝트 학습(역사탐방 프로젝트, 박물관 견학 활동) 등이 있다. 이에 대해 창의적 체험활동 해설서는 창의주제 활동을 다음과 같이 정의하고 있다.

창의주제활동은 창의적 사고 역량의 함양에 중점을 두고 있다. 이를 위해 학교, 학년, 학급 단위로 학생들의 발달단계에 맞는 다양하고 창의적인 주제를 선택하여 문제를 해결하도록 지도한다. 학교는 진로·적성이 유사한 학생들의 자율적인 구성과 협력을 통한 주제 탐구형 소집단 공동 연구, 자유 연구, 프로젝트 학습 등에 초점을 두어 운영할 수 있다.

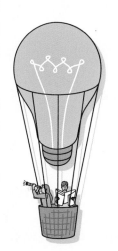

- '주제 탐구형 소집단 공동 연구'는 주제를 선택하여 탐구활동을 전개할 때, 2인 이상으로 팀을 구성하여 탐구주제를 설정하고 역할분담 및 협력 활동을 통하여 주제를 해결해나가 는 연구이다.

- '자유 연구'는 학생 스스로 탐색하고 싶은 주제를 설정하고 여러 가지 탐구 방법을 이용하 여 해결하는 것이다.

- '프로젝트 학습'은 학생이 탐구활동 주제를 스스로 설정하고 장기간 수행하는 방법이다.

하지만 이러한 창의주제활동의 자율탐구활동을 소논문 쓰기나 R&E로 이해하는 사람들이 있다. 창의주제활동은 정규 교육과정 중에 사교육의 개입 없이 학교 내에서 학생 주도로 이루어진 활동임을 증빙해야 한다. 그러므로 자율탐구활동 관련 내용은 학교교육계획서 및 내부 결재를 통해 학교장의 승인을 얻은 문서 또는 학생활동 산출 물이 보관되어 있어야 학교생활기록부에 기록할 수 있다.

자율탐구활동을 위한 주제 선정 방법

> 탐구주제를 선정할 때 가장 중요한 것은 교과수업 중 생긴 궁금증, 평소 자신이 희망하는 전공분야에 대한 호기심을 해결하기 위한 탐구주제를 선정하는 것이다. 우리 주변의 아주 작고 사소한 소재일지라도 한번 궁 금증을 품어본다든지, 평소 무심히 지나쳤던 것에 조금 더 관심을 가지고 의문을 제기한다면 좋은 탐구주제 가 될 수 있다.
>
> 하지만 시간 및 학업 등 여러 가지 이유로 희망전공분야에 대한 호기심이나 실생활에서의 궁금증을 가지기 는 쉽지 않다. 어렵게 주제를 정할지라도 실현가능성이 매우 낮은 수준의 주제를 선정하거나, 반대로 이미 잘 알고 있는 가벼운 주제를 선정하는 등 많은 시간을 투자하여 결과를 만드는 데 효율적이지 않은 주제를 선정 하는 경우가 다수 있다.

TIP 탐구주제 선정 TIP

TIP.1 이전년도 학생부 교과세특에서 나의 탐구역량이 드러나는 탐구주제 목록을 나열한 후, 그중에서 심화 또는 확장 가능한 주제를 추출하기

TIP.2 올해 교과수업을 통해 생긴 호기심으로 어떤 것들이 있는지 질문형으로 적어보기

TIP.3 최근 사회적 또는 범세계적으로 이슈가 되고 있는 내용이 무엇인지 키워드로 적어보기

TIP.4 DBpia, 국회전자도서관 등에서 찾은 기존 연구 논문의 주제 및 제언 분석의 주제 참고하기

TIP.5 자신이 나열한 주제들 중 나의 진로, 적성 분야와 관련된 주제 선정하기

TIP.6 내년도 교육과정 편제표 확인 후, 자신의 전공적합성이 드러나는 과목을 선택하고 이번 주제와 연계될 수 있는 탐구주제 로드맵을 구상하기 (주제 심화, 확장, 융합)

주제 선정이 어렵다면 평소 탐구주제 선정 TIP을 참고하여 키워드를 적어보고, 이중 진로 및 적성 분야와 관련된 주제를 선정하면 좋은 자율탐구주제가 될 것이다.

더 나아가 교과의 세부능력 탐구주제와 연계하여 주제를 심화, 확장, 융합하기 위해서는 학교교육과정 편성표를 통해 내가 지금 배우고 있는 과목과 다음 연도에 배울 과목을 확인하고, 이와 관련된 주제를 선정하는 것도 자율탐구주제를 선정하는 좋은 방법이 될 수 있다.

교육과정 편제표는 대부분의 학교가 신입생 오리엔테이션 자료집 또는 학교 홈페이지 교육과정에 게시하고 있으며, 학교알리미를 통해서도 확인할 수 있다. 이 외에도 교과별, 전공별 탐구주제를 정리한 도서를 통해 탐구주제를 선정할 수 있다.

탐구주제는 또 다른 호기심을 만들어 지식을 확장시키는 것이 가장 이상적인 모습이며 자율 주제 탐구의 목적일 수 있다. 당장 마땅한 궁금증이 없어 위와 같은 방법으로 자율탐구주제를 선정했다고 할지라도 탐구 과정에서 또 다른 호기심이 나올 수 있으며, 이를 확장하는 것을 적극 추천한다.

교육계열 추천 자율활동

LIST

학급 임원활동, 학급 1인 1책 활동, 학생자치회 활동, 리더십 프로그램, 멘토링 활동, 사람책 활동,

독서 나눔 토론 프로젝트(교육 분야) 활동, 고른독서 프로그램, 학생주도 프로젝트 활동,

주제탐구 프로젝트, 주제 선택활동, 학급 특색 프로그램 운영, 나를 변화시킨 책, 인물소개 활동,

자유주제 발표활동, 또래상담 및 집단상담 프로그램, 멘토링 활동, 창의융합토론회 활동, 자율탐구활동,

세계시민교육 활동, 학급 프로젝트 봉사활동 기획, 장애인식개선교육, 환경교육활동, 진로탐구형 심화 프로

젝트, 학급 열린 토론 활동, 찾아가는 박물관 활동, 1인 1프로젝트 활동, 전공과 진로연계 발표활동,

체육 어울마당, 합창 페스티벌, 스토리가 있는 벽화그리기 활동

교육계열 맞춤형 자율활동 기록 사례

 01. 국어교육과

'주제탐구 프로젝트 활동'에서 '내 삶의 길잡이 인물'이라는 주제로 진로탐색활동을 기획하고, 국어 선생님을 자신의 삶의 길잡이 인물로 선정하여 인터뷰를 진행함. 좋은 교사가 무엇인지 알기 위해 평소 가졌던 궁금증을 중심으로 질문지를 만들고 직접 인터뷰를 하면서 좋은 교사란 학생들과 함께 호흡하고 공감할 수 있는 교사라는 점과 자신의 학문에 대한 전문적인 지식은 물론 이를 잘 전달할 수 있는 능력이 필요함을 알게 되었으며, 이러한 역량을 함양하기 위해 노력할 것을 다짐함. 이후 학생들과 공감하는 다양한 학교 사례를 찾아보기 위해 프로젝트를 계획함.

 02. 독어교육과

'학급 독서 탐구 프로젝트'에서 학급 내에서 교육 분야에 관심을 갖고 있는 친구들과 모둠을 이루어 교육 및 인문 분야의 책을 읽고, 책의 내용을 주변 친구들에게 알리는 독서 탐구 프로젝트를 주도적으로 진행함. 특히 독일의 문화, 역사 및 언어에 대한 책 내용을 보완하여 다양한 자료를 찾고, 이를 정리하여 친구들에게 발표함. 이 중 일상생활에서 자주 사용하는 독일어들을 카드뉴스로 정리한 후 학급에 게시함으로써 친구들이 기본적인 독일어를 사용할 수 있게 독려함. 이 과정에서 모둠원들의 일정을 조율하고 모둠의 역할과 해야 할 일을 챙기면서 효율적인 시간 관리와 리더십을 보여줌.

 03. 불어교육과

'학급별 특색사업'에서 학급 친구들과 함께 국제기구의 지속가능발전목표의 17개 세부 목표 중 건강, 교육 및 불평등 완화를 주제로 한 모의총회를 주도적으로 기획하고 수행함. 특히 모두에게 포용적이고 공평한 양질의 교육 보장 및 평생학습의 기회 제공을 위해 누구에게나 교육의 기회가 열려 있어야 하며, 국가 및 사회는 지속적으로 필요한 지식과 기술을 제공해야 함을 주장함. 무엇보다 국제기구의 사무국에서 사용하는 실무 언어인 프랑스어로 개회 및 연설문을 발표하면서 뛰어난 의사소통능력과 리더십을 보여줌.

 04. 영어교육과

'진로탐구형 심화 프로젝트 활동'에서 수업 중 학생의 창의성을 촉진시키는 방법에 대한 영어 지문에 관심을 갖고 관련 배경지식을 탐구함. 창의성에 대한 접근부터 시작하여 전통적인 교수학습방법에서 벗어나기 위한 활동 중심의 수업에 대해 탐구하고, 그 특징과 문제점에 대해 발표함. 활동 중심 수업으로 불완전한 지식의 전달과 학습 결손이 발생할 수 있으나 교사의 적극적인 피드백과 교사 간 협력 및 지원을 통해 보완해야 함을 발표하면서 다양한 사례를 취합하고 분석하는 정보처리능력과 분석력을 보여줌. 이후 창의적인 교수학습방법에 대해 더욱 탐구하고 이를 적용하기 위한 다양한 방법을 모색할 것이라고 다짐함.

05. 일본어교육과

'사람책 활동'에서 자신이 평소 좋아하던 일본 애니메이션 작가가 각본, 감독, 원작화까지 담당한 도서 '벼랑 위의 포뇨'에 대해 소개함. 바다생활을 지루해하는 물고기 주인공이 인간 세계에 와서 겪는 여러 가지 모습을 자연재해나 환경문제 부분과 함께 친구들에게 설명하였으며, 무엇보다 평소 관심 있는 일본어와 연계하여 생활 일본어를 친구들에게 소개함으로써 일본의 문화와 언어를 알기 쉽게 발표함. 이 과정에서 친구에게 공감하고 눈높이에 맞춰 설명하는 모습이 인상적이었으며 앞으로 생활에 필요한 일본어를 학급에 게시할 것을 약속함.

 ## 06. 중국어교육과

'주제 발표 프로젝트 활동'을 통해 중국의 춘절을 세 가지 소주제로 나누어 중국문화에 대한 발표자료를 구성하고 논리적 안전성과 설득력을 갖춘 내용을 발표해 친구들에게 높은 평가를 받음. 이 발표를 준비하면서 성모, 운모, 성조를 정확하게 발음하기 위해 지속적으로 연습함으로써 발음의 유창성이 뛰어나게 향상됨. 또한 평소 관심을 가지고 있던 중국문화 중 '여성, 당신은 나의 하늘' 시청을 통해 중국에서 부녀자의 날을 기념하며 여성의 지위를 인정하고 임신한 어머니의 모습을 재현하는 '따뚜즈'라는 놀이를 친구들과 함께 진행해봄으로써 중국 사회에 대한 인식을 변화시키는 계기를 마련함. 앞으로도 이런 다양한 중국 문화를 경험하는 프로그램을 기획하고 친구들과 함께할 것이라고 다짐함.

 ## 07. 한문교육과

'나를 변화시킨 책, 인물소개 활동'에서 한문 문장인 '위귀인이, 위호인난'의 '귀인, 호인'의 개념을 설명함. 좋은 사람이 되기 위해서는 어떤 목표를 가지고 일을 시작할 때, 명예 또는 경제적 성공보다는 내가 지키고 명심해야 할 사람다움에 대한 가치를 먼저 생각하고 실천할 줄 아는 사람이 되어야 함을 구체적인 예를 들어 친구들에게 논리적으로 발표함. 이 과정에서 자신 또한 예비 교사로서 학생의 가치를 높이기 위해 무엇을 준비해야 하는지에 대해 고민해보고, 이러한 역량을 함양하기 위해 노력할 것을 다짐함.

 ## 08. 교육공학과

'자유주제 발표활동'에서 교육현장 내 인성교육의 현황을 조사하고, 인성교육의 필요성과 방법에 대해 탐구한 후 효과적인 인성교육의 방법을 언어, 수학, 외국어, 사회, 과학 및 예체능, 교양교과별로 제시한 보고서를 제출함. 또한 코로나 이후 학교의 변화, 공교육의 필요성과 정상화 방안 등을 주제로 한 토의, 토론에 적극적으로 참여함. 그 외에도 교사의 업무를 체험해보기 위해 다양한 활동을 진행하였으며, 미래 교사가 된다면 활동형 수업과 창의성 교육을 어떻게 진행할지에 대해 탐구함. 이 과정 속에서 보다 나은 교육환경과 교육방법을 만들기 위해 관련 내용을 탐구하였으며, 학습자의 인성과 창의성을 위한 교육 프로그램을 설계·개발하는 전문가가 될 것이라고 다짐함.

09. 교육학과

평소 교육제도에 호기심과 관심이 많아 '탈관료제 조직과 혁신학교'라는 자유 탐구주제를 설정하고 심화 탐구하여 보고서를 제출하고 발표함. '관료주의적 성향이 강한 학교를 어떻게 바꾸어야 할까?'라는 질문에 대한 대안으로 '혁신학교'에 대해 발표함. 도서 '혁신학교란 무엇인가(김성천)'를 읽고, 혁신학교를 '교육 주체들의 협력으로 학교 문화를 새롭게 창출하여 교육과정, 수업, 평가체제에 의미 있는 변화를 시도하는 학교'로 정의함. 유연한 학교 문화에 대한 논의에서 교육자들이 학교를 공동체로 인식하고 교사들의 참여와 소통이 이루어지는 문화가 만들어질 때 학생과 학부모의 참여도 자연스럽게 이루어지게 될 것을 주장함.

 10. 유아교육과

'창의융합토론회 활동'에서 코로나19에 대응하고 있는 유치원교사들의 노력과 어려움에 대해 탐구하여 발표함. 코로나19 상황에서 교육의 연속성 보장과 교육격차 해소를 위한 국제적 협력을 강조하는 G20 공동선언문 발표를 통해 코로나19 상황에서 유치원교사들이 감염병 위기에 대응하는 과정에 대한 주변 인터뷰와 사례를 조사하여 이를 정리함. 그 결과, 교육 및 행정업무와 학생 안전, 돌봄 역할 수행 그리고 놀이 중심의 수업을 함께 진행하는 데 어려움이 있음을 알고, 이에 대한 대책 마련이 시급함을 발표함. 이를 통해 앞으로 코로나19 상황에서의 성공적인 유아교육 사례를 찾아 탐구할 것을 계획함.

 11. 아동보육학과

'진로 심화 탐구활동'에서 평소 관심분야인 놀이치료에 흥미를 느끼는 친구들과 함께 팀을 구성하여 아동의 발달과정에 따른 놀이의 종류를 조사하고, PPT를 통해 발표함. 또한, 동화구연활동을 통해 아동들의 학습과 다양한 상상력을 유발하는 효과적인 방법에 대해 연구하였고, 특히 아동이 쉽게 접할 수 있는 구연동화를 직접 창작하여 제작하는 열정과 팀을 이끌어나가는 리더십을 보여줌. 아동 성장기의 특징을 파악하여 아동 이해, 정서적 안정 및 사회성 함양을 위한 동화와 놀이 활동을 지속적으로 개발함. 이러한 프로그램을 활용하여 아동 대상의 다양한 봉사 프로그램을 기획함.

 12. 초등교육과

'민주시민 교육활동'을 통해 미래 세대의 다양한 개인적 욕망과 공동체의 조화를 위한 민주시민으로서의 책임 있는 자세, 공동체에서의 의사결정에 적극적으로 참여하는 민주시민의 권리 및 의무 수행의 필요성에 대해 배움. 이 과정에서 향후 자신이 꿈꾸는 초등학교 학급의 모습을 상상하며, 학생이 만드는 학교 문화와 학급 자치회를 통한 참여 유발 사례를 다양하게 조사하여 초등교사로서 학급 및 학교를 어떻게 민주적으로 운영하고자 하는지에 대해 설계함. 이 과정에서 경청과 공감의 중요성을 인지하고, 이러한 역량을 함양하고자 노력하는 모습을 보임.

13. 특수교육과

장애인식개선교육을 통해 장애인의 인권과 행동특성 및 능력에 대해 배웠으며, 특히 장애인과의 의사소통의 방법에 대해 알게 됨. 평소 특수교육에 관심이 많아 장애인과의 의사소통에 도움이 되고자 시각장애 아동들을 위한 점자책 만들기 활동을 수행함. 이 과정에서 시각장애 아동의 언어적 특성, 인지적 특성, 학습적 특성을 이해함. 또한, 시각장애 아동의 통합교육을 위해 교사가 어떤 역할을 수행해야 하는지에 대해 탐구하고 발표하면서 창의적 사고 및 심미적 감성 역량을 함양함.

14. 사회교육과

'학급 열린 토론 활동'에서 친구들과 함께 청소년 인권 주제 중 하나인 게임 셧다운 제도에 대해 반대 입장의 주장을 펼침. 그 근거로 게임 셧다운 제도는 청소년들의 기본권을 침해하는 과도한 법률이며 실효성이 없다는 점, 여가의 한 수단이며 우리나라 게임 산업의 발전을 막는다는 주장을 제시함. 토론 과정에서 자신의 생각만을 주장하는 것이 아니라 상대방의 의견을 경청하고, 이에 대해 이해 및 반론하는 모습을 보임. 토론 이후 청소년 인권을 생각하는 교사가 되겠다고 다짐했으며, 학교 안팎에서 청소년 인권이 무시되고 있는 사례들을 조사하고 해결책에 대해 탐구할 것을 계획함.

15. 역사교육과

학급 특색사업 중 '진로 심화 탐구활동'을 통해 교과서에서 잘 다루지 않는 백제의 마지막 전투인 백강전투에 대해 조사 정리하여 친구들에게 발표함. 백강전투에서의 패배를 '왜'와 '백제' 부흥군 사이의 갈등 때문으로 파악하고, 이 전투가 한·중·일 대립 관계의 시작을 알리는 의미 있는 역사라는 점을 친구들에게 알리는 활동을 함. 발표를 준비하는 과정에서 뛰어난 역사적 창의력과 상상력을 발휘하며 기존의 역사적 사실을 다양한 사건과 연계하여 해석하고, 역사적 사건마다 우리가 알아야 할 교훈을 이끌어내는 역량이 관찰됨.

16. 윤리교육과

'학급 토론 활동'을 통해 학급 친구들과 함께 '동물원이 필요한가'를 주제로 토론을 진행함. 동물의 생명윤리와 삶의 질 측면을 고려하여 동물원이 필요하지 않다는 입장에서 주장을 펼침. 교육적 측면과 유전자 보전 측면에서 동물원 찬성의 입장을 경청하면서도 동물원의 역사와 생명을 경시하는 지금까지의 동물원 국내외 사례를 발표하며, 그 근거를 기반으로 자신의 주장을 펼치는 모습이 인상적임. 최종적으로 행동풍부화 프로그램 등 동물의 삶의 질을 높이는 동물원을 위해 학교의 인식개선 포스터를 제작하고, 생활 속 생명윤리 실천을 위한 다양한 방법에 대한 인포그래픽을 게시함.

17. 일반사회교육과

'세계시민교육'에서 세계시민활동, 에너지 절약 실천, 환경문제, 국제분쟁과 평화, 공적개발원조, 지속가능한 발전 등을 주제로 모둠별 토의 및 발표 등의 활동을 하고 세계시민으로서의 소양을 함양함. 이 중 행복한 마을 디자인하기 활동에서 로컬푸드 생산을 통해 지역경제를 활성화하고 지역 주민들이 자부심을 느끼도록 하는 마을을 디자인함. 이 활동을 통해 자신이 사는 지역의 일에 관심을 가지고 조금이나마 일조해야겠다고 다짐함.

18. 지리교육과

'학급 특색활동'에서 우리 지역 교과서 만들기 활동을 제안하고 학급 친구들과 함께 지역 교과서를 만듦. 이 과정에서 우리가 사는 마을에 대한 이해와 우리 마을 자랑거리 알리기를 목적으로 목차를 주도적으로 구성하고, 학급 친구들의 특성에 맞는 역할을 분배하는 리더십을 보임. 또한, 미래 우리 마을이 나아가야 할 지속가능성 부분에 대한 원고를 직접 작성하는 등 시공간적 시각을 바탕으로 통합적 접근을 하는 모습이 뛰어난 학생임. 이후 지리교사가 되어 지리적 아름다움을 많은 학생에게 알려주겠다는 목표를 밝힘.

19. 가정교육과

'학급 임원활동'에서 급식 및 에너지 담당으로 단순히 급식을 돕는 일을 넘어 급식식단표에 표시된 1일 에너지 섭취량과 일과표, 직접 계산한 에너지 소모량을 통해 에너지 균형을 이루기 위한 간단한 운동 등 개선해야 할 다양한 노력을 학급에 게시하여 학급 친구들의 건강에 도움을 주고자 함. 이 모든 과정이 평소 자신이 관심을 가지고 있는 분야를 스스로 학습하고 계산하여 이루어졌다는 점이 인상적임. 매번 친구들의 뒷정리를 도와주고 마지막으로 학급을 정리하면서 꼼꼼하게 대기전력을 차단하는 등 에너지 관리에 솔선수범하는 모습을 보임.

 ### 20. 공업관련 교육과

'학급 1인 1책 활동' 시 학급 기자재 담당자로서 학급의 TV 및 컴퓨터, 인터넷 등을 관리하며 선생님들의 수업에 필요한 환경을 조성함. 코로나19로 온라인 수업 및 멀티미디어 수업이 많아져 많은 혼란이 있었지만, 이 학생의 빠른 학습능력과 응용력으로 인터넷 및 컴퓨터 연결에서 발생하는 다양한 문제를 해결하는 데 많은 도움이 되었음. 특유의 손재주로 학급에서 발생하는 선풍기, 청소용품 등의 고장 원인을 찾아 친구들에게 알려주고 함께 해결하는 모습이 인상적임.

21. 과학교육과

'학급별 특색활동'에서 코로나19가 날로 심각해지는 상황 속 주변에서 많이 사용하고 있는 다양한 소독제의 원리에 흥미를 느껴 '교실 소독제 성분'을 주제로 발표를 진행함. 이 과정에서 호중성 백혈구에 존재하는 효소와 체내 염소의 반응에 의하여 차아염소산이 생성되는 과정 및 살균의 원리를 조사하였으며, 이를 통해 소독제 개발 과정을 친구들에게 설명함. 이후 염소산수를 전기분해하여 차아염소산을 얻는 화학식을 산화와 환원 원리를 적용해 반쪽 반응식으로 작성했으며, 염소산수의 pH에 따른 차아염소산의 함유량에 의한 살균력의 차이 등에 대해 조사할 것을 다짐함.

22. 기술교육과

'나를 변화시킨 책, 인물소개 활동'에서 도서 '헨리 포드 : 자동차의 시대를 연 미국의 자동차 왕'을 친구들에게 소개함. 모두가 아는 자동차의 대중화와 대량생산 시스템 창시자로서의 헨리 포드 사례가 아닌 자동차 바퀴에 사용되는 고무를 생산하기 위해 무모하지만 고무 농장을 만들어 실패했던 사례를 소개함. 이를 계기로 자신을 되돌아보게 되었음을 발표하면서 자신도 실패를 두려워하기보다는 근성을 가지고 원하는 일에 도전할 것을 다짐함. 헨리 포드의 도전 정신 외에도 상품의 대중성을 꿰뚫어보는 안목, 대량생산 라인을 최초로 만드는 과정을 소개하는 과정에서 헨리 포드의 혁신적인 삶에 대한 친구들의 호기심을 유발할 수 있는 발표로 호평을 받음.

23. 물리교육과

'1인 1프로젝트 활동'에서 교과시간에 특수상대성이론을 배우며 빛의 속도로 운동하는 물체들 사이에서 기존에 알고 있던 상대속도 개념과 모순이 생기는 것에 의문을 가지고, 이를 해결하기 위해 갈릴레이 변환과 로렌츠 변환에 대해 알아봄. 이를 위해 로렌츠 변환과 관련된 자료를 찾아가며 직접 공식을 유도해보고, 갈릴레이 변환과의 차이를 이해하게 됨. 작은 궁금증도 지나치지 않고 스스로 탐구하고 해결하기 위해 노력하는 자세가 훌륭하며, 자신의 탐구 과정을 정리하여 발표하는 과정에서 다른 친구들에게도 과학적 호기심을 불러일으키고 지적 자극이 되어주는 우수한 학생임.

24. 수학교육과

'찾아가는 전공 박물관 활동'에 참여하여 수학 교구 체험과 실습, 실험을 통해 수학적 원리를 탐구함. 사이클로이드 미끄럼틀을 만들고 황금비 키 재기, 타원 당구대 등의 체험활동을 통해 수학의 활용도와 유용성 그리고 재미를 경험하며, 이 과정을 친구들에게 설명함. 학급 멘토링 활동에서는 수학에 어려움을 겪고 있는 친구들이 어려워하는 문제의 풀이과정을 눈높이에 맞춰 알려줌. 이를 위해 자신이 공부하면서 어려웠던 문제의 풀이과정과 핵심전략, 느낀 점 그리고 단원별 마인드맵 노트를 친구들에게 공유하여 수학을 친근하게 느끼게 만들고자 노력함.

💬 25. 생물교육과

'학급 1인 1책 활동'의 생물부장으로서 항상 공부할 내용을 미리 잘 준비해오는 성실함을 지녔으며, 친구들에게 생물 관련 질문들을 직접 받고 답변해주면서 가르침도 좋은 공부가 될 수 있음을 깨닫게 함. 진공과 진로 연계 발표활동으로 백신에 대한 호기심을 가지고 '전염병에 대한 탐구 및 바이러스 모형 만들기'라는 주제의 프로젝트를 진행함. 팀장으로서 모둠원을 모으고 각자 관심 있는 전염병을 선택 및 조사하여 탐구하는 자세가 훌륭하였으며, 숙주를 위협하는 바이러스의 특징과 구조를 모형을 만들어 친구들에게 소개하는 과정에서 과학적 호기심을 불러일으키는 모습이 인상적인 학생임.

💬 26. 지구과학교육과

'고른독서 프로그램 활동'에서 '인간은 지구의 구조를 태양의 구조보다 모른다.'는 문구를 통해 지구의 신비한 구조에 대해 생각해보는 계기를 가짐. 자신의 호기심을 탐구하는 과정에서 해저지진에 의한 쓰나미, 외핵의 움직임에 의한 지구의 자기장, 그리고 그 속에서 살아가고 있는 수많은 생물이 지구라는 행성을 구성하는 요소이며, 상호작용하는 유기적인 관계에 있음을 알게 됨. 이를 통해 과거 지구의 역사를 통해 앞으로 다가올 미래의 지구환경에 인간이 어떻게 대처해야 할지를 생각하고, 이후 지구환경의 변화에 대해 구체적으로 탐구할 것을 다짐함.

💬 27. 컴퓨터교육과

'학급별 특색사업 활동'으로 학급의 추억을 담고자 기록을 담당하는 역할을 맡아 1년 동안 학교에서 생활한 친구들의 모습을 사진으로 담고, 이를 활용한 영상을 만든 후 학년말 학급 영화제라는 프로그램을 주도적으로 기획하여 영상을 상영함. 이 과정에서 영상편집 프로그램을 직접 배워 전문가 못지않은 실력으로 영상을 제작하였으며, 기존 드라마를 패러디하여 BGM과 함께 구현하는 모습으로 친구들에게 많은 감동을 줌. 특히 완성도를 위해 1초, 한 프레임을 위해 영상을 수만 번 반복적으로 확인하고 수정하는 모습이 인상적이었으며, 영상 프로그램을 이해하고 활용하는 능력이 매우 뛰어난 학생임. 이 프로그램은 물론 다른 영상 프로그램도 더욱 깊이 공부하여 훗날 교사가 되면 더 완성도 높은 학급 영상을 만들 것이라고 이야기함.

💬 28. 화학교육과

'학급의 사람책 활동'에서 화학 관련 서적을 읽고 보일의 생애와 업적을 탐구하여 이를 발표함. 보일이 발표한 보일의 법칙에 대해 주변 친구들에게 설명하고, 보일의 법칙을 확장시킨 개념인 이상기체상태방정식에 호기심이 생겨 사람책 활동 이후에도 추가로 자료를 조사하여 정리함. 이상기체상태방정식의 발달과정과 활용, 한계점을 정리하는 과정에서 평소 과학 관련 궁금증이 많은 학생으로, 그 질문을 스스로 해결하려는 적극성과 더불어 자신이 알고 있는 지식을 친구들의 눈높이에 맞게 전달하는 데 흥미를 가지고 있는 모습이 드러남.

29. 환경교육과

학교 환경교육을 통해 환경문제의 심각성과 이를 해결하기 위해서는 개개인의 실천이 필요함을 알게 됨. 이를 통해 나와 학급에서 실천할 수 있는 '미 퍼스트(나 먼저)' 프로젝트를 기획함. 이를 위해 평소 우리가 많이 사용하는 플라스틱 빨대가 바다거북의 생태에 치명적인 손상을 입히는 것에 대한 문제를 제기함. 문제해결을 위해 캠페인 활동 계획을 세워서 학교에 홍보하는 것이 좋겠다는 의견을 제시하였고, 지속적으로 실천하며 유의미한 결과를 만들어냄. 이후 이 캠페인의 결과를 학교 신문에 투고하여 환경보호를 위해 스스로의 편의를 위한 플라스틱 사용을 줄여야 하며, 환경 생태계 파괴는 결국 인류에게 몇 배의 악영향으로 돌아온다는 사실을 명심하자는 글을 작성함.

 30. 미술교육과

학교에서 실시한 '축제 기획단'에서 축제에 대한 전반적인 기획 및 프로그램 운영에 참여하여 다양한 아이디어를 제시하고, 이를 실현하기 위해 노력하는 모습을 보임. 특히 자신의 진로분야인 미술을 활용하여 축제 리플렛과 무대 배경을 제작하고, 부스의 현수막을 직접 디자인하는 등 친구들의 의견을 수렴하면서 자신이 장점을 발휘하는 모습이 매우 인상적인 학생임. 이 외에도 축제 의상 및 소품을 문의하는 후배들에게 조금이라도 도움을 주고자 성실하게 답변해주었으며, 다른 팀에게도 도움을 주고자 학교 게시판 및 SNS에 언제든 질문할 수 있도록 하는 등 적극적인 모습을 보임.

 31. 음악교육과

평소 음악에 대한 관심과 리더십이 뛰어나 '학교 합창 발표회'에서 학급의 지휘를 맡아 조화로운 하모니를 만들기 위해 노력함. 곡 선정부터 친구들의 의견을 적극 수렴하는 모습이 인상적이었으며, 의견이 조율되지 않을 때는 각각의 장단점을 분석하여 우리 학급의 장점이 무엇인지를 진단하면서 합리적인 의사소통을 함. 합창 연습 때는 합창에서 사용하는 어려운 용어 대신 친구들이 쉽게 이해할 수 있는 용어를 사용하고 직접 시범을 보이며 알려주었으며, 급우들의 신뢰와 호응 속에서 공동의 목표를 달성함.

 32. 체육교육과

평소 운동에 관심이 많아 코로나19로 인해 비대면으로 실시하는 체육행사에서 기획단으로 활동함. 비록 운동장에서 다 같이 뛰면서 대회를 할 수는 없었지만 플랭크, 배드민턴 토스, 배구 리시브, 림보게임 등 10개 종목의 영상을 온라인으로 올리고 학생 참여를 유도하는 창의적인 형식의 아이디어를 제안하여 평소 운동에 관심이 없던 학생들도 관심을 가지고 자발적으로 참여할 수 있는 기회를 마련함. 이 외에도 체육행사 당일 직접 심판으로 참여하여 스포츠의 기본인 '페어플레이 정신'을 온라인 대회에서도 적용하기 위해 노력하는 등 체육활동에 진심을 다하는 학생임.

학교는 학교급과 학년(군)의 특성에 따른 교육적 요구를 고려하여 다음 표에 제시된 활동내용 이외의 다양한 활동 내용을 편성·운영할 수 있다.

동아리활동 영역의 활동별 목표와 내용

활동	활동목표	활동내용(예시)
예술·체육활동	자신의 삶을 폭넓고 아름답게 가꿀 수 있는 심미적 감성 역량을 함양하고, 건전한 정신과 튼튼한 신체를 기른다.	· 음악활동 - 성악, 합창, 뮤지컬, 오페라, 오케스트라, 국악, 사물놀이, 밴드, 난타 등 · 미술활동 - 현대 미술, 전통 미술, 회화, 조각, 사진, 애니메이션, 공예, 만화, 벽화, 디자인, 미술관 탐방 등 · 연극·영화활동 - 연극, 영화 평론, 영화 제작, 방송 등 · 체육활동 - 씨름, 태권도, 택견, 전통무술, 구기운동, 수영, 요가, 하이킹, 등산, 자전거, 댄스 등 · 놀이활동 - 보드게임, 공동체 놀이, 마술, 민속놀이 등
학술문화활동	다양한 학술 분야와 문화에 대해 관심을 가지고 체험 위주의 활동을 통하여 지적 탐구력과 문화적 소양을 기른다.	· 인문소양활동 - 문예 창작, 독서, 토론, 우리말 탐구, 외국어 회화, 인문학 연구 등 · 사회과학탐구활동 - 답사, 역사 탐구, 지리 문화 탐구, 다문화 탐구, 인권 탐구 등 · 자연과학탐구활동 - 발명, 지속가능발전 연구, 적정기술 탐구, 농어촌 발전 연구, 생태환경 탐구 등 · 정보활동 - 컴퓨터, 인터넷, 소프트웨어, 신문 활용 등
실습노작활동	일의 소중함과 즐거움을 깨닫고 필요한 기본 기능을 익혀 일상생활에 적용한다.	· 가사활동 - 요리, 수예, 재봉, 꽃꽂이, 제과·제빵 등 · 생산활동 - 재배, 원예, 조경, 반려동물 키우기, 사육 등 · 노작활동 - 목공, 공작, 설계, 제도, 로봇 제작, 조립, 모형 제작, 인테리어, 미용 등1 · 창업활동 - 창업 연구 등
청소년단체활동	신체를 단련하고 사회 구성원 및 지도자로서의 소양을 함양한다.	· 국가가 공인한 청소년 단체의 활동 등

*2015 개정교육과정 별책 42, 창의적 체험활동 교육과정(제2015-74, 교육부)

동아리활동은 연간 1개 이상의 정규 교육과정 내에서 참여할 수 있으며, 정규 교육과정 내 동아리는 학년(학기)초에 구성하여 학년(학기)말까지 활동하는 것을 원칙으로 한다. 하지만 부득이한 사유로 동아리를 변경할 경우, 학생이 활동한 내용을 동아리별로 모두 기록해야 한다.

정규 교육과정 외에 학교교육계획에 의한 자율동아리활동도 있다. 자율동아리는 학교교육계획에 따라 학기 초에 구성할 수 있으며, 학기 중에 구성된 자율동아리는 학교생활기록부에 입력할 수 없다. 자율동아리는 학교생활기록부 동아리활동 반영기록란에 동아리명과 동아리 소개만 입력한다.

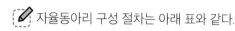 자율동아리 구성 절차는 아래 표와 같다.

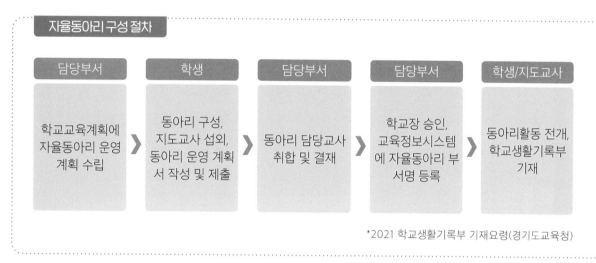

자율동아리 구성 절차

담당부서	학생	담당부서	담당부서	학생/지도교사
학교교육계획에 자율동아리 운영 계획 수립	동아리 구성, 지도교사 섭외, 동아리 운영 계획서 작성 및 제출	동아리 담당교사 취합 및 결재	학교장 승인, 교육정보시스템에 자율동아리 부서명 등록	동아리활동 전개, 학교생활기록부 기재

*2021 학교생활기록부 기재요령(경기도교육청)

하지만 자율동아리 학교생활기록부 내용은 대입제도 공정성 강화 방안으로 인하여 2024학년도 대입부터 대학에 미반영된다.

① 학생부종합전형에서의 동아리활동

동아리활동은 학생부종합전형에서 매주 중요한 평가요소 가운데 하나이다. 그렇기 때문에 많은 학생이 전공 관련 동아리활동을 위해 노력하지만, 학교 여건상 모든 학생이 전공 관련 동아리에서 활동할 수는 없는 상황이다.

대학에서도 이러한 상황을 인지하고 동아리활동에서 관심 영역에 대한 흥미와 태도, 결과 및 개인이 동아리에서 맡아 수행한 역할, 그 과정에서 성장한 정도에 초점을 맞춰 평가하고 있다. 다음은 입학사정관이 동아리활동에서 관심을 보이는 요소이다.*

*학교생활기록부 분석을 통한 학생부종합전형 지원 전략 (박정준, 전국진학지도협의회 2022 수시 연수자료집)

- 개인적 특성, 기술, 열정 및 성숙도, 적극성, 발전도

- 창의성, 리더십, 참여도를 토대로 볼 수 있는 전공적합성 및 인성

- 동아리활동을 통해 드러나는 자기주도적 기획력과 탐구 역량, 문제해결능력

- 취미와 특기를 기르기 위한 노력, 활동의 과정 및 결과

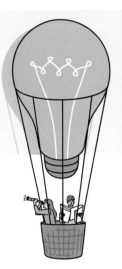

이러한 요소를 보여주기 위해서 학교 또는 교사가 해야 할 일은 교사가 잘 할 수 있는 동아리를 개설하는 것도 좋지만, 가장 먼저 학생 요구를 바탕으로 학교와 지역의 특성에 맞는 동아리를 개설해주는 것이 좋다. 이전 학년의 입시 결과를 분석하여 해당 학교가 가장 많이 지원한 학과 또는 계열을 중심으로 동아리를 개설하는 것이 필요하다.

기존 동아리의 경우, 학생이 교사의 지도하에 혹은 교사의 수업에 맞춰 활동하는 경우가 많았다. 그러나 이제부터 교사는 다양한 학생의 요구를 충족시키기 위해 학생 스스로 활동을 기획하고 실행하는 데 도움을 주는 조력자 또는 함께 배우면서 '왜'라는 질문을 끊임없이 던지는 질문자로서의 역할을 수행해야 한다.

TIP 동아리활동 기록의 TIP ✏️

📢 학교생활기록부에 동아리활동을 기록할 때 유의할 부분은 동아리의 활동도 중요하지만 동아리활동을 하면서 학생이 수행한 역할, 지원전공에 대한 관심 및 역량, 교과과정에서 볼 수 없었던 학생의 다양한 모습이 기록되어야 한다.

교과와 달리 동아리활동은 자신이 선택하여 활동한다. 물론 여러 가지 이유로 자신이 원하는 동아리가 아닌 차선의 동아리를 선택한 학생도 있기는 하지만, 중요한 것은 자신의 선택으로 동아리에 들어와 활동하고 있다는 것이다. 이 자체로 대학이 이 학생의 관심분야를 확인할 수 있는 중요한 자료이므로 가장 먼저 동아리 선택이 중요하다. 하지만 자신이 원하는 동아리가 아니라고 할지라도 너무 실망할 필요는 없다. 어떤 동아리라도 그 동아리에서 내가 나만의 역할로 희망전공분야의 역량을 보여주면, 그것만으로도 충분히 좋은 학교생활기록부가 될 수 있다.

📢 동아리활동에서 중요한 또 하나의 포인트는 심화와 융합이다. 교과에서 배운 내용 또는 평소 관심을 가지고 호기심 있게 봤던 내용을 탐구하고 중장기적인 프로젝트를 실행할 수 있는 기회가 바로 동아리활동이다. 따라서 동아리활동에서는 이러한 전공 관련 심화·융합 탐구활동을 진행하고, 그 과정에서 성장하는 모습을 보여주어야 한다.

나아가 호기심의 해결도 좋지만 지식의 확장으로 또 다른 호기심이 생겨 후속활동으로 이어지고, 다음 학년에 진학하였을 때 이 호기심이 교과 또는 동아리활동으로 채워진다면 더 좋은 평가를 받을 수 있다.

📢 전공 관련 활동 및 역량에 대해서는 ' II -3 학교생활기록부 디자인 방법'을 참고하길 바란다. 또한, 같은 장에서 학교생활기록부 디자인을 위한 기록의 방법(동기 → 과정 및 결과 → 성장과정 → 후속활동) 또한 다시 한 번 확인하고, 이에 필요한 내용을 기록할 수 있도록 습관을 길러 보자.

교육계열 맞춤형 동아리활동

LIST

교육 동아리, 멘토링 동아리, 또래상담 동아리, 교육봉사 동아리, 언어동아리, 동아시아문화탐구 동아리, 신문반,

교지편집 동아리, 방송반, 영자신문부, 영어문학 동아리, 일본 애니메이션 동아리, 동양문화탐구 동아리,

동아시아 탐구 동아리, 세계문화 동아리, 제2외국어 회화 동아리, 영상제작 동아리, 아동복지 연구 동아리,

유아교육 동아리, 역사탐구 동아리, 시사탐구 동아리, 시사토론 동아리, 사회문제 연구 동아리,

국제이해 연구 동아리, 사회문화 연구 동아리, 지리탐구 동아리, 지속가능발전 동아리, 지질 연구 동아리,

수학문제풀이 동아리, 통계 동아리, 과학탐구 동아리, 과학 실험 동아리, 공학 동아리, 발명 동아리, 환경 동아리,

에너지 동아리, 천체 관측 동아리, 과학 융합 동아리, 컴퓨터 동아리, 미술 동아리, 음악 동아리, 체육 동아리,

뮤지컬 동아리, 연극 동아리

추천 동아리활동

언어

독서동아리, 토론동아리, 신문반, 교지편집 동아리, 우리말 연구 동아리, 우리말 가꾸기 동아리, 문예 동아리, 고전 연구 동아리, 문예창작 동아리, 영자신문 동아리, 시사영어 탐구 동아리, 영어 연극 동아리, 다문화 교육 동아리, 문학 토론 동아리, 논술 동아리, 일본 애니메이션 동아리, 동양문화 연구 동아리, 독일문화 연구, 독일어 회화 동아리, 중국어 회화 동아리, 중국문화탐구 동아리, 프랑스문학 동아리, 불어 연구 동아리, 제2외국어 연구 동아리, 제2외국어 문화 동아리, 교육동아리, 교육봉사 동아리, 또래상담 동아리

교육

교육동아리, 교육봉사 동아리, 또래상담 동아리, 방송동아리, 영상제작 동아리, 콘텐츠 기획 동아리, 기업가정신 창업 동아리, 아동연구 동아리, 나눔 봉사 동아리, 아동복지 연구 동아리, 유아교육 동아리, 초등교육 동아리

사회

역사 연구 동아리, 박물관 탐방 동아리, 시사탐구 동아리, 시사토론 동아리, 사회문제 연구 동아리, 문화탐구 동아리, 국제이해 연구 동아리, 정치외교 연구 동아리, 사회문화 연구 동아리, 경제 연구 동아리, 국제사회 연구 동아리, 신문방송 동아리, 노인문제 연구 동아리, 복지정책 탐구 동아리, 사회봉사 동아리, 지리탐구 동아리, 도시 연구 동아리, 미디어 연구 동아리, 지속가능발전 동아리, 아동 연구 동아리, 지질 연구 동아리, 적정기술 탐구 동아리, 교육동아리, 교육봉사 동아리, 또래상담 동아리

자연

수학 문제풀이 동아리, 수리 탐구 동아리, 통계 동아리, 수리논술 동아리, 지속가능발전 동아리, 적정기술 동아리, 과학 동아리, 과학 탐구 동아리, 과학 실험 동아리, 공학 동아리, 발명 동아리, 환경동아리, 에너지 동아리, 동물보호 동아리, 천체 관측 동아리, 물리 탐구 동아리, 화학 탐구 동아리, 생명 탐구 동아리, 생태모방 동아리, 과학탐구 실험 동아리, 과학 융합 동아리, 식품 관련 동아리, 빅데이터 분석 동아리, 모바일 앱 만들기 동아리, 컴퓨터 동아리, 코딩 동아리, 아두이노 동아리, 소프트웨어 동아리, 로봇 동아리, 4차 산업혁명 동아리, 메이커 동아리, 교육동아리, 교육봉사 동아리, 또래상담 동아리

예체능

미술 동아리, 전통문화재 연구 동아리, 예술 비평·감상 동아리, 미술 감상 동아리, 만화제작 동아리, 무용 동아리, 체육 동아리, 발레 동아리, 뮤지컬 동아리, 연극 동아리, 댄스 동아리, 태권도 동아리, 유도 동아리, 디자인 동아리, 영상 창작 동아리, 광고 홍보 동아리, 사진 동아리, 방송 동아리, 생활체육 동아리, 음악 동아리, 합창 동아리, 작곡 동아리, 교육 동아리, 교육봉사 동아리, 또래상담 동아리

교육계열 맞춤형 동아리활동 기록 예시

언어 동아리에서 실시한 심화 탐구 프로젝트에서 최근 500년 동안 세계 언어의 절반가량이 사라지고 있다는 뉴스를 보고, 언어가 사라지고 있는 사례와 그 이유를 프로젝트 주제로 정하여 수행함. 특히 원래 '아이누' 영토였던 일본 홋카이도에서 메이지 유신이 일어난 직후, 개혁이라는 이유로 '아이누'의 언어와 풍습을 말살시키면서 민족성을 빼앗은 사례를 통해 언어는 정신이며 언어를 잃으면 그 민족의 기억을 잃을 수 있다는 주장으로 가독성 높은 논설문을 작성함. 또한, SNS에서 사용하는 언어를 분석하거나 친구들이 사용하는 SNS 단어들을 나열하여 구름단어로 제작함. 이를 통해 인터넷의 대중화와 스마트폰의 발달로 인한 신조어, 비속어, 은어, 축약어 등의 사용이 언어 및 문화적으로 다양한 문제를 보임을 다양한 근거를 통해 발표하면서 우리 언어가 주는 의미를 찾으려고 노력함. 이 외에도 프로젝트 진행 과정에서 모둠원의 협력을 끌어내기 위해 모둠원들의 의견을 적극적으로 격려하고 지지해주는 발언을 자주 하였으며, 공동의 목표를 위해 적극적으로 조력하는 리더십을 보임.

관련학과　국어교육과, 독어교육과, 불어교육과, 영어교육과, 일본어교육과, 중국어교육과, 한문교육과, 역사교육과, 수학교육과

국제교류 동아리활동에서 유럽의 전통문화 체험뿐만 아니라 유럽여행계획 등 다양한 활동을 진행하면서 유럽 내 다양한 국가의 문화를 이해하기 위해 노력함. 또한, 유럽연합의 정세에 대한 강의를 들으며 국제정세에 대해 생각해보고 한반도와 함께 소통하고 공존할 수 있는 방법을 인문학적으로 접근해보는 등 다양한 방법에 대해 토론. 학교 축제에서는 친구들에게 유럽의 문화를 알리고자 다양한 전통체험 및 국가의 기본생활언어를 알리는 인포그래픽을 만들어 부스를 운영하는 등 각 나라의 문화 및 언어를 친구들에게 전달하는 데 뛰어난 모습을 보임.

관련학과　독어교육과, 불어교육과, 영어교육과

언어교사 동아리의 '선생님 되어보기' 활동에서 한·중·일 국제관계와 관련된 사자성어 '순망치한', '어부지리', '경전하사', '당랑거철'의 풀이를 정확히 이해하고, 이 의미들을 활용하여 쉽게 국제관계를 설명함으로써 친구들에게 극찬을 받음. 특히 대상의 수준에 맞추어 쉽고 정확하게 설명할 줄 아는 판단력과 소통 능력이 돋보임. 이 외에도 성어에 대한 이해력이 뛰어나며, 선인들의 지혜와 사상 속에서 현재적 가치를 탐색하고자 하는 바람직한 태도와 자기주도적인 모습을 가지고 있어 이후 뛰어난 교사가 될 것으로 기대됨.

관련학과　국어교육과, 한문교육과, 중국어교육과, 일본어교육과

교육 동아리에서 '4차 산업혁명 시대에 교사라는 직업이 꼭 필요한 이유'에 대한 토론을 주도함. 4차 산업혁명 시대에서 교사가 지녀야 할 바람직한 태도, 인공지능의 보편화에도 불구하고 교사가 사라지지 않는 이유에 대한 자신의 의견을 명확하게 이야기함. 또한, 교사는 학생만의 색깔과 특성을 존중하고 학생을 있는 그대로 이해하며 성장을 도와야 한다는 자신의 생각을 발표하고, 이러한 교사가 되기 위해 학급 도우미 활동과 멘토링 활동을 기반으로 한 학생 주도 프로젝트 봉사활동을 기획하고 실천함. 이 과정에서 학생들을 공감하는 것이 생각보다 어려운 일임을 알게 되었지만 이를 위해 앞으로 더 노력할 것이라고 다짐함.

관련학과 초등교육과, 유아교육과, 아동보육과, 특수교육과, 컴퓨터교육과, 교육공학과

교사 동아리에서 다양한 교육 주제들로 토의, 토론에 참여하여 교육 시스템의 운영현황과 문제점 등에 대해 알아보고, 서로 의견을 나누며 다양한 의견을 수렴함으로써 교육과 교사로서의 직무역량에 대해 고민하고 배우는 시간을 가짐. 또한, 유아 및 초등교육에 관심 있는 팀원들과 할리갈리 보드게임을 응용해 속담을 배울 수 있는 교구를 제작하는 과정에서 모둠원들에게 적극적으로 의견을 제시하고 서로 조율하며 속담의 의미와 그에 어울리는 그림을 그려 교구를 제작. 자신의 역할뿐만 아니라 도움이 필요한 친구들을 적극적으로 도와주었으며, 이후 교사가 되면 학생들이 수업에 적극적으로 참여할 수 있는 다양한 교구 및 수업을 준비할 것을 다짐함.

관련학과 초등교육과, 유아교육과, 아동보육학과, 특수교육학과, 교육공학과, 교육학과

음악 동아리에서 프로젝트 연주 활동에 참여함. 이 프로젝트 활동의 조장으로서 친구들의 의견을 잘 듣고 따뜻하게 피드백하며, 모둠원 간 갈등이 발생하였을 시 잘 중재하여 좋은 결과를 만들어내는 리더십을 발휘함. 이를 통해 랜선 음악회에서 아름다운 하모니를 완성하였으며, 본인은 플루트 연주를 맡아 표현력 있게 선보임. 또한, 연주 영상을 편집하여 완성도 있는 합주 영상을 만들어 공개함. 그 외에도 모의고사에 출제된 영화 OST 내용을 참고하여 해당 영화 음향 감독의 음악적 의도와 전통악기의 활용 등에 대해 조사하여 설득력 있게 발표함.

관련학과 음악교육과, 유아교육과

과학 탐구 동아리에서 친구들에게 소개하고 싶은 과학사 발표를 통해 '퀴리 부인과 제1차 세계대전'을 주제로 다양한 자료를 조사한 후 퀴리 부인과 그 가족의 과학사적 업적에 대해 정리하여 소개함. 퀴리 부인의 과학적 업적으로 제1차 세계대전에서 상처 입은 병사들을 더 많이 구할 수 있었고, 이후 방사능 치료 기술의 공유로 질병을 진단하고 치료할 수 있었음을 발표. 이처럼 지식의 올바른 공유가 많은 사람에게 긍정적인 영향을 줄 수 있음을 알게 되었다며, 자신도 누군가에게 긍정적인 영향을 줄 수 있는 교사가 되어야겠다고 다짐함.

관련학과 과학교육과, 역사교육과, 일반사회교육과, 사회교육과

환경탐사 동아리에서 실시한 환경 프로젝트에서 우리 지역의 미세먼지 측정 및 해결방안이라는 주제로 프로젝트를 진행함. 프로젝트 진행을 위해 미세먼지의 유해성에 대한 다양한 보고서를 찾아 선행연구를 진행하면서 우리 지역의 정확한 미세먼지 수치를 측정하고 알리는 것이 중요함을 알게 됨. 이를 위해 코딩을 활용한 미세먼지 측정기를 제작하고 우리 학교 및 지역에 설치하여 시간대별로 측정하였으며, 지역별 측정값 차이의 원인에 대해 분석함. 이 활동을 더욱 확장하여 다양한 지역에 측정기를 설치하는 전국단위의 프로젝트를 기획하였으며, 커뮤니티 맵핑을 통해 다양한 지역의 미세먼지 수치를 한눈에 확인하고 지역별 측정값을 분석함.

관련학과 환경교육과, 과학교육과, 지구과학교육과, 컴퓨터교육과, 사회교육과, 일반사회교육과, 지리교육과, 공업관련 교육과, 기술교육과

수학 동아리에서 실시한 지역아동센터 멘토링 활동에서 아이들의 질문에 최선을 다해 성실히 답변해줌. 강의식 문제풀이에 지친 친구들이 협력학습을 통해 스스로 문제의 답을 찾을 수 있도록 지도하여 많은 학생이 주도적으로 참여할 수 있도록 멘토링을 진행함. 또한 자율 탐구 프로젝트에서는 교과서에서 언급되었던 피보나치 수열과 황금비에 대한 호기심을 해결하기 위해 이를 조사하고 탐구하는 프로젝트를 수행함. 상수 n의 값이 커질수록 n항에 황금비를 곱하면 n+1항에 점점 가까워진다는 사실로부터 연관이 없어 보이는 것에서도 공통점을 찾아낼 수 있음을 이해하고, 이를 실생활에 접목시키는 탐구를 진행하려고 계획함.

관련학과 수학교육과, 교육학과

과학 탐구 동아리에서 화학조미료의 긍정적인 면과 부정적인 면을 탐구하는 프로젝트를 진행하여 화학조미료의 정의와 분류, 인체에 미치는 영향 등에 대해 조사함. 화학조미료는 화학적으로 합성한 것뿐만 아니라 자연식품에서 추출한 조미료도 포함하고 있지만, 인위적으로 합성되었다는 인식이 강해 부정적인 시각으로 바라보는 소비자가 많음을 발표함. 또한, 천연이건 합성이건 인체 내로 섭취하는 물질은 항상 인체에 악영향을 주지 않는 정도로 적당히 섭취하는 것이 좋고, 이에 대한 정확한 정보를 바탕으로 화학조미료 표시제도 정립이 필요함을 주장함. 이 프로젝트를 통해 과학 지식을 확장하고 과학적 사고력을 증진하였으며, 이후 화학조미료 표시제도에 대해 깊이 탐구할 것이라 계획함.

관련학과 과학교육과, 생물교육과, 화학교육과, 환경교육과, 가정교육과

코딩 및 컴퓨터 동아리에서 초음파센서, 자이로센서, 컬러센서를 활용하여 자율주행하는 차량을 구현하기 위한 알고리즘을 구상하고 프로그램을 작성하는 과정에서 자율주행 자동차의 원리를 이해함. 자신이 작성한 프로그램을 가상 프로그램을 통해 테스트하는 과정에서 여러 번의 오류와 환경변수를 접하였으나, 이를 창의적으로 해결하는 모습을 보임. 또한, 정보윤리 블로그를 운영하면서 정보윤리를 침해하는 기사를 찾고 법률적 위반 범위를 살펴보면서 침해 상황을 바로 잡을 수 있는 대안을 찾기 위해 다양한 의견을 교환하는 활동을 진행함. 이를 통해 앞으로의 생활에서 올바른 정보윤리를 실천하는 적극적인 모습을 보임.

관련학과 컴퓨터교육과, 공업관련 교육과, 기술교육과, 물리교육과, 윤리교육과

융합과학 동아리에서 과학의 날 행사에 주도적으로 참여하여 진행을 도움. 자기 브레이크, 정상파, 전반사와 같은 실험 원리를 사전에 조사하여 학습하고 인포그래픽을 제작하는 등 친구들이 실험과정과 원리를 이해할 수 있도록 준비하여 설명함. 행사 과정 중에서도 자신이 조사했던 분야에 대한 지식을 실생활과 연계하여 열정적으로 소개하는 모습이 인상적인 학생임. 이 외에도 베르누이의 원리를 이용한 자동차, 비행기 설계 및 지속가능발전을 위한 적정기술의 원리 등을 살펴보면서 생활에 적용 및 융합할 수 있는 아이디어를 구상하는 등 배움을 실천하기 위해 노력하는 학생임.

관련학과 과학교육과, 물리교육과, 기술교육과, 공업관련 교육과, 미술교육과

과학, 수학 융합동아리에서 영화 속 진로 탐구활동에 참여하여 '코로나19의 비밀, 숫자로 풀다'를 시청하고 소감문을 작성함. 이 과정에서 기초감염 재생산지수가 의미하는 바에 관심을 가지고 자료를 조사함. 기초감염 재생산지수의 값은 감염병 수학 모델링을 이용하여 구할 수 있고, 감염병이 더욱 퍼질 것인지 아니면 사라질 것인지를 알려주는 하나의 지표이며, 기초감염 재생산지수 값에 따라 감염병 예방에 어떻게 효율적으로 대처할 수 있는지 판단할 수 있음을 구체적이고 설득력 있게 발표함. 이 발표는 동아리 친구들에게 과학적 호기심을 일으키고 지적 자극을 주어 좋은 피드백을 받음. 이러한 활동을 통해 사회현상을 통계적으로 분석하고 예측하여 유의미한 결론을 도출해낼 수 있는 다양한 수학 분야에 관심을 가지고 심도 있게 탐색하고자 하는 의지를 보임.

관련학과 수학교육과, 생물교육과, 컴퓨터교육과, 화학교육과

체력증진 동아리에서 건강 체력 향상을 위해 매일 일정 시간 이상의 운동을 하고 있으며, 운동의 효과를 주변에 구체적이고 설득력 있게 설명하여 친구들의 운동 전도사로서의 역할을 수행함. 내가 경험하지 못한 스포츠 종목 조사하기 활동에서 평소 관심이 많았던 수영에 대해 조사함. 수영의 개요, 자유형, 배영, 평영, 접영의 실시 방법 및 경기 방법, 경기장, 수영의 효과에 대해 알아봄. 이를 바탕으로 좋아하는 수영팀의 선수와 기록 등을 분석하고 다수의 수영 경기를 시청하면서 수영에 매료되어 수영을 배우고 싶은 마음을 가지게 됨. 특히 수영에 적용되는 과학적 원리를 조사하는 등 주어진 일과 행동에 적극성을 가지고 활동하는 학생임.

관련학과 체육교육과, 물리교육과, 초등교육과

지속가능발전 동아리에서 지속가능발전목표 17가지 중 하나의 주제를 정하여 우리 지역의 정책을 제안하는 프로젝트 활동에 참여함. 17가지 주제 중 양질의 교육과 불평등 감소라는 주제를 융합하여 교육을 통해 빈곤 문제를 해결하고자 함. 이를 위해 시청 홈페이지 및 복지 관련 국가기관의 홈페이지를 방문하여 관련 정책 및 제도에 대한 자료를 분석하고, 지역별 복지 관련 정책을 비교하는 지도를 제작하는 등 빈곤 관련 문제를 경제적, 사회적 측면에서 발표하여 친구들에게 공감을 얻음. 특히 복지 관련 정책의 역사적 변천사에 대해 조사하여 사회적 약자의 보호는 보편적 가치에 해당함을 설득력 있게 발표하고, 사회적 약자에 대한 공감의 필요성을 모든 사람에게 교육해야 함을 주장함. 무엇보다 자신이 발표한 내용을 생활에 실천하려는 자세가 돋보임.

관련학과 사회교육과, 역사교육과, 윤리교육과, 일반사회교육과, 지리교육과학교는 학교급과 학년(군)의 특성에 따른 교육적 요구를 고려하여 다음 표에 제시된 활동내용 이외의 다양한 활동내용을 편성·운영할 수 있다.

봉사활동 영역의 활동별 목표와 내용

활동	활동목표	활동내용(예시)
이웃 돕기 활동	타인을 이해하고 배려할 수 있는 공동체 역량을 함양한다.	· 친구돕기활동 - 학습이 느린 친구 돕기, 장애친구 돕기 등 · 지역사회활동 - 불우이웃 돕기, 난민 구호 활동, 복지시설 위문, 재능기부 등
환경 보호 활동	환경을 보호하는 마음과 공공시설을 아끼는 마음을 기른다.	· 환경정화활동 -깨끗한 환경 만들기, 공공시설물 보호, 문화재 보호, 지역사회 가꾸기 등 · 자연보호활동 - 식목 활동, 자원 재활용, 저탄소 생활 습관화 등
캠페인 활동	사회현상에 관심을 갖고 참여함으로써 사회적 역할과 책임을 분담하고 사회 발전에 이바지하는 태도를 기른다.	· 공공질서, 환경보전, 헌혈, 각종 편견 극복 캠페인 활동 등 · 학교폭력 예방, 안전사고 예방, 성폭력 예방 캠페인 활동 등

*2015 개정교육과정 별책 42, 창의적 체험활동 교육과정(제2015-74, 교육부)

봉사활동실적은 학교교육계획에 의해 실시한 봉사활동과 학생 개인계획에 의해 실시한 봉사활동의 구체적인 실적만 입력할 수 있다. 하지만 2024학년도 대입부터 '학교' 봉사활동실적은 제공되지만, '개인' 봉사활동실적은 제공되지 않는다.

봉사는 1일 8시간 이내 인정을 원칙으로 한다. 하지만 평일의 경우 수업시간이 있으므로 수업이 7교시인 경우 1시간, 6교시의 경우 2시간, 4교시의 경우 4시간의 봉사시간이 인정되며 휴업일의 경우 8시간이 인정된다.
다만, 헌혈은 1일 최대 봉사활동 인정 가능 시간인 8시간의 제한을 받지 아니하고, 1회당 4시간으로 한 학기마다 3회 범위 내에서 실적으로 인정가능하다. 봉사활동의 경우, 다른 창의적 체험활동 영역의 시간과 중복으로 인정되지 않는다. 즉, 동아리활동에서 실시한 봉사의 경우 봉사활동으로 인정하지 않고 동아리활동으로만 인정되기 때문에 활동 계획 시 이를 유념해야 한다.
또한, 단순 물품 및 현금 기부는 봉사활동으로 인정되지 않지만 학교교육계획에 의해 프로그램이 운영되거나 외부기관과 학교가 연계하여 담당교사의 지도하에 이루어진 경우는 봉사시간으로 입력이 가능하다. 단, 이를 위해서는 학교에서 봉사활동계획이 수립되어 있어야 한다.

이 외에도 마스크 제작(캠페인활동), 목도리 제작(이웃돕기활동), 모자 뜨기(이웃돕기활동) 등과 같이 이웃돕기활동 또는 캠페인활동에서 진행한 물품 제작 관련 봉사활동은 실제 참여한 활동 시간만 인정된다.

봉사활동에서 주의해야 할 또 하나는 바로 2학기 1~2월에 진행하는 봉사활동으로 학교생활기록부 입력이 마감된 이후에 봉사 실적을 제출할 경우, 학교생활기록부 정정대장을 통해 입력할 수 있지만 가능하면 입력 마감 전에 증빙자료를 제출하고 기록하는 것을 권장한다.

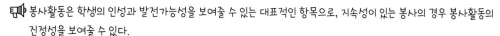

TIP 봉사활동 기록의 TIP

봉사활동은 학생의 인성과 발전가능성을 보여줄 수 있는 대표적인 항목으로, 지속성이 있는 봉사의 경우 봉사활동의 진정성을 보여줄 수 있다.
하지만 2024학년도 대입부터 외부봉사는 대학에 미반영되므로 앞으로는 교내에서 진행하는 학생주도 프로젝트 봉사활동에 참여할 것을 권장한다. 이 학생주도 프로젝트 봉사의 경우 학생의 진로 및 흥미, 특기와 관련된 내용으로 학기 단위 이상의 활동을 권장하므로 인성과 함께 전공적합성을 보여줄 수 있다.

학생주도 프로젝트 봉사활동

'학생주도 프로젝트 봉사활동'이란 교내·외 학생이 자신의 진로나 흥미, 특기와 연계한 봉사활동계획을 스스로 수립하여 장기간 실시하는 것으로 개인형, 모둠형, 융합형으로 진행 가능하다.
개인형은 학생 개인이 자신의 진로와 연계한 장기 봉사활동계획을 수립하여 진행한다. 모둠형은 진로나 흥미, 특기가 비슷한 학생들이 모여 함께 장기 봉사활동계획을 수립하고 진행한다. 융합형은 학생, 교사, 학부모 등 교육공동체가 연합하여 주제를 선정하고 장소, 내용, 대상 등을 결정하여 장기간 함께 실시하는 봉사활동에 해당한다.
학생주도 프로젝트 봉사활동은 학생이 자율적으로 기간을 정하되 학기 단위 이상의 활동을 권장하고, 가능하면 학생의 진로 및 흥미, 특기와 관련된 내용으로 다음과 같은 절차에 의해 진행된다.

학생주도 프로젝트 봉사의 진행 및 절차

계획 단계	실행 단계	평가 및 활용 단계
주제선정 - 목표 및 계획 수립 - 계획서 학교 제출 - 학생 봉사활동추진위원회 심의	실행과 기록 (※담당교사 지도 및 확인)	보고서 작성 및 학교 제출 - 학생 봉사활동추진위원회 심의 - 봉사활동실적 인정

*2021학년도 학생 봉사활동 운영 계획(경기도교육청)

교육계열 추천 봉사활동

LIST

통합반 도우미, 멘토-멘티 학습 멘토링 활동, 장애친구 돕기, 초등 공부방, 돌봄교실 봉사,

다문화 학생 멘토, 학습봉사, 지역 복지관, 초등 방과후교실, 청소년 복지시설 봉사활동,

학습 도우미 봉사, 소외계층 대상 재능기부, 사회 소외계층(독거노인, 장애인, 다문화가정 학생) 봉사,

학교폭력 예방 캠페인, 자원 재활용, 쓰레기 분리수거 도우미, 에너지 도우미, 급식 도우미, 사서 도우미,

정보 도우미, 학교 행사 지원 활동, 교단 선진화 기자재 도우미

프로젝트 봉사활동의 종류

교내소독 및 방역 봉사, 학교 체육대회 행사 지원 활동, 스포츠클럽데이 행사 진행 활동, 진로박람회 기획 및 행사 운영 활동, 진로활동 프로그램 기획 및 운영 활동, 학급 독서 멘토링 운영 봉사, 학교도서관 관리 및 운영 봉사, OO과 교과수업 재능기부 활동, 동아리발표회 기획 및 행사 지원 활동, 교내 미디어 연출 및 실시간 스트리밍 지원 활동, 교과서 분배 도우미 봉사, 교실 정보화 기자재 활용 및 관리 봉사, 학생 자치회 행사 지원 활동, 과학실 실험기구 정리 및 안전 사용 설명서 제작 활동, 학교 앞 교통지도 봉사, 민주시민캠페인 활동 봉사, 교내 연주회 활동 및 무대설치 봉사, 학교신문 제작 활동, 자율교육과정 운영 봉사, 교육활동 설문조사 관리 봉사, 올바른 스마트폰 활용 캠페인 봉사

학교는 학교급과 학년(군)의 특성에 따른 교육적 요구를 고려하여 다음 표에 제시된 활동내용 이외의 다양한 활동내용을 편성·운영할 수 있다.

진로활동 영역의 활동별 목표와 내용

활동	활동목표	활동내용(예시)
자기 이해 활동	긍정적 자아개념을 형성하고 자신의 소질과 적성에 대하여 이해한다.	· 강점증진 활동 – 자아정체성 탐구, 자아존중감 증진 등 · 자기특성이해 활동 – 직업흥미탐색, 직업적성탐색 등
진로 탐색 활동	일과 직업의 가치, 직업 세계의 특성을 이해하여 건강한 직업의식을 함양하고, 자신의 진로와 관련된 교육 및 직업정보를 탐색하고 체험한다.	· 일과 직업 이해 활동 – 일과 직업의 역할과 중요성 및 다양성 이해, 직업 세계의 변화 탐구, 직업가치관 확립 등 · 진로정보탐색활동 – 교육정보 탐색, 진학정보 탐색, 학교정보 탐색, 직업정보 탐색, 자격 및 면허제도 탐색 등 · 진로체험활동 – 직업인 인터뷰, 직업인 초청 강연, 산업체 방문, 직업체험관 방문, 인턴, 직업체험 등
진로 설계 활동	자신의 진로를 창의적으로 계획하고 실천한다.	· 계획활동 – 진로상담, 진로의사결정, 학업에 대한 진로설계, 직업에 대한 진로설계 등 · 준비활동 – 일상생활관리, 진로목표설정, 진로실천계획 수립, 학업관리, 구직활동 등

*2015 개정교육과정 별책 42, 창의적 체험활동 교육과정(제2015-74, 교육부)

진로활동은 학생의 진로결정과정을 보여주는 항목으로 대학에서는 진로활동을 통해 전공적합성과 스스로 진로를 탐구해나가는 자기주도성을 확인할 수 있다. 이를 위해 진로활동의 특기사항에는 진로희망과 관련하여 학생이 수행한 노력과 활동, 진로를 탐구하기 위해 학교와 학생이 수행한 활동과 결과, 학생·학부모 진로상담 결과를 입력할 수 있다. 또한, 진로활동과 관련된 학생의 활동 참여도, 태도의 변화, 성장과정도 입력할 수 있다. 이 외에도 담임교사 및 상담교사, 교과담당교사, 진로전담교사의 진로상담 및 관찰 내용을 입력할 수 있으며, 학업진로 및 직업진로에 대한 각종 검사를 바탕으로 특기사항을 입력할 수 있다.

최근에는 개별화된 학교생활기록부를 위해 학생의 진로 결정을 위한 다양한 경험을 기록하는 경우가 많아지고 있다. 그중 대표적인 활동으로 진로 탐구활동, 진로 독서활동, 진로 프로젝트 등이 있으며 진로에 관한 탐구와 직업인 인터뷰, 선배와의 만남, 전공체험의 날 등을 통해 진로를 탐구하고 결정하는 과정에 대해 기록하고 있다.

📢 진로활동은 학교 프로그램에 단순 참여한 사실을 기록하기보다는 프로그램 참여를 통해 진로를 결정하는 과정과 그 성장과정을 기록해야 한다. 예를 들어 표준화 검사를 통해 학생의 적성과 흥미가 무엇인지를 기록하는 것도 좋지만, 그런 적성과 흥미를 구체화하여 진로 관련 역량과 어떠한 연관이 있는지 기술해주면 개별화된 학교생활기록부를 만들 수 있을 것이다.

같은 예로 선배와의 만남, 전공체험의 날, 진로박람회 등의 활동을 통해 얻은 전공 관련 정보를 자신의 진로와 어떻게 연계할지에 대한 과정과 느낀 점 위주로 기록해나가야 하고, 평소 궁금했던 부분을 적극적으로 질문하며 호기심을 채워나가는 과정도 기록하는 것이 좋다.

만약 진로를 정하지 못한 학생의 경우에도 진로를 정하는 과정에 대한 기술이 필요하다. 즉, 진로활동에 적극적으로 참여하여 얻은 정보를 자신의 적성과 흥미에 적용하려는 노력이 기록된다면, 비록 진로를 결정하지 못했다고 하더라도 좋은 평가를 받을 수 있다.

마지막으로 진로가 변경되면 이전에 한 활동이 의미가 없거나 일관성 없다는 평가를 받을까봐 걱정하는 경우가 많다. 그러나 진로가 변경되었더라도 진로의 변경 과정이 진로활동에 잘 기록된다면 아무 문제가 없다. 다르게 보면 자신의 미래에 대해 끊임없이 탐구하는 주체적이고 자기주도적인 모습으로 평가될 수도 있다. 단, 평가자에게 납득할 만한 진로변화의 이유가 꼭 기록되어야 한다는 점을 기억하자!

교육계열 추천 진로활동

LIST

진로심리검사, 진로 표준화 검사, 홀랜드 검사결과, 희망전공 탐색, 대학정보 탐색, 진학 설계,

직업정보 탐색, 진로 탐구활동, 진로 호기심 탐구활동, 진로 독서활동,

나의 꿈/나의 스토리 진로 포트폴리오, 진로미니북 만들기, 직업인 인터뷰, 직업인 초청 특강,

졸업생 선배와의 간담회, 롤모델 탐구활동, 직업체험활동, 진로 포트폴리오 작성 활동,

멘토링 활동, 전공체험의 날, 전공체험프로그램, 홈커밍데이, 진로 정책 제안 프로젝트,

학업이수계획서 작성 활동, 대학전공탐색의 날, 인문사회 캠프, 과학 캠프, 예체능 캠프

권장 진로활동

언어

진로심리검사, 진로 표준화 검사, 홀랜드 검사, 대학 학과(언어 관련 교육학과) 탐방활동, 직업인 인터뷰 활동, 직업(언어 교육 관련 직업)체험활동, 직업인 인터뷰, 직업인 초청 특강, 졸업생 선배와의 간담회, 롤모델 탐구활동, 직업정보 탐색활동, 진로 포트폴리오 작성 활동, 멘토링 활동, 전공체험의 날, 홈커밍데이, 대학전공 탐색의 날, 학업이수계획서 작성 활동, 인문사회 캠프

교육

진로심리검사, 진로 표준화 검사, 홀랜드 검사, 대학 학과(교육 관련 교육학과) 탐방활동, 직업인 인터뷰 활동, 직업(교육 관련 직업)체험활동, 직업인 인터뷰, 직업인 초청 특강, 졸업생 선배와의 간담회, 롤모델 탐구활동, 직업정보 탐색활동, 진로 포트폴리오 작성 활동, 멘토링 활동, 전공체험의 날, 홈커밍데이, 대학 전공탐색의 날, 학업이수계획서 작성 활동

사회

진로심리검사, 진로 표준화 검사, 홀랜드 검사, 대학 학과(사회 관련 교육학과) 탐방활동, 직업인 인터뷰 활동, 직업(사회 교육 관련 직업)체험활동, 직업인 인터뷰, 직업인 초청 특강, 졸업생 선배와의 간담회, 롤모델 탐구활동, 직업정보 탐색활동, 진로 포트폴리오 작성 활동, 멘토링 활동, 전공체험의 날, 홈커밍데이, 대학전공탐색의 날, 학업이수계획서 작성 활동, 인문사회 캠프

자연

진로심리검사, 진로 표준화 검사, 홀랜드 검사, 대학 학과(자연 관련 교육학과) 탐방활동, 직업인 인터뷰 활동, 직업(자연 교육 관련 직업)체험활동, 직업인 인터뷰, 직업인 초청 특강, 졸업생 선배와의 간담회, 롤모델 탐구활동, 직업정보 탐색활동, 진로 포트폴리오 작성 활동, 멘토링 활동, 전공체험의 날, 홈커밍데이, 대학전공탐색의 날, 학업이수계획서 작성 활동, 과학 캠프

예체능

진로심리검사, 진로 표준화 검사, 홀랜드 검사, 대학 학과(예체능 관련 교육학과) 탐방활동, 직업인 인터뷰 활동, 직업(예체능 교육 관련 직업)체험활동, 직업인 인터뷰, 직업인 초청 특강, 졸업생 선배와의 간담회, 롤모델 탐구활동, 직업정보 탐색활동, 진로 포트폴리오 작성 활동, 멘토링 활동, 전공체험의 날, 홈커밍데이, 대학전공탐색의 날, 학업이수계획서 작성 활동, 예체능 캠프

교육계열 맞춤형 진로활동 기록 사례

자신의 진로에 영향을 미친 시를 소개하는 활동에서 '흔들리며 피는 꽃'을 선정하여 친구들에게 소개함. 꽃들이 바람과 빗속에서 이리저리 흔들리며 피듯 인간도 시련을 이겨내며 살아가는 것이기에 시련은 회피의 대상이 아니라 수용하고 직면해야 한다는 생각을 가지게 되었으며, 이를 통해 자신을 바라보는 계기가 되었음을 발표함. 시로 인해 평소 부정적이고 비관적이었던 생각이 조금씩 바뀌어 현재는 성숙의 과정을 겪고 있으며, 내면의 감정을 외면하던 자신의 모습에서 벗어나 내면을 소중히 여기게 되었고, 앞으로 사람들이 자신의 감정을 사랑할 수 있도록 도와주는 언어 관련 교사가 되고 싶다는 꿈을 가지게 되었다고 발표함.

관련학과　국어교육과, 독어교육과, 불어교육과, 영어교육과, 일본어교육과, 중국어교육과, 한문교육과

진로 로드맵을 작성하며 자신의 꿈인 언어 관련 교사에 대해 발표함. 이중 한문 관련 도서를 읽고 논어 구절 '학이시습, 불역열호'의 의미를 자세히 해석하면서 이론적으로 배움을 배우는 것에서 그치지 않고 반드시 실천으로 직접 경험할 수 있어야 제대로 된 학문의 즐거움이라는 것을 깨달았으며, 이를 통해 교사를 준비하는 삶의 태도와 마음가짐을 되돌아보는 계기가 되었음. 또한, 고사성어의 유래를 시각화하는 비주얼 싱킹 활동에서 내용을 분석하고 종합적으로 표현하는 창의적인 결과물로 친구들에게 긍정적인 피드백을 받음. 이 외에도 자율탐구 프로젝트에서 유럽 언어 심층 분석을 주제로 유럽의 언어들을 군으로 분류하였으며, 각 군의 문법적 특징에 대하여 자료를 조사하고 유럽의 언어들이 가진 유사성에 대하여 정리하여 발표함.

관련학과　국어교육과, 한문교육과, 중국어교육과, 일본어교육과, 독어교육과, 불어교육과, 영어교육과

진로 프로그램 중 자신의 전공 관련 활동에서 역사와 연계한 한자성어를 학습함. 온라인 상황의 한계를 극복하고 충실히 한자성어를 공부하였으며, 성어의 풀이에 필요한 한자의 쓰임을 익히고 겉뜻과 속뜻 풀이에 적용해보고자 하는 탐구적인 자세와 끈기가 매우 인상적인 학생임. 다양한 주제의 한자성어 학습 후 앎이 삶으로 이어지도록 명구들을 구체적인 상황에 적용해보는 실천 의지가 생활 전반에 드러났으며, 이를 통해 본인과 주변 사람들의 삶에 긍정적인 영향을 전파하려는 노력을 엿볼 수 있었음. 한자의 조작 원리에 대한 개념 이해력이 뛰어나며 고대 문자인 갑골문자를 해독하는 창의력이 탁월하여 한자의 여러 형성원리에 적용할 줄 알고 이를 바탕으로 한자의 뜻과 음을 분별하는 능력이 뛰어난 학생임.

관련학과　한문교육과, 국어교육과, 중국어교육과, 역사교육과

문학에 관심이 많은 학생으로 평소 원서로 된 소설과 에세이 혹은 영자 신문을 꾸준히 읽고, 책 속에서 사용된 어휘와 문장구조를 따로 익혀 실제 평가에 활용하는 등 자기주도적 학습 역량이 뛰어나며 듣기, 쓰기, 독해 등 모든 분야에서 탁월한 실력을 보여주는 학생임. 또한, 기본적인 의사소통능력을 갖추고 있어 대화나 지문을 보고 세부적인 내용을 파악하는 능력이 우수하며, 자신이 이해한 내용의 주제나 요지를 정확하게 파악하여 전달하는 능력이 뛰어난 학생임. 이러한 자신의 장점을 잘 알고 있고, 다양한 진로검사결과 언어적 능력이 뛰어나고 타인에 대한 배려와 사회성 리더십이 뛰어난 것으로 나오며 언어 관련 교사가 되겠다는 진로 목표를 가지고 학교에서 진행한 멘토링 활동에 적극적으로 참여함. 이를 통해 누군가를 가르치는 것에 대한 적성과 흥미를 확인하여 꿈에 대해 더욱 확고하게 진로 방향을 결정함. 이후 자신의 진로에 대한 정보를 알아보기 위해 선배와의 만남, 직업인 인터뷰 등에 참여할 것을 계획함.

관련학과 국어교육과, 한문교육과, 중국어교육과, 일본어교육과, 독어교육과, 불어교육과, 영어교육과

희망전공 탐색 활동에서 초등학교 교사의 직업적 특성과 업무를 주제로 자신의 의견을 논리적으로 표현하는 스크립트를 제작하여 설명하였고, 모둠 발표를 준비하면서 동료들의 수정내용에 대한 의견을 경청하여 자료를 수정하였으며, 잘못된 수정내용에 대해서는 근거를 들어 따뜻하게 피드백해 줌. 이 과정에서 이 학생의 대인관계능력과 의사소통능력을 확인할 수 있었음. 또한, 행복의 의미와 기준을 표현하는 활동에서 단순 발표가 아니라 친구들의 이해를 돕기 위한 종이인형극을 제작하여 행복의 의미를 설명하고, 사소한 것도 행복이 될 수 있음을 잘 표현하여 친구들과 교사에게 높은 평가를 받음. 진로활동을 통해서 유아, 초등, 특수교육에 대한 자신의 흥미와 관심을 확인할 수 있었으며 좋은 교사가 되기 위해 준비해야 할 역량 함양을 위해 더욱 노력할 것을 다짐함.

관련학과 유아교육과, 아동보육학과, 초등교육과, 특수교육과

교육 분야 전문가라는 진로에 대한 확고한 의식을 가지고 교육 관련 서적, 신문기사 등을 꾸준히 읽고 있으며 각 교과수업의 주제 발표시간에도 공교육, 현재 한국 입시의 문제점, 한국 교육이 나아가야 할 방향 등을 분석하여 발표함. 특히 개별성을 존중하는 하워드 가드너의 교육 사상에 감명받아 롤모델로 삼고 그의 연구 자료를 탐구하던 중 교육 심리학이라는 분야를 접하게 되면서 진로를 구체화함. 나아가 정의로운 교육과 그 역할에 대해 지속적으로 고민하고 답을 찾아갈 것을 다짐함. 교육 분야 진출을 위해 구체적인 입시 요강들을 분석하고 전문가들의 인터뷰 영상을 찾아보면서 자신의 진로를 위해 꾸준한 노력을 기울임.

관련학과 교육학과, 교육공학과

진로 발표시간에 중학교 때 수학 멘토링을 해준 친구의 성적이 올라가는 모습을 보면서 성취감을 느꼈던 경험과 함께 교사가 되기 위한 꿈을 발표함. 이를 위해 교과시간에 아동심리학과 관련하여 미술, 음악 심리 지도와 행동 변화의 상관관계에 대한 탐구를 진행하였으며, 이 과정에서 비판적이고 창의적인 사고력을 바탕으로 한 적절한 사례를 찾아 설득력 있게 발표하여 친구들에게 높은 평가를 받음. 이 탐구를 통해 아이들의 지적 능력과 함께 심리적 안정 및 성장을 끌어올릴 수 있는 교사가 되겠다고 다짐함. 이 외에도 현직 교사 40명의 실제 경험을 담은 교사 관련 서적을 읽고 내용을 탐구하는 등 자신의 진로를 개척하기 위해 노력하는 모습을 보임.

관련학과 아동보육교육과, 유아교육과, 초등교육과, 교육공학과, 교육학과, 특수교육학과, 수학교육과, 미술교육과, 음악교육과

전공체험활동에서 자유무역협정 관련 기사를 읽고 국내 농업의 피해가 심각함을 이해하고 보호무역 강화와 농기 지원 방안이 필요하다는 논평을 작성함. 이 활동을 수행하면서 자유무역협정에 더 관심을 가지고 자유무역협정의 장단점, 우리나라의 현황, 주요 내용 등을 스스로 조사하고 궁금증을 적극적으로 해결하며, 무역의 중요성과 각국의 이해관계에 관해 깊이 탐구하여 결과물을 제출함. 더 나아가 모둠활동을 통해 공정무역을 주제로 역사, 기본원칙 및 공정무역을 위해 우리가 할 수 있는 일에 대해 알아보고 바람직한 방향을 제시하는 등 윤리적 소비에 대한 견해를 밝힘. 이 과정에서 모둠원의 협력을 이끌어내기 위해 모둠원의 의견을 적극적으로 격려하고 지지하는 발언을 자주 하였으며, 공동의 목표를 위해 적극적으로 조력하는 리더십을 보임.

관련학과 사회교육과, 일반사회교육과, 윤리교육과, 지리교육과, 초등교육과

진로탐색 시간에 나를 성장시킨 도서 소개하기라는 프로그램에서 도서 '사회적 갈등 해결하기'를 읽고 사회적 갈등 문제의 발생 배경과 근본적인 원인에 대해 더욱 자세하게 알아보고자 하는 생각을 하게 되었고, 집단 내 갈등이 발생하기 전에 민주시민교육과 같은 교육을 통해 갈등을 해결할 수 있다고 생각하게 됨. 또한, 저출생 현상이 나타나게 된 사회적 원인을 분석하면서 우리나라 교육에 미치는 영향을 설명하고, 기계화되고 자동화되는 산업구조의 변화에도 그것이 대신할 수 없는 것이 교육임을 강조하면서 교육의 질을 높이기 위한 다양한 방법을 제시하는 등 자신의 꿈인 사회교사에 대한 지속적인 호기심을 가지고 스스로 답을 찾아 탐구하는 모습을 보임. 이 외에도 대학 학과 및 직업에 대한 정보 습득, 대학 입시 제도의 이해 등 다양한 활동을 하면서 진로 비전 설계의 중요성을 인식하고, 고등학교생활을 위한 학업이수계획을 수립하여 마음을 다지는 계기를 가짐.

관련학과 사회교육과, 윤리교육과, 일반사회교육과

인문사회 캠프에 참여하여 서울 속 외국인 마을이란 주제를 접하며 다문화사회에 대해 생각하는 시간을 가짐. 열악한 환경에 처해 있는 외국인 또한 한국의 사회적 소수자임을 알게 되었으며 이를 통해 조화와 공존을 막는 장벽에 대해 고민하게 됨. 이 외에도 도심 지리 답사를 통해 우리가 살고 있는 지역의 지리, 역사, 문화를 통합적으로 바라보게 됨. 나아가 진로 독서활동을 통하여 진로 관련 다양한 책을 읽고 토론하였고, 이를 통해 특정 현상을 이해하기 위해서는 거시적이고 복합적인 요소들을 고려해야 한다는 것을 알게 되었으며 사물과 현상을 넓은 관점에서 다각도로 바라보는 습관을 기르고자 노력할 것을 다짐함. 다양한 활동을 자신의 꿈인 교사와 연계하여 이후 폭넓은 지식과 시각을 가지고 학생들의 호기심을 끌어내는 교사가 되겠다고 다짐함.

관련학과　지리교육과, 사회교육과, 일반사회교육과, 가정교육과

*서울대학교 아로리 참조

진로희망 프로젝트에서 지속가능발전 중 '목표에 대한 단결력'을 주제로 티셔츠를 제작하고 캠페인 활동을 기획함. 환경, 평화, 자원 등의 문제를 해결하기 위해 연대의식이 필요하다는 메시지를 담은 티셔츠를 제작한 후 주제와 의도를 발표하여 공감을 얻음. 또한, 정책 제안 프로젝트에서 교통 문제의 심각성을 직접 조사한 사진 자료를 통해 제시하고 차도와 인도 구분, 인도 확장, 육교 건설 등을 제안함. 지역사회와 우리 생활의 연계성을 인식하고 지역사회문제에 관심을 가지게 됨. 이후 교통이 취약한 지역을 조사하여 커뮤니티 맵핑을 만들 계획을 세우고, 이러한 자료를 주변 사람들과 함께 공유할 수 있는 애플리케이션을 제작할 포부를 발표. 이를 통해 민주시민 및 세계시민의식을 생각하는 계기가 되었으며 사회의 불편함을 개선하는 교사가 되겠다고 다짐함.

관련학과　사회교육과, 일반사회교육과, 지리교육과, 컴퓨터교육과, 기술교육과, 공업관련 교육과, 환경교육과

진로 심화 모둠 프로젝트 활동에서 원자력과 인간 건강의 연관성을 주제로 모둠활동을 진행하여 공신력 있는 포털에서 원자력의 긍정적, 부정적 사례를 찾아 모둠원들에게 조리 있게 영어로 알려줌. 이를 통해 선행연구와 과학적 근거가 있는 지식을 활용하는 방법을 습득하였으며, 탐구 과정을 정리하고 발표하는 과정에서 다른 친구들에게 과학적 호기심을 불러일으키고 지적 자극이 되어주는 우수한 학생임. 이후 과학 현상과 원리에 대한 수업 지문에 관심을 가지고, 관련 어휘와 내용을 정리하여 과학용어 영어 사전을 만드는 등 자신의 관심사와 흥밋거리에 몰입하는 능력이 뛰어나고 현재 과학에 대한 관심의 폭을 넓히고 있는 학생임.

관련학과　과학교육과, 물리교육과, 환경교육과, 기술교육과, 공업관련 교육과, 영어교육과, 사회교육과, 일반사회교육과

전공 관련 심화 체험 프로그램에서 과학원서와 영문 과학기사를 꾸준히 읽으면서 기사를 해석하고 분석하는 등 자신의 생각을 논리적으로 잘 정리하여 발표함. 전공 관련 도서를 읽고 줄기세포의 채취 배양 시 발생할 수 있는 문제에 관심을 바탕으로 '줄기세포 배양기술을 활용한 자가수분의 가능성'에 대해 호기심을 가지고 자기주도적으로 탐구하였으며, 열성 유전병에 걸릴 확률을 사례를 들어 설명함으로써 유전적 다양성의 중요성을 강조함. 그 외에도 코로나19 바이러스와 관련된 해외기사 3편을 읽고 티세포 면역을 이용한 코로나바이러스 백신 개발 연구에 대해 친구들에게 설명함. 코로나바이러스가 티세포에 어떤 영향을 미치고 티세포가 코로나바이러스에 어떤 영향을 주는지 설명하였으며, 항체로 만드는 백신을 티세포 면역을 통해서도 만들 수 있다는 것에 대해 알게 되는 과정을 통해 자신의 꿈을 위해 탐구하고 호기심을 채워나가는 즐거움을 알게 됨.

관련학과   생물교육과, 과학교육과, 영어교육과

홀랜드 직업흥미검사결과 탐구심이 많고, 논리적, 분석적, 합리적이며, 지적 호기심이 많으며, 과학적, 수학적 적성이 높은 탐구형에서 가장 높은 점수를 받았고, 관련 직업으로 과학 및 수학교사가 나옴. 진로활동을 통해 다양한 경험을 한 후 교육 분야로 진로를 설정하고 자신의 현재 위치를 점검하여 부족한 부분의 보완을 위해 노력함. 이후 진로 목표와 관련된 분야의 폭넓은 독서활동 및 구체적인 인터넷 자료 검색 활동, 선배 멘토링의 조언, 전문가의 교내 강연 청강, 진로시간 및 교과시간에 진로와 관련된 각종 활동과 행사에 능동적으로 참여하는 등 진로를 위한 남다른 노력이 돋보임. 이를 통해 학생들의 자발적인 참여를 유도하는 다양한 학습법을 공부하여 지식 전달은 물론 인성을 가르치는 친구 같은 교사가 되고자 하는 꿈을 가지게 됨.

관련학과   수학교육과, 과학교육과, 교육학과, 교육공학과

전공체험프로그램으로 의·생명 심화실험 'PCR 원리의 이해와 재조합 DNA의 전기영동', '인공세포막을 이용한 투석원리의 이해' 실험 활동에 참여함. 재조합 DNA를 준비해 아가로스 겔 위에서 전기영동이 일어나게 하는 실험 과정을 수행하였으며, 삼투현상이 일어나는 과정을 관찰하여 신장 질환이 생기면 투석 기계가 어떤 역할을 하는지 이해하는 등 생명 관련 분야에 호기심을 가지고 이를 탐구하는 자세가 훌륭하며, 무엇보다 탐구 과정을 정리하여 발표하는 과정에서 친구들의 지적 호기심을 유발하는 모습을 보았을 때 교사로서의 충분한 자질이 있다고 판단됨. 모둠활동에서도 친구들의 협력을 끌어내기 위해 모둠원들의 의견을 적극적으로 격려하고 지지해주는 발언을 자주 하였으며, 공동의 목표를 위해 적극적으로 조력하는 리더십을 보임.

관련학과   생명교육과, 과학교육과, 물리교육과

전공체험프로그램에서 평소 관심이 많았던 에너지 분야와 관련된 수소 연료 전지의 발전 원리와 장점에 대해 알아보고, 단점인 수소 공급 비용과 저장의 어려움을 해결하기 위해 대체가능한 촉매 금속과 저장기술에 관한 탐구를 해보고자 하는 계기가 됨. 또한, 주변 직업인과의 인터뷰에서 인근 약국의 약사와 중학교 과학 선생님의 인터뷰를 통해 과학(화학)이 실제 생활에 사용되고 있는 분야와 교사가 갖춰야 할 인성, 직업 전망에 대한 다양한 정보를 얻음. 이 외에도 도서 '화학으로 이루어진 세상(K. 메데페셀헤르만)' 를 통해 과학(화학)의 중요성을 깨닫고 과학(화학)이 필요한 분야가 너무나도 많다는 것을 알게 됨. 또한, 과학(화학)이 친구와 미래 제자들에게 긍정적이고 친근한 학문이 되기 위해서는 자신이 무엇을 준비해야 할지에 대해 생각한 내용을 발표함.

관련학과　과학교육과, 화학교육과, 지구과학교육과, 물리교육과, 생물교육과, 환경교육과

직업인 초청 특강에서 체육(음악, 미술) 교사와의 만남의 시간을 통하여 체육(음악, 미술)교사가 되기 위해 준비해야 할 점과 미래 전망에 대한 강의를 수강함. 이 과정을 통해 전공학과를 탐색하고, 대입 전형 준비과정에 대한 경험담을 바탕으로 학교생활 및 학업이수계획을 세움. 이를 통해 학생들과 함께 지덕체를 함양하고 학생들의 인성과 즐거운 학교생활을 위해 조력자의 역할을 하는 교사가 되고자 하는 포부를 밝혔으며, 변화하는 미래 사회에 경쟁력을 갖추기 위해 창의력과 훌륭한 인격 함양을 위해 노력할 것을 다짐하는 내용의 소감문을 작성함. 또한, 진로미니북 만들기 활동을 통해 자신의 특성을 객관적으로 이해하고 미래 자신에게 편지를 쓰면서 미래 모습을 상상하고 자신의 꿈을 응원하는 내용을 작성함.

관련학과　체육교육과, 미술교육과, 음악교육과

글쓰기, 그림 그리기, 만화창작 등 다양한 예술적 창작 행위에 관심을 보이며, 그 중에서도 시각디자인이나 웹툰과 같은 미술 영역에 관심이 많은 학생임. 이를 위해 월간 디자인 잡지를 구독하여 읽고 시간이 날 때마다 독학을 통해 컴퓨터로 그림을 그리는 등 관련 분야에 대한 소질을 개발하기 위해 꾸준히 노력하는 학생임. 진로 롤모델 찾기에서 관심분야인 미술 및 창작 관련 직업을 검색해 보았으며, 이 중에서도 미술교사에 관심을 가지고 미술교사가 되기 위해 다양한 자료를 찾아 정리하여 진로 로드맵을 작성하고 미래 미술교사의 모습을 그려보는 등의 활동을 통해 미술교사에 대한 꿈을 확고히 함. 학교에서 실시한 미술 프로젝트에 참여하여 학교 벽화 그리기 활동을 진행하였으며, 자신의 역할을 수행할 뿐만 아니라 도움이 필요한 경우 적극적으로 조력하는 모습이 인상적인 학생임.

관련학과　미술교육과, 초등교육과

학교의 모든 진로활동에 열심히 참여하였으며, 학교에서 진행한 다양한 진로검사를 통해 자신에 대한 객관적인 이해와 장점과 특기, 적성이 무엇인지 파악함. 희망직업인 교사에 대한 심도 있는 조사를 통해 진로 방향을 설정하고 목표대학 진학을 위해 중점적으로 노력하고 준비할 사항이 무엇인지 잘 인식함. 진로탐색의 날 행사에서 교사 강연에 참석하여 교사에게 필요한 역량과 전망, 최근의 교수학습방법에 대해 이해하였으며, 무엇보다 교사에게 독서와 같은 다양한 경험이 필요함을 알게 되어 이를 실천하고자 노력하는 모습을 보임. 이후 교과 및 창체시간을 통해 자신이 알고 있는 지식을 생활 속에서 실천하기 위해 노력하였으며 교사에게 필요한 역량을 함양하기 위해 끊임없이 노력하는 모습을 보임.

관련학과 전 교육학과

진로 발표시간에 주변 친구들을 가르치면서 보람을 느꼈던 경험을 들어 아이들의 마음에 공감해 주는 교사에 대한 꿈을 발표함. 자신의 진로에 필요한 역량을 키우고자 진로 관련 독서 프로그램에 참여하여 다방면의 지식을 넓히는 등의 노력을 보임. 학과 탐색 활동에서는 교육 관련 학과 및 직업에 대한 정보를 탐색하였으며, 의사소통능력 및 리더십과 같은 역량을 함양하기 위해 노력하는 모습을 보임. 학업이수계획서 작성에서 직업정보 탐색, 진학 준비 및 설계 과정에 적극적으로 참여하여 선택과목, 탐구주제 선정 활동 및 진로 독서 계획 등 고등학교 3년간의 로드맵을 구체적으로 수립함. 이를 위해 기업가정신 활동에 참여하였으며 주변의 공감을 얻기 위한 방법을 학습하고 프로젝트를 진행함. 이중 여정지도와 사진 기법을 통해 매점이 없는 학교 특성에서 아이디어를 떠올리고 간이매점을 만들어 물건을 판매하는 활동을 진행하였으나 기대만큼의 목표를 달성하지 못함. 그러나 포기하지 않고 공감에 대한 의미를 재확인하고 코로나19에 필요한 방역봉사를 하여 주변의 칭찬을 받는 등 실패를 경험으로 배움을 얻는 모습이 인상적인 학생임.

관련학과 전 교육학과

교과학습발달상황

교과학습발달상황

학기	교과	과목	단위수	원점수/과목평균 (표준편차)	성취도 (수강자수)	석차등급	비고
이수단위 합계							

과목	세부능력 및 특기사항

\<진로 선택 과목\>

학기	교과	과목	단위수	원점수/과목평균 (표준편차)	성취도 (수강자수)	석차등급	비고
이수단위 합계							

과목	세부능력 및 특기사항

\<체육·예술\>

학기	교과	과목	단위수	성취도	비고
이수단위 합계					

과목	세부능력 및 특기사항

'교과학습발달상황'은 학년별로 1, 2학기에 수강한 각 과목의 학업성취도로 다음 순서와 같이 학교생활기록부에 출력된다.

1. 공통과목 또는 일반선택과목, 해당 과목별 세부능력 및 특기사항
2. 진로선택과목, 해당 과목별 세부능력 및 특기사항
3. 체육·예술 과목, 해당 과목별 세부능력 및 특기사항

위의 과목 구분을 이해하려면 '2015 개정교육과정 고등학교 교과 편제'를 살펴보아야 한다. 고등학교 교과는 '보통교과'와 '전문교과'로 구분되며 '보통교과'는 다시 '공통과목'과 '선택과목'으로 '선택과목'은 다시 '일반선택'과 '진로선택' 과목으로 구분된다.

교과	시기		
	2015 개정교육과정		
보통 교과	공통 과목	선택 과목	
		일반선택	진로 선택
	기초 소양 함양과 기본 학력을 갖추기 위한 과목	교과별 학문의 기본적 이해를 위한 과목	교과 융합학습, 진로 안내학습, 교과별 심화학습, 실생활 체험학습 등을 위한 과목
전문교과	전문교과 I		전문교과 II
	특수 목적 고등학교(산업수요 맞춤형 고등학교 제외) 대상 교과		특성화 고등학교와 산업수요 맞춤형 고등학교 대상 교과

위와 같이 과목이 구분되며, 그에 따라 과목별 성적 산출 방식이 다르기 때문에 학교생활기록부의 '교과학습발달상황'을 교과목의 영역 구분에 따라 구분하여 제시하고 있다. 어떤 과목이 일반선택과목이고 진로선택과목인지 구분하기 어렵다면, 각 학교 홈페이지에서 학생이 입학한 연도의 '교육과정 편제표'를 확인해보면 쉽게 알 수 있다. 그리고 보통 2, 3학년 때 들을 선택과목 수요조사 전에 실시하는 '교육과정 설명회'에 참여하면 자세한 설명을 들을 수 있다.

이러한 교육과정 편제에 대해 잘 알고 있어야 자신이 수강하는 과목의 성적 산출 방식에 따라 학업 성적을 효과적으로 관리할 수 있는 것이다. 또한 학생이 희망하는 교육계열에서 전공적합성과 학업 역량이 드러날 수 있는 과목을 선택하여 듣고, 그것에서 좋은 성적을 얻는 것은 대입의 모든 전형에서 가장 큰 장점이 된다. 교과별 성적 산출 방식은 다음과 같다.

구분		원점수/과목평균 (표준편차)			성취 (수강자수)		석차등급	비고
		원점수	과목평균	표준편차	성취도	수강자수		
보통교과	공통과목	○	○	○	5단계	○	○	· (성취도 3단계) 과학탐구실험 ※ 과학탐구실험은 석차등급 미산출
	일반선택과목 기초/탐구/생활·교양	○	○	○	5단계	○	○	· 교양교과(군) 제외
	일반선택과목 체육·예술	×	×	×	3단계	×	×	· 수강자수 입력하지 않음
	진로선택과목 ※기초/탐구/생활·교양/체육·예술	○	○	× *성취도별분포비율입력	3단계	○	×	· 진로선택으로 편성된 '전문교과Ⅰ,Ⅱ' 포함 · 교양교과(군) 제외 · '석차등급' 및 '표준편차' 삭제, '성취도별 분포비율' 입력
	교양교과(군)	×	×	×	P	×	P	
전문교과Ⅰ		○	○	○	5단계	○	○	· 성취도 3단계 평정 과목 제외
		○	○	○	3단계	○	○	· (성취도 3단계) 융합과학 탐구, 과학과제 연구, 물리학 실험, 화학 실험, 생명과학 실험, 지구과학 실험, 사회 탐구 방법, 사회과제 연구
전문교과Ⅱ		○	○	○	5단계	○	–	· 석차등급 미산출
전문교과Ⅲ		○	○	○	5단계	○	–	· 석차등급 미산출 · 특수교육 교육과정을 운영하는 학교에 한함
보통교과 및 전문교과Ⅰ 중 수강자수 13명 이하인 과목		○	○	○	교과(군)별 3단계 또는 5단계	○	∴ 또는 ○ 등급	· 보통교과 공통과목 과학탐구실험, 진로선택과목(진로선택으로 편성된 전문교과 포함), 체육·예술 교과(군)의 일반선택과목, 교양교과(군)의 과목 제외
학교 간 통합 선택교과 (공동교육과정) 과목		○	○	○	교과(군)별 3단계 또는 5단계	○	×	· 보통교과 진로선택과목(진로선택으로 편성된 전문교과 포함), 체육·예술 교과(군)의 일반선택과목, 교양교과(군)의 과목 제외

그러나 학업성취도와 같이 A, B, C, D, E 또는 A, B, C 또는 1~9등급과 같은 정량적 평가만 기록되는 것은 아니다. '세부능력 및 특기사항'이라고 하는 서술형 입력 항목이 존재하며, 이것은 학생부종합전형을 준비하는 학생들에게 가장 영향력이 큰 중요한 항목이기에 '학교생활기록부의 꽃'으로 비유되기도 한다. '세부능력 및 특기사항'은 학생이 대학의 교육과정을 수학할 학업 역량이 있는지, 진로 성취를 위한 학업의지와 태도를 지녔는지, 진로 계열 및 전공에 대한 흥미와 열정을 보이며 적극적으로 노력을 했는지, 단순 성적으로는 확인할 수 없는 탁월한 장점이 있는지 등을 파악할 수 있기 때문이다.

2021학년도부터는 '세부능력 및 특기사항'란의 모든 과목에 대해 과목별 성취기준에 따른 성취수준의 특성, 학습활동 참여도 및 태도, 활동 내역(체육·예술 과목은 실기능력, 교과적성 포함) 등을 문장으로 입력하도록 지침이 변경되었다. 그러므로 자신이 수강한 전체 과목에 대한 교과담당교사의 특기사항 기록이 생기고, 이것은 추천서를 능가하는 영향력을 가지게 된다. 3년간 30명이 훨씬 넘는 과목 선생님으로부터 평가를 받게 되는 것이며, 여러 명의 교사가 공통적으로 인정하는 역량이 발견된다면 입학사정관들은 그 학생이 가진 역량으로 확신하게 될 것이기 때문이다. 더 나아가 다양한 과목에서 희망 계열에 적합한 여러 가지 역량을 보여주어야 하며, 이는 학생에게 지원 가능한 대학의 선택지를 늘려주어 합격의 스펙트럼 또한 확대될 수 있다.

세부능력 및 특기사항은 보통 줄임말로 '세특'이라고 부른다. '세특' 내용이 우리 학생을 뽑고 싶을 만큼 매력적이려면 어떻게 해야 할까? 정답은 생각보다 특별하지 않다. 아주 평범하지만 실천하기는 꽤 쉽지 않은데, 그 이유는 '자기주도성'이 필요하기 때문이다. 학교에서 시켜서 하는 것 이상, 주어진 것 이상의 아주 약간의 차이가 필요함을 의미한다. 아주 작은 차이를 위해서는 스스로에게 질문하고, 문제의식을 가지고 고민하는 습관이 중요하다. 그럴 때 다른 친구들과는 다른 발표를, 보다 창의적인 수행평가 결과물을, 흥미로운 모둠활동을, 교과 간의 융합 프로젝트를, 진로와 관련된 독서를, 해마다 연결되는 심화학습을 보여줄 수 있을 것이다. 수업시간에 쓸데없는 질문을 많이 하는 것이 중요한 것이 아니라 평소 고민한 내공을 바탕으로 '탁월한 질문'을 하는 것이 매우 중요하다. '세부능력 및 특기사항'에 기재할 수 없는 내용들은 다음과 같다.

- 각종 공인어학시험 참여 사실과 그 성적 및 수상실적, 각종 교내외 대회 실적('대회' 단어 금지)
- 교내·외 인증시험 참여 사실이나 그 성적
- 모의고사·전국연합학력평가 성적 관련 내용 일체 및 관련 교내 수상실적
- 논문을 학회지 등에 투고 또는 등재하거나 학회 등에서 발표한 사실
- 도서출간 사실, 지식재산권(특허, 실용신안, 상표, 디자인) 출원 또는 등록사실
- 이외 '학교생활기록부 작성 시 유의사항'에서 기재 금지한 사항 일체
- K-MOOC, MOOC, KOCW
- 자율탐구활동으로 작성한 연구보고서(소논문) 관련사항 일체는 기재할 수 없으며, 탐구보고서 등으로 편법적 기재 금지

※ 대회와 관련하여 대회의 명칭을 단순행사로 변경하여 입력하는 행위 불가
※ 2024학년도 대입(졸업생 포함)부터 상급 학교 진학 시 영재·발명교육 실정은 제공하지 않음.

이 외에도 한 가지 중요한 팁이 있다. '교과학습발달상황'은 사실 두 가지로 구분된다. 하나는 지금까지 앞서 설명한 '과목별 세부능력 및 특기사항'이고, 나머지 하나는 바로 '개인별 세부능력 및 특기사항'이다. '개인별 세부능력 및 특기사항'은 학업과 관련되어 있으나 특정 과목으로만 한정할 수 없는 내용이거나, 관련 과목이 있지만 해당 학년에 과목이 편성되지 않아 내용의 입력이 어려운 경우에 제한적으로 입력되는 영역이다. 교사들에게는 입력 항목이 별도로 구분되어 있지만, 학교생활기록부 출력물에는 과목별 세부능력 및 특기사항이 제일 하단에 기재되어 나온다. 이러한 '개인별 세부능력 및 특기사항'에 입력하는 사항은 다음과 같다.

항목	내용
한국학교	한국학교의 성적 산출 방식이 국내학교와 다른 경우
학력인정 대안학교	학력인정 대안학교의 성적 산출 방식이 전입교와 다른 경우
전·입학, 귀국 등에 따른 미이수 교과목 보충 학습 과정	전·입학, 귀국 등에 따라 공통과목을 이수하지 못하여 온·오프라인의 방법으로 '보충 학습 과정'을 실시했는데 당해 학기에 관련 과목이 개설되지 않은 경우
영재교육	당해 학기에 관련 과목이 개설되어 있지 않은 경우
발명교육	당해 학기에 기술·가정, 과학 교과 모두 개설되지 않은 경우
방송통신고등학교의 학교 외 학습경험 인정에 따른 과목 이수	당해 학기에 관련 과목이 개설되어 있지 않은 경우
*수업량 유연화에 따른 학교 자율적 교육활동	특정 과목의 세부능력 및 특기사항으로 한정하기 어려운 경우
교육감이 지정한 교육기관의 방송·정보통신매체를 활용한 수업(온라인 수업)	교육감이 지정한 교육기관의 방송·정보통신매체를 활용한 수업을 수강하였으나 당해 학기에 관련 과목이 개설되어 있지 않은 경우 (성적의 일부 또는 전부가 산출되지 않은 과목에 한하여 이수내용 기재)

위 항목 중 *수업량 유연화에 따른 학교 자율적 교육활동은 눈여겨보아야 할 부분이다. 초·중등교육과정 총론(교육부고시 제2019-211호)」, 「고교 서열화 해소 및 일반고 교육역량 강화 방안」(교육부 학교혁신정책과-6170, '19.11.25.)에 따라 '수업량 유연화에 따른 학교 자율적 교육활동' 관련 내용을 해당 과목의 '세부능력 및 특기사항' 또는 '개인별 세부능력 및 특기사항'에 입력할 수 있게 되었기 때문이다.

위에서 확인할 수 있듯이 대부분의 학생들은 '개인별 세부능력 및 특기사항'에 해당되는 경우가 드물다. 최대 500자까지 입력할 수 있는 영역임에도 활용할 수 없어 아쉬운 부분이었는데 학교자율과정으로 학년 초 학교교육계획을 수립하고 수업량 유연화에 따라 별도 프로그램을 운영할 경우, 학생의 활동내용을 '과목별 세부능력 특기사항' 또는 '개인별 세부능력 및 특기사항'에 기록할 수 있게 된 것이다. 그러므로 학교에서 이러한 프로그램이 운영된다면 적극적으로 참여하여 학생주도형 교과연계 프로그램, 진로집중형 프로젝트, 학습동아리형 심화 탐구, 주제중심 프로젝트 등으로 활용해야 할 것이다. 그리고 이왕이면 다양한 교과를 융합하여 '개인별 세부능력 및 특기사항'에 기록될 수 있도록 한다면 더욱 좋을 것이다. 다음에 제시된 기재 사례를 참고하여 개인별 탐구주제를 학기당 1개씩 정해보도록 하자.

학교생활기록부 항목별 기록내용

유형 : 진로·학업설계프로젝트형(개인 세특)

☑ 수업량 유연화에 따른 1학기 학교 자율교육과정의 진로 학업설계 프로젝트 활동에 참여함(총 30시간). '내가 꿈꾸는 미래형 대학교 설립 제안하기'라는 대주제로 진행된 프로젝트에서 고등학교와 대학교를 연계하는 개인 맞춤형중·장기 학업설계 로드맵을 구상함. 이를 위해 자신이 희망하는 교육 분야의 진학 및 진로 계획에 따른 선택과목 이수 설계안과 동아리, 봉사활동, 자율활동 등의 교내 활동 계획서, 진학하고 싶은 학과정보 소개서를 세밀하게 작성함. 이후 모둠을 결성하여 학과정보 탐색을 하는 과정에서 현재 학과의 미래 전망과 전공과정의 주요 변화를 예측하여 전, 후 버전으로 작성해보자는 의견을 제시하며 모둠활동을 리드함. 나아가 대학 생활에서 학업 이외에 대학 내 활동의 중요성도 크다는 모둠 내 토의 결과를 바탕으로 다양한 대학별 특색 프로그램을 탐색하고 모둠의 협업을 통한 '미래형 사범대학 설립 제안서'를 작성하여 대표로 발표함. 특히 자신의 대학 생활을 꿈꾸는 활동을 통해 현재의 고등학교생활이 지닌 가치와 중요성에 대해 인식하는 계기가 되었다고 밝히는 등 성숙한 진로 성찰 역량이 돋보임.

유형 : 진로·학업설계프로젝트형(개인 세특)

☑ 교과 심화 탐구 프로젝트 활동으로 진행된 1학기 학교 자율교육과정에 참여함(총 30시간). 경제 교과수업을 통해 접하게 된 사회적경제기업의 다양한 유형에 큰 흥미를 보임. 이를 바탕으로 사회적기업의 재원 조달 및 운영 방법에 대해 특별한 관심을 갖고 '사회적기업의 정부지원금에 대한 딜레마'를 개별 탐구주제로 정하여 탐구활동을 진행함. 특히 영리기업이면서도 애국심을 마케팅 전략으로 사회적 가치를 반영하는 한 패션기업의 경영방침, 수익성, 사회공헌도 등을 비교 사례로 제시하며 폭넓은 자료 조사와 심도 있는 자료 분석 능력을 보임. 사회적기업의 적자 구조와 지원금 부정수급 등의 문제점을 해결하기 위한 대안을 모색함. 그 결과 사회적기업의 정부지원금 의존도를 줄이고 자생적 이윤 창출을 위한 환경, 사회적 책임, 지배 구조 경영 전략을 제도화할 필요성을 제언하는 25쪽 분량의 보고서를 작성함. 탐구주제 및 계획수립, 관련 자료 분석, 보고서 작성, 발표에 이르기까지 전 과정에서의 문제점을 스스로 찾고 다양한 전문가의 조언을 참고하며 사회 탐구 방법에 대해 직접적으로 배우고 성장하는 모습이 두드러짐. 특히 비판적 문제의식과 실현가능성 높은 대안 제시 능력, 공존과 상생의 가치를 바탕으로 한 성숙한 시민적 인성을 겸비함.

☑ 독서몰입 프로젝트 활동으로 진행된 2학기 학교 자율교육과정에 참여함(총 30시간). 한 사람의 성인으로서 사회로 진출하기 전 평생 학습력의 자양분이 될 '인생 책 만들기 프로젝트'에 임하여 스스로를 위한 독서 버킷리스트와 구체적 독서활동 계획을 작성함. 그중에서 도서 '시민 불복종(헨리 데이비드 소로)', '이기적 유전자(리처드 도킨스)', '통섭의 식탁(최재천)'의 세 권을 해당 기간 동안 완독함. 이를 독서편지 형식으로 학급의 온라인 홈페이지에 게시하여 입시를 떠나 급우들과 함께 이성과 감성의 영역을 조화롭게 넘나들며 소통하는 분위기를 조성하고, '위드북 커뮤니티'를 형성함으로써 학급에서 가장 영향력 있는 인물로 주목받음. 독서몰입 프로젝트 활동과정을 통해 성숙한 자기성찰적 태도 및 공동체에 대한 포용력, 미래지향적 예견력 등의 성장이 특히 눈에 띄게 돋보인 학생임.

교육계열 맞춤형 세부능력 및 특기사항 기록 사례

[단원명]
정보의 해석과 조직

성취기준

📌 [10국02-03] 삶의 문제에 대한 해결방안이나 필자의 생각에 대한 대안을 찾으며 읽는다.

📌 [10국02-05] 자신의 진로나 관심사와 관련된 글을 자발적으로 찾아 읽는 태도를 지닌다.

평소 독서활동을 열심히 하는 학생으로 자신이 의미 있게 읽은 책을 예고편 형식으로 소개하는 '북 트레일러' 활동을 기획함. 이를 위해 도서 '멋진 신세계'를 읽고 비판적 사고력이 돋보이는 서평을 작성함. 서사적 구조화를 통해 자신의 진로분야인 교육계열과 관련지어 의미를 부여하고 미리보기 영상으로 제작하여 친구들 앞에서 시사회를 진행함. 특히 유전자 재조합 기술로 인해 부품으로 전락한 인간의 모습, 미래가 결정된 채 살아가야 하는 무기력한 인간의 모습을 극적으로 제시함. 마지막 부분에 자신의 운명을 모를 권리, 행복과 불행을 선택할 권리 등에 대해 생각해 보아야 한다는 메시지를 강한 여운으로 담아냄. 이를 통해 친구들 사이에서 '멋진 신세계' 읽기 붐을 일으킬 정도로 주변에 긍정적 영향력을 미치는 학생임. 또한 다른 친구들의 발표를 경청한 뒤 발표자와 그의 발표에서 자신이 인상 깊었던 점이나 배운 점부터 먼저 긍정적으로 피드백하는 등 상대방을 존중하는 태도가 내면에 배어있으며, 자신의 장·단점을 객관화하며 발전시킬 줄 아는 겸손한 배움의 자세가 탁월한 학생임.

관련학과) 전 교육계열   핵심키워드) 진로, 유전자 가위

[단원명]
문학

성취기준

📌 [10국05-01] 문학 작품은 구성 요소들과 전체가 유기적 관계를 맺고 있는 구조물임을 이해하고 문학 활동을 한다.

📌 [10국05-04] 문학의 수용과 생산 활동을 통해 다양한 사회·문화적 가치를 이해하고 평가한다.

📌 [10국05-05] 주체적인 관점에서 작품을 해석하고 평가하며 문학을 생활화하는 태도를 지닌다.

글을 정확하고 비판적으로 이해하며 글을 주체적인 관점에서 해석, 평가하고, 이를 창의적으로 표현하는 능력이 뛰어남. 특히 문학 관련 단원에서 상호텍스트성에 대해 배운 뒤 이를 작품 분석에 적용하는 모습이 남다름. 문학 작품의 창작자가 문학 이외의 다른 예술 작품과의 관계 맺음을 통해 연결된 상호텍스트성의 사례를 조사하여 발표한 뒤, 자신의 독서 경험을 통해 창작자뿐만 아니라 작품의 수용자도 상호텍스트성이 가능하다는 사실을 스스로 깨우치며 사고를 확장하는 모습을 보임. 이후 조선 시대 여성의 사회적 지위를 주제로 상호텍스트성에 입각한 작품 해석을 하는 주제탐구 프로젝트에 도전함. 이 과정에서 '규원가'와 사설시조를 통해 조선 시대 여성들의 삶이 힘겨웠다는 것을 이해하고, '홍계월전'을 통해 여성의식은 다소 성장했지만, 근본적으로 여성의 지위는 달라지지 않았다는 결론에 이름. 이를 계기로 조선 초기부터 후기까지 여성들의 역할과 여성이 작가인 문학 작품과 기록물들을 살펴보며 여성의 사회적 지위 변화 과정을 상호텍스트성에 따라 교차분석하며 심도 있게 탐구하는 역량을 발휘함.

관련학과) 교육학과, 초등교육과, 국어교육과, 언어교육과,   핵심키워드) 사회적 소통반응, 상호텍스트성,
            역사교육과, 가정교육과   사회적 가치관

화법과 작문 [단원명] 화법의 원리

성취기준

📌 [12화작02-03] 상대측 입론과 반론의 논리적 타당성에 대해 반대신문하며 토론한다.
- 상대측 발언을 단순히 확인하는 수준에 머물지 않고 상대측 논증의 신뢰성, 타당성, 공정성을 비판적으로 검토하는 질의응답으로 반대신문 단계를 운영한다.

대화, 토론, 협상, 발표, 면접, 연설 등 다양한 상황에서의 말하기 방식에 대해 분석하고, 분석한 바를 보고서의 형식에 따라 작성하여 제출함. '3 대 3 칼포퍼식 토론하기' 활동에서 '9월 학기제 도입'을 주제로 정하고 제1토론자를 맡아 명료한 논거로 찬성 측의 입안 발언을 한 뒤, 타당도 높고 예리한 질의를 통해 상대측 논거의 한계를 드러내며 자기 팀 주장의 타당성을 논리적으로 뒷받침하기 위해 지원하는 모습이 돋보임. 이후 다른 역할에도 도전해보고 싶다는 동기를 계기로 친구들과 정기 토론 모임을 결성한 후, 팀원들의 관심사를 논제로 하여 매번 다른 형태의 토론 방식에 도전함. 특히 진행 과정을 촬영한 영상과 정리된 토론 결과를 학급의 온라인 학습방에 공유하며 꾸준히 토론 실력을 키워가는 모습에서 자기주도적 탐구력과 협업능력이 독보적으로 발전하는 학생임. 나아가 토론 수준이 점차 높아지고 토론의 주제 분야를 확장하면서 급우들이 토론 참여를 희망하는 경우가 많아져 예약제로 운영하기도 하는 등 민주적 의사소통과정을 직접 실천하고 익히며 실질적 배움을 만들어가는 모습에서 사회적으로 영향력 있는 리더로 성장할 자질이 엿보임.

관련학과 ▸ 전 교육계열   핵심키워드 ▸ 칼포퍼식 토론, 토론의 방식

화법과 작문 [단원명] 작문의 원리, 화법과 작문의 태도

성취기준

📌 [12화작03-01] 가치 있는 정보를 선별하고 조직하여 정보를 전달하는 글을 쓴다.

📌 [12화작03-05] 시사적인 현안이나 쟁점에 대해 자신의 관점을 수립하여 비평하는 글을 쓴다.

사회적 문제에 관한 글쓰기 활동에서 '코로나19에 따른 사회적 거리두기 정책의 한계 및 대안 모색'을 주제로 자신의 주장을 펼침. 이를 위해 최근 각종 매체에 게재된 관련 기사문을 읽고 필자의 의도에 따른 자료 제시 전략, 적용된 논증 구성의 원리를 분석하고 익힘. 또한 과장, 축소, 왜곡, 표절 등을 배제하는 필자의 자질과 윤리의식 등에 대해 스스로 찾아 검토하며 학습하는 열의를 보임. 평소에도 따뜻한 인간애와 정의감이 돋보이는 학생으로 사회적 쟁점을 비판적으로 바라보는 안목, 자신뿐만 아니라 공동체 전체의 보편적 가치를 종합적으로 성찰하는 역량, 문제해결방안을 구체적으로 모색하는 실천력 등에서 두루 성장함. 이후 '우리 학교의 이색 활동을 소개합니다.'를 주제로 한 기사문 쓰기 활동에서 학급 특색활동으로 진행되는 '6선 실천 프로그램'의 이색 사례를 흥미롭게 소개하는 기사문을 작성함. 완성된 기사문을 학교 홈페이지 게시판 및 지역신문에 기고하는 등, 말과 글이 지닌 사회적 힘에 가치를 부여하고 이를 적극적으로 실천하고자 노력하는 모습이 매우 인상적임.

관련학과 ▸ 교육학과, 초등교육과, 국어교육과, 사회교육과, 언어교육과, 윤리교육과   핵심키워드 ▸ 칼포퍼식 토론, 토론의 방식

[단원명]
독서의 본질

성취기준

📌 **[12독서01-01]** 독서의 목적이나 글의 가치 등을 고려하여 좋은 글을 선택하여 읽는다.

- 독서의 목적이 학업, 교양, 문제해결, 여가, 타인과의 관계 유지 등으로 다양함을 알고 자신의 독서 목적을 분명히 인식하도록 한다.

대면, 비대면이 반복되는 수업 상황에서도 한결같은 모습으로 수업에 적극적으로 참여하며, 가장 많은 횟수와 분량은 물론 내용의 충실성까지 두루 갖춘 독서기록장을 제출함. 특히 온라인 수업 주간에 오히려 더 많은 독서를 함으로써 상황을 탓하는 것이 아닌 주어진 여건을 최대한 활용할 줄 아는 자기관리 역량을 발휘한 점이 훌륭함. 인문, 사회, 과학, 문학, 예술 등 다방면의 책을 읽는 독서 역량을 지녔으며 이를 통해 수업시간에 활용되는 다양한 독서 제시문을 비판적으로 읽고 정확하게 해석하는 능력이 매우 뛰어남. 특히 모둠 토론 활동에서도 친구들의 이해를 도우며 주제 및 방향을 벗어나지 않게 리드함으로써 조화롭게 진행하는 모습을 보임. 또한 '독서를 통한 자기 성장의 경험 소개하기' 활동에서 도서 '자유론(존 스튜어트 밀)'을 읽은 후 교육복지의 실현에 개별성의 존중이 얼마나 중요한 것인지를 깨달았으며, 향후 입시 위주의 획일적인 교육이 아닌 개개인의 고유성과 창의성을 높이는 교육여건을 만드는 일에 기여하고 싶다고 발표하여 친구들에게 큰 호응을 얻음. 더불어 친구들의 발표에도 진지하게 경청하며 하나하나 댓글을 남김으로써 따뜻하게 소통하고 공감하는 인성이 돋보임.

관련학과 교육학과, 초등교육과, 국어교육과, 사회교육과, 언어교육과, 윤리교육과

핵심키워드 주제 통합적 독서, 독서의 가치

[단원명]
독서의 방법

성취기준

📌 **[12독서02-05]** 글에서 자신과 사회의 문제를 해결하는 방법이나 필자의 생각에 대한 대안을 찾으며 창의적으로 읽는다.

- 글에서는 필자나 독자 개인에 관한 문제뿐 아니라 사회적인 문제도 다루어지며, 이에 대한 필자의 관점이나 해결방안이 제시되어 있음을 이해한다. 이러한 내용을 단순히 수용하는 것이 아니라, 여러 글에 나타난 주제, 관점 등에 대하여 새로운 측면에서 비판적으로 접근해 봄으로써 자신만의 독창적인 생각을 구성해 본다.

진로와 연계한 자유 독서활동에서 도서 '쉽게 읽는 백범일지', '독사신론'을 읽고 김구 선생과 신채호 선생의 교육관에 대해 탐구하며 학생들의 역사의식을 고취할 수 있는 디지털 기반 교육방법에 대해 모색한 보고서를 작성함. 기사문 작성의 원리 및 기본 형식에 대한 학습활동에서 표제와 부제, 리드문에 대해 이해하고, 다양한 기사문의 리드문만을 보고 표제 및 부제를 맞추는 활동에 모둠원들과 활발히 의사소통하며 참여함. 모둠활동에 참여하는 과정에서 표제를 보고 예상한 기사문과 전혀 다른 내용으로 구성된 낚시성 기사들의 발견을 계기로 문제의식을 갖고 자신의 주제탐구활동으로 기획하여 '온라인상의 클릭베이트 실태 및 피해 사례'에 대해 조사함. 언론의 자유와 책임을 핵심 쟁점으로 부각하고 수준 높은 사유를 통해 사회의 건전성과 언론의 영향력에 대한 남다른 통찰력을 보여줌. 탐구 결과를 발표하면서 다양한 예시 자료를 통해 자신의 발표 주제에 효과적으로 몰입시키는 탁월한 기량을 보여주었으며, 클릭베이트를 줄이기 위한 언론정화 활동 캠페인을 하자고 제안하여 큰 공감을 불러일으킴.

관련학과 교육학과, 초등교육과, 국어교육과, 언어교육과, 윤리교육과, 사회교육과, 컴퓨터교육과

핵심키워드 표제, 클릭베이트

[단원명]
언어와 매체의 본질

성취기준

📌 [12언매01-04] 현대 사회의 소통 현상과 관련하여 매체 언어의 특성을 이해한다.
- 오늘날 의사소통 매개체로 활용되는 다양한 매체들은 소리, 음성, 이미지, 문자, 동영상 등이 복합적으로 이뤄진 양식임을 이해한다.

문장력을 갖추기 위해 정제된 자료를 선택하여 읽고 학습하는 노력을 오랫동안 누적해온 학생으로 제시된 글을 빠르고 정확하게 이해하는 문해력이 독보적임. 특히 글쓰기 활동에서 담화 표지 및 문장 부호를 효과적으로 사용함으로써 자신이 말하고자 하는 의미를 명확하게 전달하는 표현력이 뛰어남. '자신의 언어생활에 영향을 주는 요소'에 대해 발표하는 수업을 통해 지식 및 정보를 얻기 위해 자신이 이전보다 뉴미디어 매체를 활용하는 비중이 훨씬 커졌다는 사실을 인지하였으며, 매체 언어와 관련된 현상에 대해 더 탐구하고 싶다는 의지를 밝힘. 이후 '매체 언어의 본질'을 자신의 탐구주제로 선정하여 관심을 확장해나감. 매체가 현대인들에게 의사소통의 도구를 넘어 다양한 문화를 형성하는 토대로 작용하고 있는 사례를 수집하여 보고서를 작성함. 특히 매체를 통한 언론형성 과정에 주목하며 언론 보도의 객관성이 뉴미디어 시대에 구현될 수 있는지에 대해 심층탐구하면서 뉴스 결정권자에 의해 뉴스가 취사선택되는 과정인 게이트키핑을 한계로 제시함. 결론적으로 매체 언어로 소통하는 초연결의 사회에서는 보다 성숙하고 수준 높은 디지털 문해력이 요구된다고 주장하며, 생산자와 소비자의 경계가 사라진 현대인에게 바람직한 미디어 리터러시 자세를 촉구하는 내용의 카드뉴스 콘텐츠를 만들어 보여줌으로써 인상적인 발표를 함.

관련학과 | 교육학과, 초등교육과, 국어교육과, 윤리교육과, 사회교육과, 컴퓨터교육과

핵심키워드 | 매체 언어, 게이트키핑, 뉴미디어 시대, 초연결 사회

국어 교과군
언어와 매체

[단원명]
매체 언어의 탐구와 활용

성취기준

📌 [12언매03-05] 매체를 바탕으로 하여 형성되는 문화에 대해 비판적으로 이해하고 주체적으로 향유한다.

중세 시기와 근대 시기에 편찬된 '두시언해'를 학습하는 과정에서 중세 국어와 근대 국어의 어휘 및 음운의 변천 과정에 관심과 흥미를 나타냄. 이를 계기로 시대에 따른 언어의 변천 과정에 대해 집중적으로 탐구함으로써 현대 언어생활의 변화를 분석하는 활동에 주도적으로 임함. 나아가 인터넷 기반 정보화 시대에 두드러지는 청소년들의 국어 파괴 현상에 특별한 관심을 보였으며, 이에 대한 문제의식을 바탕으로 '청소년이 사용하는 매체 언어의 건전성 및 비판적 수용 태도 분석'을 자신의 발표 주제로 선정함. 탐구에 앞서 '신조어'와 '신어'의 용어를 구분하여 정의하면서 '신어' 사용에서의 문제점으로 방향을 잡아 논점의 타당도를 높이며 연구의 범위를 설정한 것이 돋보였으며, 향후 국어 교육에 기여하고 싶어 하는 진로희망이 내적 동기가 되어 남다른 과제 몰입도를 보임. 발표를 통해 다양한 국어 파괴 현상 중 언어적 가치 부여의 근간이 되는 '맞춤법 파괴' 현상에 대한 심각성을 밝힌 후, 이를 단순히 사회문제로 일반화하는 데 그치지 않고 자기 삶의 가치관과 진로 목표로 구체화시키며 구체적인 해결방안을 모색하고자 한 점이 특히 우수함. 또한 일회적 발표에서 그치지 않고 국어발전을 위해 운영되는 다양한 국내 공공기관 홈페이지에 접속하여 '우리말 순화 활동', '공공언어 부적절 사례 제보, 대체 언어 아이디어 제안', '어문 규범 바로알기 캠페인' 등에 적극 참여하는 실천적 문제해결 역량을 갖춘 학생임.

관련학과 | 교육학과, 초등교육과, 국어교육과, 언어교육과, 윤리교육과, 사회교육과, 컴퓨터교육과

핵심키워드 | 청소년 문화 현상, 어문 규범

실용 국어

[단원명]
정보의 해석과 조직

성취기준

📌 **[12실국02-02]** 정보에 담긴 의도를 추론하고 내용을 비판적으로 평가한다.

- 제시된 정보가 참인지 거짓인지, 사실인지 의견인지, 내용 선정에 편향성이 없는지, 적절한 가치를 내세우고 있는지 등 화자나 필자의 의도가 말과 글에 실현된 양상을 이해하고 신뢰성, 타당성, 공정성의 기준을 적용하여 비판적으로 평가해 본다.

자기관리 역량이 탁월한 학생으로 계획과 실천을 철저히 병행하는 좋은 공부 습관이 형성되어 있기에 친구들이 학습 멘토로 매우 선호하는 학생임. 누적된 독서활동으로 풍부한 어휘력과 독해력을 갖추었으며 과제 활동이 부과되면 교과에서 학습하고 배운 내용을 자신의 진로와 사회적 적용으로까지 연계시키며 융합적 사고로 탐구하는 모습과 산출된 결과물 등이 크게 돋보임. 특히 모둠 과제로 진행된 '가짜뉴스 대처방안 찾기' 프로젝트 활동에서 모둠장을 맡아 모둠원들의 의사와 역량을 고려하여 상호 역할과 과제를 분배하고 협업을 잘 이끌어냄. 가짜뉴스를 비롯한 각종 허위 정보의 사례를 조사하여 그 피해 사례와 해악성을 분석함. 모둠원들의 분석 결과를 취합하고 유기적으로 구조화하여 '가짜뉴스 구별법'을 카드뉴스 형식의 웹 콘텐츠로 제작한 후 각종 온라인사이트에 게시하고 그에 대한 피드백 결과를 정리하여 발표함. 현대 사회에서 인공지능기술에 의한 딥페이크 현상이 가속화될 수 있으므로 자신도 모르게 가짜뉴스의 소비자와 유통자가 되지 않기 위해 비판적 정보해석능력과 올바른 판단력을 키울 것을 설득력 있게 주장하여 동료평가에서 친구들에게 매우 우수한 평가를 받음.

관련학과 교육학과, 초등교육과, 국어교육과, 언어교육과, 윤리교육과, 사회교육과, 컴퓨터교육과

핵심키워드 가짜뉴스, 정보전달

실용 국어

[단원명]
직무 어휘와 어법

성취기준

📌 **[12실국01-01]** 의사소통 맥락에 적합한 어휘를 사용한다.

학습에 대한 몰입도와 자기주도성이 뛰어난 학생으로 어휘력과 남다른 표현력을 겸비하여 대화나 토론 상황에서 발언할 때 주변의 공감과 동의를 이끌어내는 능력이 있음. 자발적 동기부여를 통해 자신의 학습법을 스스로 찾아 나가고 수업 내용을 스펀지처럼 흡수하는 능력이 탁월함. 수업 안내에 충실히 따르며 자신의 분석 내용과 수업 내용을 비교하여 부족한 부분을 적극적으로 보완해나가고, 명확히 이해되지 않는 부분은 교과의 온라인 질문 게시판을 적극적으로 활용함. 자신이 가진 의문에 대해 학습의 깊이가 느껴지는 질문을 할 뿐만 아니라, 자신이 정확히 알고 있는 부분에 대해서는 친구들의 거의 모든 질문에 대한 답을 친절하게 달고 소통하며 온라인 게시판을 통한 상호 간 배움이 활성화되도록 하는 등 적극적으로 멘토링 해주며 학습 분위기 형성에 크게 기여함. 자투리 시간을 이용해 독서하는 습관을 가졌고, 1년간 12권의 책을 읽고 독후감을 작성함. 특히 자신의 꿈과 관련된 분야의 책을 읽는 모습이 인상적임. 이를 바탕으로 교직의 주요 직무인 수업 활동, 학생상담, 진로진학지도 등 학교에서 최근 중요하게 대두되는 어휘를 정리하고, 이를 교육 사전으로 만들어 소개하는 진로 융합 주제 발표를 진행함. 특히 자신의 체험을 바탕으로 코로나19로 인해 달라진 교육 현실에 대해 분석한 내용은 다른 학생들에게 큰 공감과 호응을 불러일으켰으며, 교직에 대한 남다른 열의와 실천적 진로 역량이 매우 돋보임.

관련학과 전 교육계열

핵심키워드 직무 수행, 직무 어휘

심화 국어

[단원명]
논리적 사고와 의사소통

성취기준

📌— [12심국01-01] 수업에 필요한 정보를 수집하여 분석한다.

학업 역량이 뛰어난 학생으로 지적 탐구심이 강해 적극적으로 질문하고 스스로 관련 서적, 인터넷 등을 활용하며 주도적으로 학습함. 특히 언어적 표현을 다양한 형식으로 바꾸어 표현하는 융합적 창의력이 탁월하여 '일상에서 특별함을 찾아 다큐멘터리 제작하기' 활동에서 코로나19로 인해 달라진 학교생활 모습과 관련해 학습 무기력을 주제로 한 영상을 제작 발표하여 친구들로부터 많은 공감을 얻음. 과제를 수행하면서 심리적 우울감이 학습동기와 관련 있음을 알게 되어 교육 심리학에 관심을 가지게 되었다는 소감을 밝힘. 이후 도서 '인간은 어떻게 배우는가(하워드 가드너)'를 찾아 읽고 인간의 심리적 특성에 따른 개별화된 맞춤형 교육방법에 대한 고민을 독서록에 나타냄. 이에 그치지 않고 다양한 온라인 강연과 학술정보지 등을 두루 찾아보며, 인간 본성적 배움의 욕구를 자극하고 실현하기 위해서는 교육환경과 시스템 또한 내적 요인 못지않게 중요함을 인식하는 등 균형 잡힌 교육적 가치관을 형성해 감. 진로에 대한 구체적인 설계를 통해 관련 전공 교과에 대한 정보를 체계적으로 탐색하여 이해하고 있으며, 편향된 사고의 방지를 위해 다양한 관점들을 열린 사고로 접근하고자 다차원적으로 노력하는 비판적 사고능력이 뛰어남.

| 관련학과 | 전 교육계열 | 핵심키워드 | 학문 탐구, 비판적 이해 |

국어 교과군

심화 국어

[단원명]
윤리적 사고와 학문 활동

성취기준

📌— [12심국04-03] 매체 이용과 표현의 윤리를 준수하는 태도를 지닌다.
- 매체 이용 윤리의 중요성과 무분별한 매체 사용으로 인한 피해의 심각성을 인식하도록 하는 데 중점을 둔다.

쓰기 윤리 위반 사례를 조사하여 발표하는 활동에서 '인용과 표절의 차이'를 주제로 타인이 생산한 지적저작물을 올바르게 인용하는 방법, 왜곡 없이 사실에 근거하여 기술하기, 저작권의 적용 범위, 표절의 기준 등을 명확하게 분석하여 발표함. 학문적 성과에 대한 집착이 도덕성과 학문의 가치를 훼손했던 구체적인 사례들을 제시하여 경각심을 가지도록 촉구하는 모습에서 책임감과 진정성이 돋보임. 더불어 주어진 논제를 정확히 이해하는 문해력과 자신의 주장을 논리적으로 구조화하여 표현하는 글쓰기 능력을 갖춤. 미래 사회에서 소수의 다국적 거대 미디어 기업들이 대부분의 문화 콘텐츠를 생산할 때 인공지능기술을 활용하게 될 수 있음을 인식한 후, 모둠 토론의 안건으로 제안하여 친구들과 의사소통하며 집중 탐구하는 시간을 가짐. '인공지능이 만든 지적저작물에 대해 법적인 권리를 보장해야 하는가.'의 쟁점에 반대하는 입장에서 인공지능에게 인간과 동등한 지적 재산권을 부여하는 것은 인간의 존엄성에 대한 중대한 위협이 된다는 점을 설득력 있는 근거들을 바탕으로 논리적으로 주장함.

| 관련학과 | 전 교육계열 | 핵심키워드 | 쓰기 윤리, 매체 윤리 |

고전 읽기

[단원명]
고전과 국어 능력, 고전과 삶

성취기준

📌 [12고전3-02] 고전을 읽고 공동의 관심사나 현대 사회에 유효한 문제를 중심으로 통합적인 국어
활동을 수행한다.

구전 설화에 대해 학습한 후, '콩쥐팥쥐'와 서양의 구전 설화 '신데렐라'를 선택하여 두 설화의 내용을 분석하는 활동을 수행함. 내용 면에서 주인공과 주요 등장인물이 모두 여성이며 권선징악의 서사 구조로 이루어져 있다는 유사성을 찾아 비교한 뒤, 사람들에게 오랫동안 구전된 이야기에 내포된 여성의 수난 구조, 남성 의존적 고난 극복의 방법, 순종적 삶에 대한 미화, 비인간적인 아동학대 등을 내면화할 위험성이 있음을 비판적 관점에서 문제 제기함. 특히 아동학대와 관련하여 가정이라는 사적 영역에서 벌어지는 잔혹한 만행은 절대 용납될 수 없음을 힘주어 발표함. 고전 감상에 대한 비판적 읽기 역량과 윤리적 소양이 무엇보다 중요함을 소감으로 밝히며 배움을 삶의 문제로 연계하여 이해한 점에서 또래에 비해 매우 성숙한 사회의식이 드러남. 나아가 과거의 읽기는 책을 반복적으로 정독하여 글의 의미를 되새기고 깊이 사고하는 방식이었으나 현대에서 다양한 패러디 창작을 통한 원작 재조명, 콘텐츠 간 융·복합 등을 통한 물리적 한계 극복을 시도하면서 시대적, 사회적 변화에 맞는 고전 감상법의 변화가 필요함을 조리 있게 논술함.

관련학과 교육학과, 초등교육과, 국어교육과, 언어교육과, 윤리교육과,
사회교육과, 역사교육과, 예술교육과

핵심키워드 고전 읽기 방법

국어 교과군

고전 읽기

[단원명]
고전의 가치

성취기준

📌 [12고전01-01] 고전의 특성을 이해하고 고전 읽기의 중요성을 인식한다.

학습을 통해 새롭게 배운 지식과 기존에 학습된 지식의 연결고리를 찾아내어 보다 깊이 있게 이해하고 재창조하는 역량이 탁월한 학생임. 주제별 고전 읽기 활동에서 도서 '맹자'와 '통치론(존로크)'을 읽고 상호텍스트성을 기반으로 맥락화하여 비교한 뒤 각 고전의 가장 감명 깊은 문장을 예로 들며 자신의 국가관에 대해 정리한 보고서를 작성함. 두 고전이 팬데믹, 환경위기 등이 심각해진 오늘날의 국가와 정치지도자, 일반 시민들에게 각각 어떤 시사점을 주는지를 살펴보고, 우리나라의 민주주의가 나아갈 방향이 무엇인지 친구들과 토의하는 활동으로까지 확장하여 주체적으로 학습함. 모둠활동 중 친구가 발언 근거로 제시한 도서 '군주론(니콜로 마키아벨리)'에 흥미를 느껴 이를 추가로 읽고 나서 보고서의 결론과 소감을 보완하여 제출하는 등 성실한 학업태도와 열의가 특히 돋보임. 사회와 국가의 이상을 실현하기 위해서는 철학적 신념만으로는 어려우며, 결국 현실에서 시의적절한 전략과 구체적 성과가 병행되어야 한다는 결론을 도출함으로써 고전을 통해 자기 자신과 주변 관계, 사회 전체를 보다 통합적인 관점에서 바라보려는 지적 성장이 눈에 띔.

관련학과 교육학과, 초등교육과, 국어교육과, 언어교육과, 윤리교육과,
사회교육과, 역사교육과

핵심키워드 고전의 특성, 상호텍스트성

한국사
[단원명]
전근대 한국사의 이해

성취기준

📌 [10한사01-01] 고대 국가의 성립·발전 과정을 파악하고, 지배 체제의 성격을 이해한다.

📌 [10한사01-04] 다원적인 사회 구조와 다양한 사상적 기반 위에 고려 사회가 운영되었음을 이해한다.

역사적 사실과 인과관계에 대한 맥락적 이해가 높으며, 역사적 인물에 대한 공감능력을 바탕으로 세계사를 비롯한 철학, 과학, 예술 등 다양한 분야의 배경지식을 종합적으로 접목하여 분석할 줄 아는 폭넓은 역사적 지식을 갖춘 학생임. 전근대 한국사에 대한 전반적 흐름을 정확하게 이해하고 있으며 친구들에게 학습 멘토로서 도움을 주는 등 교육 분야의 진로를 희망하는 학생으로서 훌륭한 자질을 발휘함. 모둠별 역사퀴즈 맞추기 학습활동에서 다른 모둠과는 달리 퀴즈 문제를 난이도 별로 구성하고 난이도가 올라갈 때마다 다음 시대순으로 레벨이 상승하도록 게임 시스템을 구조화하는 등 '교육용 보드게임' 제작에 있어 창의성을 발휘함. 정답을 맞힐 때마다 그 시대의 특징적 유물을 아이템으로 받도록 구성하여 학습동기를 유발하며 재미를 느낄 수 있는 방식의 학생 교육용 게임 프로그램 시나리오까지 구성한 점이 매우 독보적이었으며 친구들의 폭발적인 호응을 얻음. 역사적 인물을 탐구하여 발표하는 활동에서 '최영'을 선정하여 인물백과사전, 만화로 보는 한국사 등의 형식을 활용하여 쌍성총관부 함락과정, 홍건적과 왜구 격퇴가 나타난 지도, 최영과 이성계의 관계성 및 주고받은 서신의 내용을 자료로 첨부하는 등 흥미진진한 스토리텔링을 통해 탁월한 발표력을 보여줌.

관련학과 역사교육과, 교육학과, 초등교육과, 국어교육과   핵심키워드 역사퀴즈, 전근대 한국사

한국사
[단원명]
전근대 한국사의 이해

성취기준

📌 [10한사01-04] 다원적인 사회 구조와 다양한 사상적 기반 위에 고려 사회가 운영되었음을 이해한다.

📌 [10한사01-05] 조선 시대 세계관의 변화를 국내 정치 운영과 국제질서의 변동 속에서 탐구한다.

다양한 시각으로 역사적 사건을 바라보고 이를 객관화하여 표현할 줄 아는 비판적 사고능력과 자기주도적 학습 습관을 겸비한 학생임. 역사뉴스 콘텐츠를 제작하는 모둠활동에서 시대별 주요 사건을 세 가지씩 선정하고, 다양한 문헌연구 및 그림 자료를 활용하여 뉴스의 기사문을 작성함. 아이디어 협의를 통해 리포터의 속보 발표, 가상 역사 인물 인터뷰 장면 등을 첨가하여 입체감 있는 영상 콘텐츠를 만들어 발표함으로써 모둠 전체 동료평가에서 가장 좋은 평가를 받음. 모둠 발표를 준비 과정에서 삼국시대 중 백제에 대한 자료가 상대적으로 많지 않다는 사실을 알게 되었으며 좀 더 자료를 찾아 공부하고 싶다는 의지를 밝힘. 하계 방학을 이용해 백제문화단지, 부소산성, 낙화암, 정림사지 5층석탑, 무령왕릉, 공산성 등 부여 및 공주 지역의 백제 문화유산을 직접 탐방하고 이를 역사기행문으로 작성한 후 온라인 교과자료실에 게시하는 활동으로 친구들에게 체험 정보를 적극적으로 안내하고 관련 자료를 공유함. 특히 부여와 공주에 소재한 유물과 유적지가 부국강병기가 아닌 국가쇠퇴기에 등장한 것임에도 문화 자체의 수준은 매우 높았다는 자신의 주체적 해석을 제시한 점이 인상적임.

관련학과 역사교육과, 윤리교육과, 사회교육과, 국어교육과, 교육학과, 초등교육과, 언어교육과, 예술교육과, 컴퓨터교육과   핵심키워드 역사뉴스, 백제 문화

사회(도덕 포함) 교과군
한국사 [단원명] 전근대 한국사의 이해

성취기준

📌 [10한사01-01] 일제의 침략 전쟁에 맞선 민족 운동의 내용을 파악하고, 신국가 건설에 대한 구상을 탐구한다.

일본의 국권 침탈 과정과 이에 맞서 전개된 다양한 국권 수호 운동에 대해 조사하여 발표하는 활동에서 3·1운동이 일어나기 전의 사전 준비 현장에 대한 역사 상황극을 연출하여 당시 애국지사들의 뜨거운 열정과 치밀한 계획 수립, 희생을 각오하는 모습 등을 간접적으로 공감할 수 있도록 구성한 점이 돋보임. 한 번의 발표에 그치지 않고, 제대로 알려지지 않은 독립운동가를 널리 알리기 위한 '민족 독립운동가 기림 프로젝트'를 제안하여 모둠원들이 자신의 특기를 살려 협업하고 사회적 실천으로 연계되도록 기획하는 추진력을 발휘함. 공동 작업을 통해 권기옥 지사, 동풍신 열사, 이화림 지사 등의 여성 독립운동가와 의열단 등을 포함한 25명의 소개 자료와 다양한 독립운동 방법, 지역별 독립운동가의 활약 내용 등을 첨가하여 홍보 리플렛을 구성함. 자신들이 제작한 독립운동가 소개 리플렛을 친구들에게 나눠주고 온라인 캠페인 활동을 진행하는 과정에서 배움을 실천하는 것이 개인의 삶과 사회 전체를 긍정적으로 변화시킬 수 있다는 것을 깨닫게 되었다고 소감을 밝힌 것이 특히 인상적임.

관련학과 역사교육과, 윤리교육과, 사회교육과, 교육학과, 초등교육과, 국어교육과   **핵심키워드** 민족 독립운동가

사회(도덕 포함) 교과군
한국사 [단원명] 근대 국민국가 수립 운동

성취기준

📌 [10한사02-03] 열강의 침략이 가속화되는 가운데 여러 세력이 추진한 근대 국민국가 수립 노력을 탐색한다.

주체적 역사관이 잘 형성되어 있는 학생으로 개항 이후에 조선 정부가 추진한 개화 정책의 방향, 근대 국민국가 수립을 위해 다양한 계층들이 기울인 노력, 열강의 경제적 침략에 대한 대응 노력을 열정적으로 학습함. 일제강점기의 역사를 배우며 왜곡되거나 사장된 우리의 역사 문제에 관심을 가지고 바로잡아가는 일이 중요하다는 의견을 힘주어 제시하고 구체적인 문제해결 방법에 대해 친구들과 적극적으로 토론하는 모습을 보임. 이후 '학생주최 한국사 특강 프로젝트' 활동에서 1일 교사가 되어 '근대 교육 및 언론 기관의 발달'을 주제로 미니특강을 진행함. 근대 교육제도의 도입에 대해 1880년대와 을사조약 전후로 나누어 다양한 사진 자료를 보여주며 학생의 눈높이에 맞춰 이해하기 쉽고 재치 있는 언어로 강연함. 진행 중간에 수시로 질문을 건네며 학생들의 관심을 이끌어내는 의사소통능력과 리더십이 돋보임. 특강에 대한 동료평가에서 안정적인 목소리와 명확한 발음으로 내용에 쉽게 집중할 수 있었고, 자신이 가르칠 내용을 완벽히 숙지한 상태로 사전준비가 철저했으며 역사의식을 고취하는 데 매우 도움이 되었다는 긍정적 평가를 받아 장래 교육자로서 자질이 엿보임.

관련학과 역사교육과, 윤리교육과, 사회교육과, 교육학과, 초등교육과, 국어교육과, 언어교육과, 예술교육과   **핵심키워드** 일제강점기, 한국 근대사

한국사
[단원명]
대한민국의 발전

성취기준

📌 [10한사04-08] 남북 화해의 과정을 살펴보고, 동아시아 평화를 위해 공헌할 수 있는 방안을 생각해 본다.

고려 초 최승로가 왕에게 올린 상소문 시무 28조를 현대에 맞게 각색한 '대한민국의 발전을 위한 시무 10조 제안하기' 모둠활동에서 학생으로서 가장 깊이 체감할 수 있는 '교육' 분야로 주제를 집중하자는 의견을 제안하였으며, 토의를 통해 동의를 구하고 다양한 의견을 취합하여 시무 10조를 도출함. 모둠원들과 모둠의 제안 내용을 효과적으로 전달하는 방식을 고민한 끝에 협업을 통해 UCC 제작까지 완성하는 등 과제 몰입도와 추진력이 매우 돋보임. 이후 한국 역사의 아픔에 관심을 보이며 학습활동이 실천적 활동으로 연결될 수 있도록 노력하는 모습이 자주 관찰되며 실천적 역량 측면에서 가장 두각을 나타냄. 특히 독도에 대한 영유권 문제를 비롯하여 인접국들과의 배타적 경제수역 경계획정 문제 등 해결해야 할 쟁점 사안에 대한 우리의 대응 방안을 제시하는 글을 교과 게시판, 학교 홈페이지, 개인 블로그를 통해 꾸준히 게시함. 나아가 독도를 세계자연유산으로 유네스코 등재를 추진함으로써 우리나라에 영유권이 있음을 세계적으로 알리는 전략을 제시하기도 하는 등 행동하는 지식인으로의 성장이 기대됨.

관련학과 역사교육과, 윤리교육과, 사회교육과, 교육학과, 초등교육과, 국어교육과

핵심키워드 영토 분쟁, 문화재 반환, 대한민국의 시무 OO조

통합사회
[단원명]
삶의 이해와 환경

성취기준

📌 [10통사01-03] 행복한 삶을 실현하기 위한 조건으로 질 높은 정주 환경의 조성, 경제적 안정, 민주주의의 발전 및 도덕적 실천이 필요함을 설명한다.

인간의 행복과 정주 환경 단원에서 활동형 수업으로 진행된 '학교도서관 공간혁신 제안' 프로젝트에 참여함. 이를 위해 도서 '우리가 몰랐던 세상의 도서관들(조금주)'을 모둠원들과 함께 읽고 적극적으로 토론함. 그 결과 '메이커스페이스'이자 '미디어스페이스'로서의 기능을 가진 지역 내 커뮤니티 복합공간을 겸비한 미래형 도서관을 제안함. 특히 생체인식기술을 접목하여 학생들의 심신 건강을 체크하고 식물테라피를 통한 집중력 향상, 사회적 기업의 야간활동 공간 제공 등 수많은 자료 조사와 고민의 흔적을 확인할 수 있었으며 창의성 및 사회공헌의식 면에서 크게 돋보임. 또한 국토의 균형발전을 위한 행정수도 이전의 순기능과 역기능에 대한 자료를 조사하여 정리한 보고서를 제출하였으며, 현재 자신이 거주하는 지역의 발전을 위해 할 수 있는 일을 찾아보는 과제를 진정성을 가지고 수행함. 도시재생 키워드를 위생과 청결로 설정한 후, 건강한 도시인의 삶을 기획하는 과정에서 학교 주변의 지속적 흡연 장소로 문제가 되는 곳을 떠올리고 길거리 흡연 문제해결을 요청하는 민원 글을 시청에 직접 제출하여 향후 시에서 추진하게 될 금연 계도 활동에 대한 답변을 받은 경험으로 사례 발표를 진행함으로써 친구들로부터 큰 호응을 얻음.

관련학과 교육학과, 초등교육과, 사회교육과, 국어교육과, 역사교육과, 윤리교육과, 환경교육과, 공학교육과, 컴퓨터교육과

핵심키워드 정주 환경, 공간혁신, 도시재생

통합사회 [단원명] 인간과 공동체, 사회 변화와 공존

성취기준

📌 [10통사04-03] 사회적 소수자 차별, 청소년의 노동권 등 국내 인권 문제와 인권지수를 통해 확인할 수 있는 세계인권 문제의 양상을 조사하고, 이에 대한 해결방안을 제시한다.

문화경관을 주제로 한 수업에서 전통문화에 대한 인식 정도를 알아보기 위해 설문조사를 실시하고, '한류, 융합, 축제, 리메이크' 등 자신만의 기준으로 전통문화 계승 사례를 분류하여 발표하는 등 자기주도적 학습능력이 뛰어남. 또한 발표 시 기승전결 구조의 스토리텔링 전략을 활용해 흥미와 몰입을 높여 효과적으로 발표를 진행함으로써 두 차례의 주제 발표활동 모두 가장 큰 호응을 얻음. 특히 교육 분야를 비롯한 주요 복지정책과 관련하여 이슈가 되는 '기회의 평등'과 '결과의 평등'의 논점을 이해하기 쉽게 전달하였으며, 보다 심도 있는 질문으로 넘어가길 원하는 친구들에게는 능력주의에 대해 비판적으로 접근하고 있는 도서 '공정하다는 착각(마이클 샌델)'을 읽어보도록 추천하는 등 교육복지 분야에서도 남다른 수준의 학구적 관심이 드러남. 인권 단원을 학습하면서 청소년 참정권의 시작인 '선거권 연령 하향'을 주제로 외국의 사례를 조사하여 보고서를 작성하였고, PPT를 제작하여 발표함으로써 청소년 참정권의 연령 하향 추진과 더불어 청소년을 위한 실질적인 참정권 교육이 병행되어야 한다는 자신의 주장을 논리적으로 전개함.

관련학과 교육학과, 사회교육과, 윤리교육과, 역사교육과, 국어교육과, 예술교육과

핵심키워드 문화경관, 전통문화, 복지정책, 청소년 참정권

통합사회 [단원명] 사회 변화와 공존

성취기준

📌 [10통사06-03] 사회 및 공간 불평등 현상의 사례를 조사하고, 정의로운 사회를 만들기 위한 다양한 제도와 실천방안을 탐색한다.

'사회 변화와 공존' 단원의 주제 발표 수업에서 최근 이슈가 되고 있는 '한·일 무역 분쟁'을 역사적 배경과 원인과 과정, 일본산 불매운동, 나아가 일본의 수출규제 주장이 자유무역주의에 미치는 영향, 향후 우리나라의 대응 방안으로 내용을 구조화시켜 깊이 있게 설명함. 발표 후, 국가 간 분쟁에 대해 범세계적 차원에서 접근해보고 싶다는 동기를 밝히며 추가 학습을 진행하는 노력을 보임. 세계 지역별 분쟁과 갈등 양상을 유형화하여 세계지도에 표시하고, 분쟁과 갈등이 원만하게 해결된 사례를 조사함. 그 결과 우리에게 적용할 수 있는 방법을 모색함으로써 국제 평화를 정착시키기 위해 우리나라가 대내·외적으로 할 수 있는 노력으로는 어떤 것이 있을지 종합적으로 탐구함. 이를 짜임새 있는 보고서로 작성한 후 온라인 교과학습방에 게시하여 친구들과 공유하였으며, 친구들이 남긴 의견과 질문에 성심성의껏 답변하는 책임감과 열정을 발휘함. 전 지구적 문제에 대한 관심을 촉구하고자 진행한 '1인 1주제 캠페인' 활동에서 '지구온난화, 제대로 막기'를 주제로 정해 전 지구인이 지켜야 할 환경친화적 생활수칙을 인포그래픽으로 표현함. 카드형 리플렛을 제작·배포하며 온라인으로 적극 홍보하며 자기주도적 문제해결 역량을 키워가는 모습이 훌륭함.

관련학과 교육학과, 초등교육과, 국어교육과, 역사교육과, 윤리교육과, 사회교육과, 환경교육과

핵심키워드 무역 분쟁, 국제평화, 전 지구적 문제, 지구온난화

동아시아사　　[단원명]
동아시아의 사회 변동과 문화 교류

성취기준

📌 [12동사03-01] 17세기 전후 동아시아 전쟁의 배경, 전개 과정 및 그 결과로 나타난 각국의 변화를 파악한다.

학년 초 자신을 소개하는 활동에서 동아시아 국가만 별도로 구분하여 교육과정을 편성한 이유에 대한 의문과 어떻게 다른 관점에서 역사를 바라보게 되는 것일까에 대한 호기심이 생겨 '동아시아사'과목을 선택하게 되었다고 밝힘. 수업을 통해 동아시아는 인접한 지역공동체로서 협력적 공존을 해야 한다는 당면 과제와 더불어 식민지 전쟁과 냉전으로 인한 과거사의 아픔과 영토 분쟁 등 현재까지도 깊은 갈등을 겪고 있기에 해결해야 할 난제가 동시에 주어진 상황이라는 사실을 스스로 인지하며 답을 찾아가고 있는 성숙한 역사의식을 갖춘 인재임. 특히 17세기 전후 동아시아 국제질서의 변화를 학습하면서 진행된 주제탐구 프로젝트에서 '동아시아 세계의 은 유통으로 인한 변화'에 대해 탐구함. 16세기 은의 유통을 통해 동아시아 각국이 서구세계와 교역망으로 점차 연결되는 모습, 그러한 상황을 주도적으로 활용하고 이익을 추구하는 중국과 일본의 상황을 연은분리법이라는 앞선 기술을 지녔음에도 적극적으로 활용하지 못한 당시 조선의 상황과 비교한 자료를 만듦. 이를 현대의 동아시아 국가 간 물자 교역 실태에 적용한 자료를 제시하며 매우 흥미로운 발표를 진행함. 지극히 서구중심주의적인 관점으로 동아시아사에 접근해왔다는 자성적 결론을 소감으로 밝히는 등 통찰적 사고력을 보여줌.

관련학과　역사교육과, 지리교육과, 사회교육과, 윤리교육과

핵심키워드　은 유통, 교역망, 중화주의, 서구중심주의적 역사관

동아시아사　　[단원명]
동아시아 역사의 시작, 동아시아 세계의 성립과 변화

성취기준

📌 [12동사01-01] 동아시아 세계의 범위를 파악하고 각국 간의 관계와 교류의 역사를 이해해야 할 필요성을 인식한다.

'동아시아사 바로보기' 발표 수업에서 일본의 군주를 표기하는 각종 교과서의 사례를 들며 '일왕'이라는 호칭을 '천황'과 함께 사용하는 실태와 이유에 대해 조사함. 정부에서는 1998년부터 공식 표기로 '천황'을 쓰고 있지만, 이에 불편감을 느끼는 대다수의 국민 정서상 '일왕' 표기를 더 선호하고 상용하는 상황임을 설명함. 그러나 공식적인 교육기관에서 교재로 사용되는 교과서의 동 대상에 대한 명칭 표기 불일치는 개선되어야 한다는 자신의 입장을 논리적으로 제시함. 또한 우리나라와 중국의 관계 및 역사에 관심이 많아 최근 이슈가 된 김치, 한복 등과 관련된 문화 동북공정을 객관적인 시각으로 살펴보고 현실적인 해결방안에 대해서도 고민함. 국가 간 상호교류와 이해의 폭을 넓히기 위한 모둠활동으로 동아시아 각국을 대표하는 문화유산, 유적지, 자연환경, 예술 작품 등을 조사하고 이를 관광해설서, 문화 홍보 포스터, 여행 일정표로 재구성하여 제작함. 특히 중국의 전통공연 예술인 경극, 변검, 피영희의 특징을 우리나라 판소리와 비교해서 분석한 점, 나아가 겐다마나 후쿠와라이 등 일본의 전통놀이와도 비교한 점에서 매우 특별함.

관련학과　역사교육과, 지리교육과, 윤리교육과, 사회교육과, 교육학과, 초등교육과, 국어교육과, 예술교육과

핵심키워드　일왕과 천황, 중화사상, 동북공정, 전통문화

세계사

[단원명]

유럽·아메리카 지역의 역사

성취기준

📌 [12세사04-04] 시민혁명과 국민국가의 형성 과정을 이해하고, 산업혁명의 세계사적 의미를 해석한다.

폭넓은 독서력을 지닌 학생으로 역사적 배경지식 수준이 높으며, 하나의 역사적 사건에도 다양한 지식을 적용·분석함으로써 유기적 연결고리를 찾아낼 줄 아는 통합적 사고력이 탁월함. 특히 세계의 '혁명사'에 특별한 관심을 가지고 집중적으로 탐구하는 노력을 기울임. '프랑스혁명사 정리하기' 단원에서 '책으로 만나는 프랑스 혁명'이라는 발표 주제를 정하고 세 권의 책을 통해 프랑스혁명을 소개하는 이색적인 방식의 발표를 진행함. 먼저 '두 도시 이야기(찰스 디킨스)'를 소개하며 환영받지 못했던 부르주아 계층이 혁명을 지지한 사실을, '파우스트(괴테)'를 통해 폭력성을 동반한 혁명 자체에 대한 비판을, '혁명의 심리학(귀스타브 르 봉)'을 통해 프랑스혁명에 대한 심리학적 분석을 담아 입체적인 스토리텔링 방식으로 소개하면서 프랑스의 시민혁명에 대한 탁월한 이해력과 지식 전달력을 보여줌. 이후 주요 사건에 대한 가상의 '역사 일기'를 작성하는 수행과제에서 프랑스혁명 당시 평범한 농민을 주인공으로 한 역사 일기를 작성함. 주인공이 느꼈을 법한 당시의 두려움과 공포를 생동감있게 나타낸 세밀한 표현력과 공감적 사고가 돋보임. 또한 주인공의 감정을 표현하기 위해 수업시간에 배운 다수의 역사 사실을 활용하는 자료활용 능력이 돋보임.

관련학과 〉 역사교육과, 윤리교육과, 사회교육과, 교육학과, 국어교육과, 언어교육과   핵심키워드 〉 시민혁명, 산업혁명

세계사

[단원명]

서아시아·인도 지역의 역사, 유럽·아메리카 지역의 역사, 현대 세계의 변화

성취기준

📌 [12세사03-01] 서아시아 여러 제국의 성립과 발전을 살펴보고, 이슬람교를 중심으로 이슬람 세계의 형성과 확장을 탐구한다.

인도를 대표하는 불교, 힌두교, 이슬람교에 대해 조사하여 발표하는 활동에서 '인도로 떠나는 삼색 힐링 종교여행'을 주제로 정하고 여행사의 대표가 여행지를 소개하는 흥미로운 방식으로 발표함. 이를 계기로 인도와 서아시아의 역사에 흥미를 가져 논쟁적 질문에 대해 적극적으로 자신의 의견을 개진함. 특히 '무슬림 학생이 우리 학교에 재학 중이라면 학생의 종교적 신념을 지켜주기 위해 학교 규정을 고쳐야 할까'라는 질문에 '단 한 명의 무슬림 학생이더라도 개인의 종교적 신념을 침해해서는 안 된다'는 자신의 의견을 논리적으로 제시함. 세계사에서 기존의 관념을 바꾼 사건과 현상에 대해 학습한 후 총체적 관점으로 사고하는 방식에 대해 이해함. 콜럼버스의 신항로 개척, 신대륙 발견을 주제로 한 모둠학습 활동에서 스페인 입장에서는 자랑스러운 업적일 수 있지만, 아메리카 원주민의 입장에서는 침략과 파괴의 고난사라는 점을 짚어주며 모둠의 학습 방향을 균형 있게 안내하는 모습이 인상적임. 또한 '세계를 근본적으로 바꾸어 놓게 될 특이점 찾기' 논술 과제에서 코로나19 사태를 지목하며, 산업 분야는 물론 생활양식 전반에 걸쳐 다른 사회로의 전환을 가져오는 특이점으로 작용할 것이라는 자신의 생각을 논리적으로 전개함.

관련학과 〉 역사교육과, 지리교육과, 윤리교육과, 사회교육과, 교육학과, 국어교육과, 언어교육과   핵심키워드 〉 불교, 힌두교, 이슬람교, 신항로 개척, 아메리카 원주민, 미래학, 특이점

경제

시장과 경제활동, 국가와 경제활동

성취기준

📌 [12경제03-03] 실업과 인플레이션의 발생 원인과 경제적 영향을 알아보고, 그 해결 방안을 모색한다.

'시장실패와 정부의 시장 개입' 단원을 배우고 난 뒤, 코로나19 발생 초기 정부에서 시행한 마스크 5부제의 실효성 및 전 국민 재난지원금 지급의 적절성 여부를 탐구함. 시장경제체제의 자유로운 경쟁을 보장하되 형평성과 시장의 안정을 위해 정부의 적절한 개입이 필요하다는 결론을 도출한 보고서를 작성함. 인플레이션 개념 학습 후, 경제 뉴스에서 인상 깊게 보았던 포스트 코로나 시대 속 경기불황과 물가상승 이슈에 대해 집중적으로 찾아 공부한 뒤 '스태그플레이션과 실업 문제'라는 주제로 현실감 있는 사례를 들며 순식간에 몰입시키는 발표력을 발휘함. 세계적인 팬데믹으로 인해 증가한 실업의 양상을 국내외 통계청 자료에 근거하여 제시하면서 각 나라에서 시도하는 실업 대책들로 확대 재정정책과 확대 금융정책을 정리하여 발표함으로써 단순히 교과서의 지식을 암기하는 것에서 그치는 것이 아니라 스스로 학습하며 성장하는 저력을 지닌 점, 지식을 재구성하고 자신이 이해한 것을 명료하게 전달하는 역량을 갖춘 점이 특히 돋보이는 학생임.

관련학과 사회교육과, 윤리교육과, 역사교육과, 교육학과, 수학교육과

핵심키워드 시장실패, 마스크 5부제, 실업, 스태그플레이션

경제

경제생활과 경제 문제, 세계 시장과 교역

성취기준

📌 [12경제04-02] 외환시장에서 환율이 결정되는 과정과 환율변동이 국가 경제 및 개인의 경제생활에 미치는 영향을 파악한다.

경제에 대한 이해가 빠르고, 이해한 개념을 바탕으로 경제 현상의 인과관계를 파악하는 체계적 학습 역량을 지님. 비용 대비 편익 분석을 학습한 후 '10만원으로 학급물품 구입하기'에 참여하여 품목별로 비용과 편익을 도표화하여 분석하고, 지출 계획서를 작성함. 그 결과 동료평가에서 가장 합리적인 계획서로 선정되었고 실제로 학급 내 의견으로 채택되기도 함. 또한 자신의 진로계획에 따른 향후 5년간의 기회비용을 계산하고 연도별로 정리하는 활동을 하면서 회수 불가능 비용인 '매몰비용'을 교육적 관점에서 의미 부여한 점이 인상적임. 학생들이 진로를 바꿀 때 그동안 들인 시간, 돈, 노력 등에 사로잡혀 바꾸지 못하는 경우가 있는데, 결코 매몰된 비용이 아닌 다시 활용될 수 있는 잠재적 비용이라는 점을 친구들에게 말해주고 싶다고 발표해 많은 박수와 공감을 얻음. 더불어 청년들이 근로빈곤층으로 전락하는 것을 막기 위해 교육제도와 생활수준 개선을 위한 실질적 정책을 수립해야 함을 주장함. 이에 필요한 재정 마련을 위해 실효세율을 조정할 필요가 있음을 지적하는 등 단순히 문제해결방안을 제시하는 데서 그치지 않고, 필요한 재원을 마련하는 것에도 관심을 갖는 세심함을 보여줌. 환율변동의 체감 사례 발표에서는 '빅맥지수' 등의 PPP환율에 따라 현재 1달러로 미국에서 살 수 있는 것을 한국, 북한, 일본, 중국에서는 얼마에 살 수 있는지를 비교하여 흥미롭게 발표함.

관련학과 사회교육과, 윤리교육과, 교육학과, 수학교육과

핵심키워드 비용과 편익, 매몰비용, PPP환율

정치와 법 　민주 국가와 정부, 사회생활과 법

성취기준

📌 [12정법05-02] 형법의 의의와 기능을 죄형 법정주의를 중심으로 이해하고, 범죄의 성립 요건과 형벌의 종류를 탐구한다.

우리나라의 민주주의가 나아가야 할 방향에 대한 토론 활동에서 입법권을 최고 권력으로 바라본 로크의 '통치론'을 이론적 근거로 소개하며, 민주적인 절차에 의한 법치가 실현되어야 하고 정치적 인물에 의한 자의적 정치가 사라져야 한다는 의견을 소신 있게 제시함. 촉법소년법에 대해 학습한 후 이에 대한 폐지 여론의 핵심 쟁점을 이해하고, 법적 쟁점에 대한 주제 발표 시간에 관련 내용을 주제로 발표함. 범죄자의 범죄심리 및 범죄행위가 어린 시절에 발현되는 것에 주목하여 범죄에 대해 법률적 접근과 심리적 접근 및 교육적 접근이 동시에 상호 유기적으로 이루어져야 한다는 자신의 입장을 제시함. 범죄자들의 심리분석과 배경 환경을 조사한 자료들을 기반으로 어린 시절부터 법인지 감수성을 높이는 법 교육의 필요성을 주장함. 다양한 자료를 수집하여 정리하고 직접 제작하여 조사한 설문 결과와 해석을 통해 강력범죄에 대해서는 촉법소년 제도를 적용하지 않는 제한적 적용과 더불어 교육과 사회의 역할이 중요함을 설득력있게 주장함. 더불어 형벌 이외에 범죄자의 재사회화를 위한 대안적 제재 수단인 보안처분이 미래의 재범 위험성을 방지하는 예방적 성격이 있음을 알고 보안처분의 대상을 정리하였으며 형벌과 구별되는 특징을 비교·분석하여 발표함.

관련학과 사회교육과, 윤리교육과, 역사교육과, 교육학과, 초등교육과 　핵심키워드 입법권, 촉법소년법, 보안처분

정치와 법 　정치과정과 참여

성취기준

📌 [12정법03-02] 대의제에서 선거의 중요성과 선거제도의 유형을 이해하고, 우리나라 선거제도의 특징과 문제점을 분석한다.

정치 주체의 기능과 역할에 대해 학습한 후, '학생의 정치활동 참여'를 주제로 5분 스피치를 준비함. 국민청원게시판에서 공감이 가는 청원 내용 중 세 가지를 선별하여 소개하고, 고등학생으로서 할 수 있는 청소년의회 활동, 서명운동, 캠페인 등을 통한 참여로 민주시민 역량을 키우겠다는 의지를 보였으며 '스쿨존 중심 기후변화 대응'이라는 구체적 활동 분야와 실천 계획까지 밝힌 점이 특히 돋보임. 신문 기사를 읽고 정리하는 포트폴리오 활동을 빠짐없이 수행하였으며, 같은 쟁점이라도 각 언론사의 관점에 따라 다르게 기술되는 현상을 예리하게 분석함. 언론 보도 내용이 항상 객관적이고 중립적이지 않은 면이 있음을 지적하며 시민의 자질에는 언론에 대한 비판적 사고가 필요하다는 의견을 작성함. 세계 여러 나라의 선거제도에 대해 조사하여 절대다수제로 결선투표제와 선호 투표제가 있음을 구분하고 선거 결과 과반수 득표자가 있으면 그 후보가 당선되고, 과반수 득표자가 없으면 1차 투표의 1, 2위 후보만을 대상으로 2차 투표를 실시하는 프랑스와 브라질의 사례를 찾아 우리나라의 선거제도와 비교함으로써 매우 흥미로운 발표를 진행함. 또한 첨단 IT보안기술에 기반한 전자정부 구축 등의 현실감 있는 대안을 제안함.

관련학과 사회교육과, 윤리교육과, 역사교육과, 교육학과, 국어교육과, 컴퓨터교육과 　핵심키워드 정치참여, 국민청원, 언론, 선거제도

사회(도덕 포함) 교과군
사회문화

[단원명]
사회계층과 불평등

성취기준

📌 [12사문03-04] 사회복지의 의미를 설명하고 복지 제도의 유형과 역할 및 한계를 분석한다.

주제발표 활동에서 '직장 내 성별에 따른 임금 격차를 통해 바라본 성차별 실태 분석'을 주제로 각종 통계 데이터를 분석한 후, 우리사회의 젠더 갈등과 혐오 현상을 객관화하여 문제를 제기함. 공정한 경쟁이 불가능한 환경인 '기울어진 운동장'이라는 비유를 인용해 사회적 차별에 대해 논리적으로 의견을 제시함. 또한, 어릴 때부터 평등의 가치를 내재화할 수 있도록 차별없는 존엄성 교육이 이루어져야 하고 더불어 사회 구조 및 제도적 차원에서 차별에 단호하게 조치하며 사회적 약자에 대한 적극적 보호 장치를 마련해야 한다고 호소력 있는 주장을 하여 동료평가에서 가장 호평을 받음. 이후 진행된 모둠별 프로젝트에서 사회복지제도의 유형과 역할 및 한계에 대해 분석하기 위해 세계 복지 선진국과 우리나라의 복지 제도를 비교하고, '보편적 복지'와 '선별적 복지'의 핵심 쟁점들을 추가정리하여 모둠원들에게 설명함으로써 이해를 도와 학습의 방향을 이끌어감. 또한 활발한 의사소통을 통해 현재 기초생활보장제도의 보호를 받기 위한 부양의무자 기준이 지나치게 까다로워 복지 사각지대의 빈곤층 문제가 심각하다는 결론을 도출하고, '선지원 후부양비 징수 제도', '부양의무자 기준 완화' 등 구체적인 해결책을 모색하는 상호 협력적인 배움의 과정이 매우 탁월함.

관련학과 사회교육과, 윤리교육과, 교육학과, 초등교육과, 가정교육과 　핵심키워드 양적 연구, 질적 연구, 성차별, 보편적 복지, 선별적 복지

사회(도덕 포함) 교과군
사회문화

[단원명]
현대의 사회 변동

성취기준

📌 [12사문05-01] 사회 변동을 설명하는 다양한 이론을 비교하고 사회 운동이 사회 변동에 미치는 영향을 분석한다.

문화의 다양성 단원에서는 문화 변동 요인과 양상에 따른 발명, 발견, 전파, 문화 공존, 문화 동화, 문화 융합 등 다양하고 추상적인 개념들을 어려워하는 학생들이 많은데 오히려 이를 자신의 발표 주제로 정하여 도전함. 이를 위해 각 개념에 따른 역사적 사례를 중심으로 내용을 제시하면서 다양한 웹 콘텐츠를 가미한 흥미로운 프레젠테이션을 진행함으로써 귀에 쏙쏙 들어오는 명쾌한 설명을 하여 오랫동안 기억에 남음. 사회적 소수자 문제를 학습한 후, 이를 인권문제에 초점을 맞추어 탈북민 지원 정책 제안을 위한 1인 프로젝트 활동을 수행함. 탈북민을 자국민으로 인정하고 열린 마음으로 받아들일 것과 탈북민 채용인원 할당제를 확대 시행할 것을 제안함. 특히 현재 청소년 탈북민들이 고령의 탈북민들보다 많음에도 학생들의 교육권 보호와 기본 생활보장 정책이 미흡함을 지적하며, 다문화 사회에서 우리의 포용력이 더 넓어져야 하고 모든 아이들은 배움에 있어 그 무엇으로도 차별받지 않아야 한다고 호소력 있는 주장을 함. 발표 이후 웹 포스터를 제작하여 학교 및 온라인 공유 사이트 등을 활용해 적극적인 캠페인을 진행하는 등 실천적 리더십을 발휘함.

관련학과 사회교육과, 윤리교육과, 교육학과, 초등교육과, 가정교육과 　핵심키워드 기능론, 갈등론, 상징적 상호작용론, 문화 변동, 사회적 소수자, 탈북민

사회문제 탐구 　**사회문제 사례연구**

성취기준

📌 [12사탐06-01] 자신이 일상생활에서 경험하는 사회문제 중 하나를 탐구 대상으로 선정하고, 선정 이유에 대해 설명한다.

📌 [12사탐06-02] 선정한 사회문제를 해결하기 위한 탐구 계획을 수립하고, 다양한 자료 수집 방법을 활용하여 선정한 사회문제의 현황을 분석한다.

주어진 자료를 분석·이해하는 탁월한 능력을 지니고 있으며 관심분야에 대한 심층 독서를 통해 지적 호기심을 충족하는 등 사고의 깊이와 지식을 재구성하는 수준이 남다름. '비대면 수업이 고등학생의 학업성취도에 미치는 영향'이라는 주제로 탐구 프로젝트를 진행하여 최종보고서를 작성하고 제출하기까지의 전 과정에서 정해진 일정을 정확히 준수하는 성실함을 보임. 이후 우수 보고서로 선정되어 대표로 발표할 때, 자신이 탐구 과정에서 했던 실수나 도표 해석의 오류를 발견하고 수정한 과정 등을 흥미롭게 들려주며 관심을 집중시키는 등 흡입력 있는 발표로 프레젠테이션을 완수함으로써 친구들에게 도움이 되는 탐구 사례를 제공하고 학습동기를 부여하는 데 크게 기여함. 또한 핵심 내용을 정리하여 표현한 인포그래픽을 제작하고 전시하며 한 학기 동안의 주제탐구활동을 충실히 수행하여 자기주도적 탐구 능력과 학문적 연구에 대한 성취감을 경험하는 등 학습에 대한 집중력과 통합적 사고력이 눈에 띄게 발전함.

［관련학과］ 사회교육과, 윤리교육과, 교육학과, 언어교육과, 수학교육과 　［핵심키워드］ 비대면 수업, 학업성취도

사회문제 탐구 　**사회문제 사례연구**

성취기준

📌 [12사탐06-01] 자신이 일상생활에서 경험하는 사회문제 중 하나를 탐구 대상으로 선정하고, 선정 이유에 대해 설명한다.

📌 [12사탐06-02] 선정한 사회문제를 해결하기 위한 탐구 계획을 수립하고, 다양한 자료 수집 방법을 활용하여 선정한 사회문제의 현황을 분석한다.

학기 초 관심 분야관련 도서로 '덴마크 행복교육(정석원)'을 선정한 뒤, '한 학기 한 권 읽기 독서 수업'에 매시간 성실히 참여함. 이후 관련된 자료를 분석하고, 양국의 통계 데이터를 비교·분석하여 한국교육의 실태 및 문제점을 비판적으로 제시하며 해결방안을 모색하는 탐구보고서를 작성함. 그 결과 우수 탐구보고서로 선정되어 진행한 탐구과정 및 내용을 프레젠테이션으로 발표함. 덴마크는 학비가 무료임에도 40%밖에 안되는 대학 진학률에 의문을 갖고 관심을 가지게 되었다는 탐구 동기를 밝혀 공감과 흥미를 유발함. '덴마크의 애프터스쿨과 시민대학 시스템이 한국 교육에 주는 시사점'을 탐구보고서의 주제로 선정한 이유와 탐구 목적을 설명하면서 교육제도는 국가경제체제의 구체적 결과물로서 일자리 문제와 소득격차 문제로 연결된다는 점을 우선 언급하는 등 거시적·종합적 관점에서 문제를 바라보는 논리적 정교함이 돋보임. 포스트 코로나 시대를 맞이한 우리 교육의 향후 방향성에 대해 현실적이면서도 인간적인 시각으로 제언하며 교육에 헌신하고자 하는 자신의 의지와 열정을 밝혀 큰 박수와 호응을 얻음. 이러한 경험을 계기로 자신의 진로 관심분야를 위한 끊임없는 자질함양과 성취를 이뤄낼 것으로 기대되는 학생임.

［관련학과］ 사회교육과, 윤리교육과, 교육학과, 국어교육과, 언어교육과 　［핵심키워드］ 덴마크 교육, 한국 교육

한국지리

국토 인식과 지리 정보, 지형 환경과 인간 생활

성취기준

📌 [12한지02-02] 하천 유역에 발달하는 지형과 해안에 발달하는 지형의 형성 과정 및 특성을 이해하고, 인간의 간섭에 의해 발생하는 문제점에 대해 토론한다.

통계지리정보서비스를 활용하여 지역조사 활동이나 지리 정보를 얻을 수 있음을 이해하고 모둠활동을 통해 적극적으로 소통하며 정보활용능력을 신장함. 이를 통해 우리나라 지형의 골격을 이루는 산맥과 산지지형 체계를 지각 운동과 관련지어 설명할 수 있으며, 주어진 항공사진을 보고 하천지형과 해안지형이 각각 어떻게 형성되었는지를 정확하게 파악함. 또한 우리나라 하천의 특색을 체계적으로 이해하여 각 특색에 따라 잘 발생하는 재해 및 이를 막기 위한 댐이나 하굿둑을 건설하면서 인간의 간섭에 의해 발생한 생태계의 변화 사례를 꼼꼼하게 정리함. 더불어 지역 개발을 계획하고 진행하는 과정에서 이루어지는 상향식 의사결정과 하향식 의사결정의 장단점을 구체적인 사례를 들어 비교하였고, 앞으로 우리나라 지역 개발의 방향을 지속가능성에 초점을 두어야 한다는 성숙한 의견을 제시함. 각종 통계 및 도표, 그래프 등의 자료를 해석하는 능력이 우수하여 수업 중 제시되는 다양하고 복잡한 자료의 핵심을 정확하게 파악하고, 이를 통해 각 지역의 인구와 산업의 변화를 구체적으로 정리하면서 각각의 지역성을 명확하게 파악함.

| 관련학과 | 지리교육과, 사회교육과, 교육학과, 초등교육과, 역사교육과, 과학교육과, 국어교육과, 언어교육과, 컴퓨터교육과, 공학교육과 | 핵심키워드 | 통계지리정보시스템, 산지지형, 하천, 해안지형 |

사회(도덕 포함) 교과군

한국지리

[단원명]

거주 공간의 변화와 지역 개발

성취기준

📌 [12한지04-04] 지역 개발의 영향으로 나타나는 공간 및 환경 불평등과 지역 갈등 문제를 파악하고, 국토 개발 과정이 우리 국토에 미친 영향에 대해 평가한다.

'지속가능한 발전 목표를 반영한 우리 지역 도시재생 프로젝트' 활동에서 모둠장을 맡아 창의적이고 구체적인 아이디어를 제출하여 팀원들이 즐겁게 모둠활동에 임할 수 있도록 하였으며 다양한 물품을 사전에 준비해 팀원들과 공유함으로써 동기를 부여하는 등 세심한 리더십을 발휘함. '행복한 도시를 위한 도시재생 방안'을 주제로 우리 지역에서 일상적으로 겪고 있는 불편한 점들을 묘사하고, 그 원인을 분석하여 바람직한 대안을 제시하는 과정에서 사고가 확장되고 다양한 의견들이 융합되며 폭발적인 창의력이 나타남. 지역사회의 안전과 환경, 심미적 기능성을 모두 고려한 다양한 길 조성 사업의 구체적 예로, 나 홀로길, 자전거길, 지압 둘레길, 달리는 길, 슬로우 길 등 테마형 도로를 우리 시 곳곳에 설치하는 지역특화형 도시재생 사업을 구상하고 그림으로 표현하여 흥미롭게 발표해 큰 호응을 얻음. 또한 도시재생 사업에는 감천문화마을, 황리단길과 같은 성공사례도 있지만, 젠트리피케이션과 같은 문제점이 나타나는 경우도 있음을 알고 신중하게 탐구하는 태도를 보임. 그 결과 촘촘한 사회적 안전망을 통해 도시의 어떤 구성원도 소외시키지 않고 포용함으로써 지속가능한 도시계획이 되어야 한다는 성숙한 결론을 도출함.

| 관련학과 | 지리교육과, 사회교육과, 교육학과, 초등교육과, 윤리교육과, 과학교육과, 공학교육과, 미술교육과, 컴퓨터교육과 | 핵심키워드 | 지속가능 도시재생, 젠트리피케이션 |

세계지리

[단원명]
세계의 자연환경과 인간 생활

성취기준

📌 [12세지02-04] 지형형성작용에 대한 기본 이해를 바탕으로 세계의 주요 대지형의 분포 특징과 형성 원인을 분석한다.

'자연지리여행 프로젝트'에서 자연환경의 특수성에 따라 인간은 고유한 적응전략을 구사하며 살아가고 있음을 파악함. 이를 통해 자연환경은 인간의 생존과 직결되는 것이며 인간은 자연과의 공존이 당위임을 냉철하게 서술함. 특히 팬데믹 발생 원인에 대한 전문가들의 연구 결과, 그 원인이 기후환경의 변화나 야생서식지 파괴 등 자연환경의 파괴로 분석되고 있음에 주목함. 이에 대한 대안으로 가장 중요한 것은 자연환경의 복원이며, 그 외에도 국가적 차원에서 방역 정책을 통한 적극적 대응 노력이 필요함을 강조하면서 국가별 위기 대응 역량을 비교하여 고찰함. 지역지리 단원에서는 유럽과 북부 아메리카의 '도시화와 도시내부구조의 특징'에 관한 과제 발표를 수행함. 이를 위해 산업혁명 이후의 도시화 과정을 사전 조사하는 활동에서 지리 정보에 대한 수집과 분석, 도표화 및 지도화 작업을 바탕으로 지리적 속성 및 공간적 특징을 비교, 평가하는 통합적 사고력과 지식정보처리 역량이 돋보임. 세계적 대도시인 런던, 뉴욕, 파리의 도시화 과정을 이해하고 유럽과 북부 아메리카 도시의 구조적 차이점을 설명한 후, 만약 자신이 도시경관을 디자인한다면 어떻게 할 것인지 직접 그린 도시 구조도를 보여주며 흡입력 있는 발표를 진행함.

관련학과) 지리교육과, 사회교육과, 교육학과, 윤리교육과, 역사교육과, 공학교육과, 국어교육과, 언어교육과, 과학교육과

핵심키워드) 기후, 지형, 도시내부구조

세계지리

[단원명]
세계의 인문환경과 인문경관, 몬순 아시아와 오세아니아, 건조 아시아와 북부 아프리카

성취기준

📌 [12세지05-02] 건조 아시아와 북아프리카의 주요 국가의 산업 구조를 화석 에너지 자원의 분포와 관련지어 비교 분석한다.

지역지리 단원의 발표활동에서 몬순 아시아와 오세아니아의 지리적 특징 중 '주요 자원의 분포와 산업 구조'를 자신의 방식으로 재구조화하여 설명하였으며, 건조 아시아와 북부 아프리카 역시 주요 국가의 산업 구조 특징과 변화에 있어서 자원에 초점을 맞추어 지역 지리를 이해하고자 시도함. 아랍에미리트의 마스다르시티를 사례로 조사한 내용을 소개하며, 석유 부국에서 세계 최초로 탄소제로도시를 표방한 사실이 화석연료의 고갈과 지구환경의 위기 속에서 가지는 의미를 강조하였고 자신이 전달하고자 하는 주제를 명료하게 표현함. 특히 석유 자원의 개발로 변화된 아랍 에미리트의 모습에 대해 10년 전후의 경관 사진 자료를 제시함으로써 학생들의 지리적 사고력 확장에 도움을 주었음. 같은 권역임에도 에너지 자원이 상대적으로 부족한 대신 관광 자원이 풍부한 터키의 경우에는 파묵칼레의 경관 사진을 제시하고, 관련된 지형형성작용을 설명하는 과정에서 계통지리 단원에서 배운 지리적 개념을 활용하는 등 지식정보의 활용능력과 탐구의 충실성이 매우 돋보임.

관련학과) 지리교육과, 사회교육과, 윤리교육과, 역사교육과, 교육학과, 초등교육과, 과학교육과, 언어교육과, 공학교육과

핵심키워드) 인문환경, 종교, 자원

여행지리

[단원명]

다채로운 문화를 찾아가는 여행

성취기준

📌 [12여지03-02] 종교, 건축, 음식, 예술 등 다양한 문화로 널리 알려진 지역을 사례로 각 문화의 형성 배경과 의미를 이해하고 관광적 매력을 끄는 이유를 탐구한다.

'다채로운 문화를 찾아가는 인문 여행 프로젝트'를 주제로 세계 각국의 축제를 조사하여 개최 배경, 의미, 성공적인 축제의 조건을 지역성에 맞게 제시함. 구체적으로는 카니발에서 유래된 브라질의 리우 카니발과 이탈리아의 베네치아 카니발을 비교 분석하여, 다채로운 문화적 배경이 지역의 축제에 큰 영향력을 발휘하는 동시에 지역 경제를 활성화하는 순기능이 있음을 정확히 이해함. 리우 카니발은 전 세계 가톨릭교 국가들을 중심으로 성대하게 펼쳐지는 그리스도교 축제에 아프리카 전통춤이 가미되어 삼바 퍼레이드로 진행되는 매우 화려한 축제임을 영상을 통해 확인하고, 그 과정에서 지역주민들이 스스로 준비하고 즐기는 모습을 보며 개인과 공동체가 행복한 공존을 모색하는 계기가 되었음을 밝혀 지리적 감수성과 문화수용력이 형성되어감을 확인함. 이를 통해 문화환경이 지역에 큰 영향력을 행사함을 이해하고, 우리나라의 다양한 지역축제와 비교하여 고찰하는 등 지역축제의 긍정적·부정적 측면을 두루 고려하여 분석하는 과정에서 비판적 사고력이 돋보임. 세계시민의식의 필요성을 결론으로 도출하며 스스로 다짐하는 모습에서 세계관이 확장되어가는 종합적 성장의 과정이 관찰됨.

관련학과) 지리교육과, 사회교육과, 교육학과, 초등교육과, 역사교육과, 윤리교육과, 예술교육과   핵심키워드) 인문 여행, 세계 축제

여행지리

[단원명]

인류의 성찰과 공존을 위한 여행, 여행과 미래 사회 그리고 진로

성취기준

📌 [12여지06-03] 자신의 진로탐색에 도움이 될 여행 주제를 탐구하여 정한 뒤 구체적인 여행 계획을 세우는 과정으로 실천적인 진로를 탐색한다.

'기후 지리 여행 버킷리스트 프로젝트'에서 매력적인 기후로 널리 알려진 지역을 사례로 각 자연환경 자체의 매력과 관광지화로 인한 지역의 특색을 탐구함으로써 지적 호기심과 탐구력을 기름. 먼저 열대 기후의 지리 여행지로 탄자니아와 케냐의 국경지대에 있는 킬리만자로산을 조사하였고, 냉대 및 한대 기후의 지리 여행지로는 세러시아의 오이먀콘을, 건조 기후의 여행지로는 칠레의 아타카마 사막, 시베리아의 타이가 지대 등을 제시함. 이들 지역의 자연환경에 대해 여행지리 감상법으로 익힌 '전체 보기'와 '들여다보기'를 적용하여 각 지역의 관광적 매력을 조화롭게 분석하고, 자연환경이 인간 생활에 미치는 영향을 탐구함으로써 바람직한 여행의 의미를 성찰함. 지구환경의 다양성과 지속가능성을 위해 여행이 제한되고 있는 지역을 탐색하는 과정에서는 자연 보존에 가치를 두는 친환경적인 '생태 여행' 프로그램 또는 인류의 공공선을 추구하는 '봉사 여행' 프로그램 등 다양한 여행의 형태를 제시하고 찾고자 노력하는 따뜻한 이타성과 공동체 역량이 엿보임.

관련학과) 전 교육계열   핵심키워드) 기후 지리 여행, 여행지리 감상법, 생태 여행, 봉사 여행

생활과 윤리

사회(도덕 포함) 교과군 ▶ [단원명]

생명과 윤리, 사회와 윤리

성취기준

📌 [12생윤03-02] 공정한 분배를 이룰 수 있는 방안으로서 우대 정책과 이에 따른 역차별 문제를 분배 정의 이론을 통해 비판 또는 정당화할 수 있으며, 사형제도를 교정적 정의의 관점에서 비판 또는 정당화할 수 있다.

자신의 진로희망과 관련하여 '기회의 공정함'과 '절차적 정의'를 장차 자신의 교육활동에 구현해 봄으로써 모든 학생의 존엄과 행복을 보장하는 교육을 하고 싶다는 포부를 밝힘. 능력주의 기반의 교육 체제가 학생 삶의 질과 행복 정도에 미치는 영향에 대한 자료를 수집, 분석하여 교육 정책적 접근을 통해 심각한 교육격차를 해결해야 한다는 결론을 도출하며 자신의 진로 가치관을 성숙한 태도로 확장해 가는 모습이 돋보임. 또한 동물실험에 대한 쟁점 토론 활동에서 쾌고감수능력이라는 보다 폭넓은 동물보호의 근거를 들고 있는 싱어의 주장을 더 지지하며 동물을 고통스럽게 하며 생명을 수단화시키는 것이 비도덕적임을 설득력 있게 주장함. 후속 활동으로 '자살 보도가 청소년 자살에 미치는 영향'을 주제로 프로젝트형 탐구 과제를 기획하였으며, 특히 한국 청소년의 자살 원인 중 언론과 베르테르 현상의 사례 중심 분석을 통해 사회적 분위기와 심리학적 원인, 언론의 자살 보도 기준, 교육의 본질적 목적에 이르기까지 구조적인 문제를 지적하고 해결방안을 도출한 탐구 과정이 매우 훌륭함. 자살예방 1인 캠페인을 기획하여 학교 곳곳에 자신이 제작한 자살예방문구와 자살예방센터를 안내하는 미니 포스터를 부착하는 실천력을 발휘함.

관련학과) 윤리교육과, 사회교육과, 교육학과, 초등교육과, 역사교육과, 가정교육과, 국어교육과, 언어교육과, 과학교육과

핵심키워드) 사회 정의, 생명윤리, 청소년 자살, 베르테르 현상

생활과 윤리

사회(도덕 포함) 교과군 ▶ [단원명]

현대인의 삶과 실천 윤리, 평화와 공존의 윤리

성취기준

📌 [12생윤01-03] 윤리적 삶을 살기 위한 다양한 도덕적 탐구와 윤리적 성찰 과정의 중요성을 인식하고, 도덕적 탐구와 윤리적 성찰을 일상의 윤리 문제에 적용할 수 있다.

다문화 사회의 차별과 불평등 문제점에 특히 주목하여 관심분야인 교육에서 다양한 특수성을 지닌 모든 학생의 도덕적 권리로부터 소수자 우대 정책이 정당화될 수 있음을 설득력 있게 발표함. 발표의 토대가 되는 탐구활동의 사전 계획부터 결론 도출까지의 전체 과정을 프레젠테이션 자료로 제작하여 외국인의 국내 거주 비율이 해마다 증가하고 있는 상황에서 다문화 수용도가 인원 증가폭을 포용하지 못하고 있는 실태를 구체적으로 보여줌으로써 관심을 집중시킴. 또한 다문화가정의 자녀 수 변화 추이와 학업 중단 사유, 문화적 이질감, 배타적 태도 등의 데이터를 수집한 후 다양한 사례들을 비교하여 그 심각성을 깊이 있게 탐구함. 결론으로 인종, 국적, 종교, 경제력 등과 무관하게 이 세계의 모든 아동은 인간다운 삶을 보장받을 수 있어야 하며, 기본적 교육권이 보장되는 학습 안전망을 사회적 차원에서 구축해야 한다는 대안을 모색함으로써 문제해결을 위한 실천적 의지와 성숙한 공동체 의식이 두루 돋보임. 특히 시민적 인성을 갖춘 한 사람의 정의로운 시민이자 교육자로서 미래 사회에서 인류애적 공존을 위해 노력하는 인재가 될 것으로 기대됨.

관련학과) 윤리교육과, 사회교육과, 교육학과, 초등교육과, 역사교육과, 가정교육과, 국어교육과, 언어교육과

핵심키워드) 니부어, 다문화 사회,

윤리와 사상
동양과 한국윤리사상, 서양윤리사상

성취기준

📌 [12윤사02-01] 동양과 한국의 연원적 윤리사상들을 탐구하고, 이를 인간의 행복 및 사회적 질서와 관련시켜 토론할 수 있다.

1학기 '인물집중 탐구활동'에서 동양의 노자를 선정하여 그가 당대에 가졌던 문제의식, 해결과정, 후대의 평가 등을 소개함. 특히 팬데믹으로 고통받는 현대 사회가 그의 사상을 주목해야 함을 강조함. 생태주의적 사고로의 전환을 호소하기 위해 인간중심적 가치관의 문제 사례를 제시하고 친구들이 동참할 수 있도록 '일상 속 자급자족 실천', '탄소발자국 줄이기' 등의 구체적 방안을 제안하며 흡입력 있게 발표함. 각 단원이 끝날 때마다 궁금한 점, 추가로 더 알고 싶은 내용을 직접 찾아 학습한 후, 온라인 교과 학습란을 통해 새롭게 알게 된 내용을 공유하여 상호 피드백을 주고받는 실시간 학습 교류에 가장 열정적으로 활동함. 2학기에는 고대 그리스 사상인 소크라테스의 '이성주의'에 매우 공감함. 특히 '사유'는 에너지를 소비하고 시간이 걸리는데 반해 '직관'은 즉각적으로 많은 정보를 처리하고 에너지 소비가 적다는 점을 비교함. 이성주의적 태도가 직관주의보다 실천하기 힘들다 해도 소크라테스처럼 객관화할 수 있는 보편주의적 이성을 사용한다면 나중에 기분이나 상황이 달라져도 후회하지 않을 것으로 보고 자신은 번거로워도 이성적으로 판단하면서 후회를 없는 삶을 살고 싶다고 밝혀 성찰적 사고력을 드러냄.

관련학과) 윤리교육과, 교육학과, 역사교육과, 사회교육과, 국어교육과, 언어교육과, 예술교육과

핵심키워드) 동양사상, 노자, 서양사상

윤리와 사상
사회사상

성취기준

📌 [12윤사04-06] 동·서양의 평화사상들을 탐구하여 세계시민주의와 세계시민윤리의 원칙 및 지향을 이해하고, 이를 통해 세계시민이 가져야 할 태도에 대해 성찰할 수 있다.

'나의 철학자를 소개합니다' 발표활동에서 유가의 맹자를 탐구인물로 선정함. 유가 사상의 인간 본성에 대한 관점들을 정확히 이해하여 그 특징과 차이점을 명확히 비교할 수 있으며, 특히 맹자의 성선설과 통치관에 크게 공감하며 인간본성론에 대한 자신의 생각과 적용 사례를 더하여 체계화하는 구조적 학습능력이 돋보임. 이후 서양 윤리 사상에서 칸트 철학의 장점과 한계점에 대해 조사하고, 칸트 철학의 가치관을 '정당방위를 인정할 수 있는가'에 대한 주제로 구체화시켜 이해하면서 이를 동양 윤리 사상에서의 인간관과 맥락적으로 연계하여 이해하는 등 학습 구조화가 탁월함. 또래에 비해 사유의 폭이 깊고 따뜻한 인성을 겸비하였으며 타인에 대한 대승적 차원에서의 인간애가 기본 성향으로 드러나는 학생임. 또한 유쾌함과 재치를 겸비하여 친화력이 좋고 타인에 대해 진심을 다하는 자세가 주변인들로부터 예외 없이 긍정적인 평가를 받는 학생임. 여러 사상가들의 철학적 사유가 함축된 대표적인 명제들을 문장 자체로 음미하는 것을 즐기며 윤리와 사상 수업을 통해 문제의식을 가지고 고민하는 삶의 가치를 깨닫게 되어 기쁘다고 말하는 등 보기 드문 윤리적 역량을 지님.

관련학과) 윤리교육과, 교육학과, 역사교육과, 사회교육과, 국어교육과, 언어교육과

핵심키워드) 맹자, 칸트, 이상사회, 평화

고전과 윤리 | 사회·공동체와의 관계

성취기준

📌 [12고윤03-02] 공직자의 자세로서 청렴의 필요성을 탐구하고, 현대 사회에서 올바른 공직자의 '국민을 사랑하는 마음', 즉 애민의 구체적인 실천 방법을 제시할 수 있다.

동·서양 고전 필사하기 활동에서 '목민심서(정약용)'와 '국가(플라톤)'의 일정 부분을 발췌한 뒤, 바른 필체로 정성껏 옮겨 적으며 교과서를 통한 간접적 이해가 아닌 원문을 통한 직접적 분석을 통해 애민 정신과 청렴, 철인 통치와 이상 국가관에 대해 자신의 언어로 이해하고 표현하게 됨. 이후 우리나라의 대통령이 고전 속 사상가들과 만나 대담회를 진행하는 가상의 상황극 활동에서 '정약용'의 역할을 맡아 활약함. 특히 '바른 몸가짐과 청렴한 마음으로 절약하고 청탁을 물리쳐라. 덕을 널리 펼치고 법을 지키면서 예로써 사람을 대하라. 세금을 거둬들일 때는 부자부터 해야 한다. 노인을 공경하고 어린이를 사랑하며 외롭고 가난한 사람을 구제하라. 재난에 최우선적으로 최선을 다해 대처하라.' 등「목민심서」에 조목조목 제시된 구절을 인용하여 21세기를 이끌어가는 한국이 되기 위해 '성실', '배려', '정의', '책임'을 보편가치로 추구하며 근본이 바로 선 정의로운 사회를 만들어달라고 당부하는 공직자의 모습을 역할극으로 훌륭하게 수행하여 급우들로부터 큰 박수를 받음. '고전삼독법'을 적용하여 고전이 주는 메시지를 음미한 후, 이를 자기 삶의 영역으로 끌어와 내면화하고 공동체와 연계하여 시사점을 도출하는 성찰적 사유 능력이 특히 돋보임.

관련학과) 윤리교육과, 역사교육과, 사회교육과, 교육학과, 국어교육과, 언어교육과

핵심키워드) 목민심서, 국가, 필사, 대담회, 상황극, 고전삼독법

고전과 윤리 | 타인과의 관계

성취기준

📌 [12고윤02-03] 관계적 존재로서 인간의 존재를 탐구하고 삶 속에서 서로 베풂의 관계를 형성하기 위한 자세를 제시할 수 있다.

불교 사상의 '인연생기'에 대해 학습한 후 '연기의 법칙'을 느낄 수 있는 공감 사례로 코로나19를 예로 들며 발표함. 생명은 생태계 내 다른 생명과의 관계 속에서 존재하고 적응하여 진화하는데, 바이러스도 마찬가지라고 동질화시킴으로써 자신의 주장에 관심을 집중시킬 줄 아는 표현력과 구조화된 사고력을 보여줌. 구체적으로는 야생 서식지 파괴, 공장식 축산과 도축, 자유무역, 빈곤, 밀집, 기후변화 등이 원인이 되어 인간과 자연의 관계에 이상이 생겼음을 증명하는 자료를 근거로 제시함. 이러한 것들이 인과적 상호작용을 일으킨 결과 코로나19를 낳았고, 바이러스 대유행이라는 결과가 초래되었으며, 이는 사회전반의 변화를 결과로 가져올 것임을 명쾌하고 알기 쉽게 설명하여 큰 공감을 얻음. 이러한 현실적 문제 제기와 심도 있는 해석을 통해 친구들의 학습 자극을 촉진하여 자유로운 토론 활동을 진행하는데 기여함. 이후 고전 필사하기 활동에서 불교의 '금강경' 중 일부를 발췌하여 정성스럽게 필사한 후, 불가의 참선 수행 방법에 따라 현재의 자신이 존재하도록 도움을 준 모든 대상과 원인을 떠올리며 고요하고 진지하게 명상을 함. 이는 자신의 심리를 대해 객관화하여 들여다보는 계기가 되었고 자신을 괴롭히는 모든 일의 원인은 결코 외부 대상이 아니라 그러한 대상을 인식하고 감응하는 자신의 마음이었다는 깨우침을 표현한 명상 에세이가 인상적임.

관련학과) 윤리교육과, 역사교육과, 사회교육과, 교육학과, 국어교육과

핵심키워드) 인연생기, 연기의 법칙

수학

[단원명]
수와연산

성취기준

📌 [10수학03-01] 집합의 개념을 이해하고, 집합을 표현할 수 있다.

집합의 개념을 완벽하게 이해하여 어떤 유형의 문제라도 풀어낼 수 있는 학생임. 집합을 활용한 프로젝트에서 단어 구름을 활용하여 자신이 좋아하는 대통령의 취임 연설문을 분석하는 활동을 수행함. 전직 대통령의 취임 연설문을 일일이 분석하여 비슷한 단어들을 유목화함으로써 경제와 통일이라는 단어가 많이 나오는 것을 확인하고 대통령의 정책까지 분석하여 결과물을 만들어 냄. 또한, 워드 클라우드 생성기를 활용하여 단어 구름을 시각화한 결과물을 만들어 발표함으로써 설득력 있게 공감을 끌어내어 친구들의 지지를 받음. 모둠활동에서 주어진 과제에 맞게 계획을 수립하고 모둠원과 함께 과제를 수행하는 능력이 탁월하며 수학적 사고력이 뛰어나 다양한 전략을 바탕으로 문제를 해결하는 능력이 돋보이는 학생임.

| 관련학과 | 수학교육과, 사회교육과, 일반사회교육과, 미술교육과 | 핵심키워드 | 집합 |

수학

[단원명]
확률과 통계

성취기준

📌 [10수학05-01] 합의 법칙과 곱의 법칙을 이해하고, 이를 이용하여 경우의 수를 구할 수 있다.

평소 수학에 관심이 많은 학생으로 특히 수학이 실생활에 어떻게 적용되는지에 대해 조사하고 이를 친구들에게 알려주는 것을 좋아하는 학생임. 특히 합의 법칙과 곱의 법칙을 활용하여 경우의 수를 구하는 단원에서 평소 우리가 많이 사용하고 있는 스마트폰 잠금 화면의 패턴을 그리는 규칙 중 4개의 점을 이은 스마트폰 패턴의 경우의 수를 다양한 방법으로 풀이함. 이 과정에서 객관적 지식과 정확한 과정 및 다양한 시각으로 문제를 풀어나가는 모습과 문제풀이 과정에서 어려움이 있었음에도 포기하지 않고 끈기 있게 문제를 풀어가는 모습이 인상적이었음. 또한, 이후 알고리즘에 나타나는 경우의 수를 탐구하고자 하는 계획을 발표함.

| 관련학과 | 수학교육과, 컴퓨터교육과 | 핵심키워드 | 스마트폰 패턴, 알고리즘 |

[단원명]
지수 로그 함수

성취기준

📌 [12수학Ⅰ01-08] 지수함수와 로그함수를 활용하여 문제를 해결할 수 있다.

지수 로그 함수를 배우면서 생활 속에서 발견할 수 있는 지수 로그 함수에 대해 궁금증을 가지게 되었으며, 최근 고령화로 인한 노동력이 줄고 연금 지출 및 국가채무가 늘어날 것이라는 뉴스 기사를 보고 65세 이상의 고령인구 비율이 전체 인구의 20%가 되는 초고령화 사회의 경제지표를 지수 로그 함수를 활용하여 계산함. 이 활동을 통해 수학이 사회문제를 분석하고 해결하는 데 꼭 필요하다는 것을 알게 됨. 또한, 이 계산을 위해 통계청의 다양한 자료를 분석하였고, 필요한 자료를 발표에 활용하는 능력이 뛰어났으며, 한번 계산한 풀이를 다양한 방법으로 다시 확인하는 모습이 매우 인상적인 학생임. 이후 경제지표를 올리는 방법을 탐색해 보고자 다짐하고, 이를 위해 다양한 수학 공식을 활용할 계획을 세움.

| 관련학과 | 수학교육과, 사회교육과, 일반사회교육과, 가정교육과 | 핵심키워드 | 고령화 사회 |

[단원명]
수열

성취기준

📌 [12수학Ⅰ03-04] Σ의 뜻을 알고, 그 성질을 이해하고, 이를 활용할 수 있다.

자연에서 발견한 피보나치 수열을 주제로 모둠 프로젝트를 진행함. 식물의 가지와 잎이 피보나치 수열에 따라 배열된다는 것과 암세포가 피보나치 수열에 따라 증가한다는 것을 시각자료를 활용하여 효과적으로 발표하였으며, 친구들에게 궁금증을 유발하는 질문을 하여 발표 주제를 효과적으로 제시함. 이를 통해 수열이 앞으로 인류가 풀지 못한 많은 의문점을 풀어낼 수 있는 자연의 수학적 열쇠가 될 수 있다는 것을 깨닫게 되었다고 이야기함. 모둠 프로젝트 과정에서 모둠원의 협력을 끌어내기 위해 솔선하는 자세로 모둠활동에 참여하였으며, 자신의 역할을 잘 수행할 뿐만 아니라 도움이 필요한 경우 적극적으로 협력하고 모둠원에게 다양한 아이디어를 제공하는 모습으로 친구들과 교사에게 높은 평가를 받음.

| 관련학과 | 수학교육과, 생물교육과, 과학교육과, 미술교육과, 초등교육과 | 핵심키워드 | 피보나치 수열 |

수학Ⅱ

[단원명]
미분

성취기준

📌 [12수학Ⅱ02-11] 속도와 가속도에 대한 문제를 해결할 수 있다.

최근 민식이법이 통과되어 시행 중임에도 불구하고 초등학교 주변의 교통사고가 계속되고 있다는 뉴스를 보고, 수학과 물리 그리고 사회문제에 관심이 있는 친구들과 함께 과속카메라의 원리와 해결방안에 대한 모둠활동을 수행함. 이를 통해 자동차를 향해 전파를 발사하고 다시 반사되어 되돌아오는 전파를 감지하는 도플러 효과를 응용한 속도측정기와 첫 번째와 두 번째 감지기를 통과한 시간을 비교하여 자동차의 속도를 결정하는 고정식 단속카메라의 원리를 이해하고 이 과정에 수학적 원리가 사용되고 있음을 설명함. 이후 도심지역에서 운전자의 생활에 미치는 영향을 최소화하면서 사고를 방지할 수 있는 최적의 안전속도를 구하려고 계획하였으며, 과속카메라가 설치되지 않은 지역을 지도에 표시하여 시청에 제출하는 등 앎을 삶에 실천하는 모습이 인상적이었음. 무엇보다 모둠원과 함께 협력적인 분위기를 조성하는 모습이 매우 인상적인 학생임.

| 관련학과 | 수학교육과, 물리교육과, 과학교육과, 사회교육과, 일반사회교육과 | 핵심키워드 | 속도와 가속도, 속도와 거리 |

수학Ⅱ

[단원명]
적분

성취기준

📌 [12수학Ⅱ03-06] 속도와 거리에 대한 문제를 해결할 수 있다.

최근 4차 산업혁명에 대한 관심과 함께 자율주행 자동차에 관한 관심이 높아짐에 따라 수학 및 과학에 관심이 있는 친구들과 함께 자율주행 자동차의 수학적 과학적 원리를 깊이 탐구함. 카메라를 통해 차량의 위치, 진행 방향 등 기본 운동 변수와 같은 데이터를 토대로 차선을 추정한 후 차량의 가속도와 각속도를 적분하여 차량의 속도, 자세 방향각을 계산해야 함을 알고, 이를 정보 시간에 아두이노를 활용한 자율주행 자동차의 만들고 직접 코딩하는 데 활용함. 이 과정에서 시야각, 곡률과 같은 개념을 수치로 표현해야 함을 알게 되었으며 다양한 변수에 능동적으로 대처하는 모습이 인상적인 학생임. 또한, 문제를 풀어나가는 과정에서 구체적이고 분석적인 질문을 스스로 제기하는 등 비판적인 사고력이 성장하는 모습을 보이는 학생임.

| 관련학과 | 수학교육과, 과학교육과, 물리교육과, 컴퓨터교육과, 공학관련교육과, 기술교육과 | 핵심키워드 | 속도와 가속도, 속도와 거리 |

성취기준

📌 [12미적02-14] 속도와 가속도에 대한 문제를 해결할 수 있다.

미분법 단원에서 공사장의 안전망 설치 각도에 따라 물체가 받는 충격량의 변화를 알아보고자 그래프로 시각화하면서 문제를 해결하였으며, 이를 통해 공사장 안전망 설치에 적합한 각도를 미분의 개념으로 풀어 설명함. 이 과정을 통해 미분은 우리 주변에서 자주 활용되는 수학적 개념이며, 어떠한 상황을 예측하거나 이미 일어난 상황을 좀 더 분석하여 해결책을 찾는 데 도움을 준다는 것을 깨닫게 되었다고 발표하였음. 이후 미분을 활용하여 코로나19와 같은 사회현상을 분석하고, 이를 통해 사회적으로 긍정적 보탬이 되는 탐구를 진행해 보고자 하는 포부를 밝힘. 이 외에도 심화 문제풀이에서 여러 개념을 응용시키며 다양한 측면으로 문제를 접근하는 등 수학적 역량이 우수함. 친구들에게 항상 친절하고 이해하기 쉽게 기본부터 심화 문제까지 확장하며 설명하는 모습이 인상적인 학생임.

관련학과) 수학교육과, 물리교육과, 기술교육과, 공업관련 교육과, 사회교육과   핵심키워드) 속도와 가속도

성취기준

📌 [12미적03-06] 입체도형의 부피를 구할 수 있다.

수업시간에 자발적으로 나와 문제를 푸는 등 수업 태도가 매우 좋고, 친구들에게 궁금증을 유발하는 질문을 하며 문제를 풀이하는 모습이 인상적인 학생임. 적분 단원에서는 현재 상용화되어 있는 3D 프린팅의 원리에 호기심을 가지고 3D 프린팅에 사용되는 미분과 적분의 원리를 탐구함. 3D 프린팅에는 마치 CT 촬영하듯 입체적인 디자인을 얇은 가로 층으로 나눠 분석하고, 이를 다시 합치는 적분의 원리가 사용되고 있음을 알고 이를 구체적인 사례를 들어 발표함. 더 나아가 국내에서 사용되고 있는 3D 프린팅에는 FDM(수지압출법), DLP(디지털광학기술), SLA(광경화수지조형)가 사용되고 있으며, 각각의 장단점을 조사하여 친구들에게 명확하게 발표함. 이후 3D 프린팅을 활용하여 교실의 불편한 점을 개선하려는 프로젝트를 친구들과 함께 기획하여 칠판에 놓인 분필이 떨어지지 않도록 하는 장치를 만들어 교사와 친구들의 긍정적인 피드백을 받음.

관련학과) 수학교육과, 컴퓨터교육과, 기술교육과, 공업관련 교육과   핵심키워드) 도형의 넓이

성취기준

📌 [12확통02-03] 원률의 덧셈정리를 이해하고, 이를 활용할 수 있다.

📌 [12확통02-07] 확률의 곱셈정리를 이해하고, 이를 활용할 수 있다.

수학적 모델링 통계적 추정 단원의 수학을 활용한 사회문제 탐구활동에서 확률을 활용한 수학적 모델링(결정론적 수학적 모델) 모델을 주제로 최근 지속되고 있는 코로나19 상황 속 코로나 확산을 예측한 내용을 발표함. 특히 수학적 모델링은 감염에 영향을 미치는 요소, 사회적 거리두기나 접촉과 관련된 요소를 통제했을 때 어떤 변화가 나타나는지 알 수 있으므로 전염병 확산을 방지하기 위한 전략을 수립하는 데 유용한 모델임을 설득력 있게 발표함으로써 친구들의 공감을 끌어내며 지지를 받음. 그 외에도 실생활에서 사용되는 확률적 추정값들에 대한 기사를 분석하며 표본추출의 중요성을 인식하고, 추정과 관련된 뉴스 상황을 수학적으로 분석하고 비판할 수 있는 시각을 기름. 이를 통해 수학적 원리가 사회현상 분석에 빈번히 사용되고 있는 것에 관심을 가지게 되었고, 더 나아가 일상생활에서도 수학을 접목하여 사고를 확장해나가는 계기가 됨.

관련학과 정보보안학과, 정보통신공학과, 산업시스템공학과 | 핵심키워드 확률

성취기준

📌 [12확통03-05] 모집단과 표본의 뜻을 알고 표본추출의 원리를 이해한다.

📌 [12확통03-07] 모평균을 추정하고, 그 결과를 해석할 수 있다.

통계 단원에서 자신의 진로분야와 관련된 통계 활동에서 문제해결학습(PBL)이 수학 교과의 학업성취도와 창의력, 자기주도적 학습능력에 미치는 영향에 대한 프로젝트를 수행함. 문제해결학습 및 학업성취도와 창의력, 자기주도적 학습 능력과 관련된 선행연구를 분석하였고, 다양한 설문지를 학교 상황에 맞게 변형하여 설문을 시행, 분석함으로써 유의미한 결과를 도출하여 친구들 앞에서 발표. 이러한 학생 참여식 수업을 통해 창의력과 자기주도적 학습능력을 함양하는 교사가 되겠다는 미래의 꿈을 구체화함. 또한 정규분포의 표준화 과정에서 유추하는 신뢰도의 개념과 신뢰구간에 대한 수학적 의미를 바르게 이해함. 확률과 통계를 활용하여 로또복권 및 객관식 문제 찍기 체험 후 복권의 각 당첨 순위에 대한 수학적 확률과 객관식 만점의 확률을 계산함으로써 확률이 실생활과 밀접한 연관이 있다는 것을 알게 됨. '몬티 홀 딜레마' 수업에서 방청객이 되어 TV쇼에 참가하는 가상의 상황에 흥미를 느끼고 적극적으로 참여하며 확률에 관한 이해의 폭을 넓힘.

관련학과 수학교육과, 교육학과, 교육공학과, 초등교육과, 유아교육과, 아동보육과 | 핵심키워드 모집단, 표본추출

기하

[단원명]
이차곡선

성취기준

📌 [12기하01-01] 포물선의 뜻을 알고, 포물선의 방정식을 구할 수 있다.

📌 [12기하01-02] 타원의 뜻을 알고, 타원의 방정식을 구할 수 있다.

현수교에 적용된 수학적 원리에 호기심을 가지고 탐구함. 면 위에서 한 정직선인 움직이지 않는 직선과 그 위에 있지 않은 정점에 이르는 거리가 같은 점들의 집합인 이차곡선 포물선의 정의를 이용하여 현수교의 형상을 직접 구현함. 이 과정에서 수학적 감각이 뛰어나고 수학을 응용하는 데 강한 모습을 보임. 각 단원의 핵심 개념을 융합하여 최적의 문제해결방안을 도출해내는 높은 수준의 사고를 할 수 있는 학생임. 그 외에도 포물선과 포물선의 두 점을 지나는 직선에 관한 문제를 발표하면서 포물선의 초점과 초점에서 두 점까지의 거리 사이에 일정한 관계가 성립한다는 것을 알고 두 가지 공식을 직접 유도하여 친구들 앞에서 발표함. 자신이 알고 있는 수학적 지식을 친구들과 함께 공유하는 것을 좋아하며, 수학에 어려움을 겪는 친구들을 위해 항상 봉사하는 모습이 인상적임.

관련학과 | 수학교육과, 과학교육과, 물리교육과, 기술교육과, 공업관련 교육과

핵심키워드 | 포물선, 타원

기하

[단원명]
공간도형과 공간좌표

성취기준

📌 [12기하03-05] 좌표공간에서 두 점 사이의 거리를 구할 수 있다.

수학적 감각이 뛰어나고 기본기가 탄탄하여 응용문제에 강한 면모를 보이며 자기주도적 학습역량이 뛰어난 학생임. 최근 광고, 영화 및 시각디자인에서 3D 애니메이션이 많이 활용되고 있는데 이 3D 애니메이션의 수학적 원리에 호기심을 가지고 탐구함. 3D 애니메이션 제작 시 공간좌표를 이용하면 공간상에서 점과 선의 위치를 좌표로 나타낼 수 있고, 3D 공간상에서 위치를 표현하고 찾는데 기하를 활용하면 용이하다는 것을 모션 캡쳐 캐릭터 제작 과정을 보여주는 간단한 프로그램을 통해 친구들에게 설명함. 이 과정에서 자료를 분석하는 능력과 논리적으로 해석 및 정리하는 능력이 탁월했으며, 한번 학습한 내용을 실생활과 연계하는 능력이 뛰어난 학생임.

관련학과 | 수학교육과, 컴퓨터교육과, 물리교육과, 공업관련 교육과, 기술교육과, 미술교육과, 교육공학과

핵심키워드 | 공간좌표

실용 수학

[단원명]

해석, 기하

성취기준

📌 [12실수01-02] 실생활에서 활용되는 수식의 의미를 이해한다.

자신의 전공 또는 흥미 분야와 관련된 수학 활용 사례 발표에서 거리공식을 이용하여 일반 영화관과 아이맥스 영화관 스크린의 크기를 비교하여 영화를 보면서 수학적으로 이해하는 즐거움을 알려주었으며, 더 나아가 '코로나19로 영화 관객이 70% 급감'이라는 신문기사 내용을 미분의 개념으로 해석하여 발표함. 확진자 수와 관람객 수 변화의 상관관계를 그래프에서 평균변화율과 미분으로 증감률을 구하여 설명하고 예측함. 또한, 필요한 자료, 변수, 조건을 찾아 실제 상황에 적용하여 극장의 매출을 예측하는 역량을 보이면서 복잡한 사회현상의 분석과 예측에 수학이 유용하게 사용되고 있음을 발표함. 조별 모둠수업에서 늘 조장의 역할을 맡아 수행하였으며, 친구들에게 자기가 공부한 모든 비결을 아낌없이 나눠주고 면학 분위기를 살리는 데 이바지하는 학생임.

관련학과 수학교육과, 초등교육과, 사회교육과, 일반사회교육과, 기술교육과, 공업관련 교육과

핵심키워드 규칙, 수식의 의미, 분석, 해석

실용 수학

[단원명]

자료

성취기준

📌 [12실수03-03] 다양한 자료를 분석하여 결과를 해석할 수 있다.

📌 [12실수02-04] 목적에 맞게 자료를 수집, 정리, 분석, 해석하여 산출물을 만들 수 있다.

지역아동센터와 학교급우의 수학 멘토링에 참여하여 문제풀이 및 원리를 설명하는 활동에 지속적으로 참여함. 수업을 받은 학생들로부터 평가지에 쉬운 문제풀이 방법을 알려주었으며, 수학을 포기하지 않게 해줘서 고맙다는 내용의 긍정적인 평가를 받음. 또한, 수업 후 강의에 대한 평가를 받아보고 이를 스프레드시트 프로그램을 활용하여 결과보고서를 만들고 작성함. 수업을 받은 학생들을 대상으로 단원별, 교수학습방법별 다양한 강의평가 항목에 대한 만족도 조사를 시행한 뒤 점수화하여 각 항목을 그래프로 만들고 분석함. 이 과정에서 표본 평균을 구하고 모평균에 대한 신뢰구간을 추정하면서 데이터를 해석하고, 자신이 부족한 점을 분석하여 이를 개선하고자 노력하는 모습이 매우 인상적이었음. 이후 교사가 되었을 때 지금의 경험이 더욱 성장할 수 있을 거라는 믿음을 가지고 진로를 위해 노력하는 학생임.

관련학과 수학교육과, 초등교육과, 유아교육과, 아동보육학과, 교육학과

핵심키워드 분석, 해석

경제 수학

[단원명]

수와 생활경제

성취기준

📌 [12경수01-01] 통계 자료를 활용하여 실업률, 물가지수 등과 같은 경제지표의 의미를 이해한다.

수업시간에 경제적 용어와 지표에 호기심을 가지고 통계청의 자료와 통계지리정보서비스의 자료를 분석하여 10년 뒤 실업률과 물가지수를 예측하는 탐구를 진행함. 이중 고령화와 코로나19와 같은 팬데믹이 실업률과 물가지수에 어떠한 영향에 미치는지에 대해 심도 있는 분석을 하였으며, 이 결과를 인포그래픽과 카드뉴스로 만들어 학교 게시판에 게시함. 이 과정에서 수치화된 데이터를 주변 친구들에게 충분히 이해시키고 내용을 효율적으로 전달하기 위해 그래프 및 도형을 활용함으로써 친구들로부터 매우 긍정적인 평가를 받음. 이 외에도 모든 단원에서 뛰어난 기초 실력으로 어려운 문제를 다양한 방법으로 해석하는 수학적 능력이 뛰어나고 자료를 해석하는 능력과 수학적 내용을 실생활에 활용하는 능력, 문제를 해결하는 능력이 탁월함.

관련학과) 수학교육과, 사회교육과, 일반사회교육과   핵심키워드) 경제지표, 퍼센트, 퍼센트포인트

수학 교과군

경제 수학

[단원명]

수열과 금융

성취기준

📌 [12경수01-05] 세금의 종류에 따라 세금을 계산할 수 있다.

연금의 현재 가치를 학습하면서 부모님의 연금에 대해 관심을 가지고 이를 수학적으로 접근하는 모습을 보임. 실제 경제에서 돈의 가치는 시간에 따라서 변하기 때문에 연금, 적금 등의 문제에서 가장 중요한 것은 돈의 가치와 시점을 일치시키는 것이라 판단함. 또한, 연금의 계산은 시간이 지남에 따라 복리로 계산되고, 기말급과 기시급이 달라지는 이유는 기말급이 기시급보다 돈을 적립한 기간이 더 길기 때문으로 등비수열 합의 항의 개수가 더 많아짐을 이해하고 이를 정리하여 발표함. 이 과정에서 아직 배우지 않은 과정임에도 불구하고 교과서와 다양한 서적을 찾아 학습하는 모습을 보였으며, 자료를 분석하고 자신의 것으로 만드는 능력이 매우 뛰어난 학생임. 또한, 발표력이 우수하고 의심이 가는 부분에 대해서는 자기주도적으로 답을 찾아 나가는 학습능력을 갖추고 있음.

관련학과) 수학교육과, 사회교육과, 초등교육과   핵심키워드) 연금

기본 수학

[단원명]
경우의 수

성취기준

📌 [12기수01-01] 합의 법칙과 곱의 법칙을 이용하여 경우의 수를 구할 수 있다.

우리 주변에서 흔히 사용하는 수학 찾기에서 사다리 게임에 적용된 수학적 원리를 탐구함. 8개의 다리에 12개의 계산이 적용된 사다리 게임은 정규분포를 따르므로 가운데가 술래라면 가장자리를 택해야 걸릴 확률이 낮아짐을 1,000번의 반복 시뮬레이션을 통해 발표함. 즉, 자연현상에서 일어나는 수많은 결과는 그 값이 평균에 집중되어 있기에 평균에서 멀어질수록 도수가작아짐을 정규분포를 통해 설명함. 발표가 끝났음에도 결과에 대한 흥미를 느끼고 계단의 수를 늘려 추가로 탐구하는 모습이 인상적이었으며, 계단 수가 늘어날수록 확률이 비슷해지고 있음을 알아냄.

⎰관련학과⎱ 수학교육과, 초등교육과

⎰핵심키워드⎱ 경우의 수

수학 교과군

기본 수학

[단원명]
문자와 식

성취기준

📌 [12기수02-06] 이차함수의 뜻을 알고, 이차함수 그래프의 성질을 이해한다.

고대 이집트는 비옥한 땅을 정확히 나누기 위해 측량과 기하학이 발달했다는 역사 수업에서 호기심이 생겨 역사에서 수학이 활용된 사례에 관해 탐구함. 그리스의 세소스트리스 왕은 대홍수로 토지가 유실되었을 때 유실된 만큼 세금을 면제해주기 위해 이차방정식이 발달하였다는 것을 알게 됨. 땅의 넓이를 구하기 위해서 땅의 길이가 미지수가 되었을 것이고, 넓이를 구하기위해 곱하는 과정에서 미지수가 중복되어 곱해졌을 것이고, 이것이 이차방정식이 발달하게 된과정임을 탐구하여 발표함. 수학이 단순한 학문 중 일부가 아닌 우리 생활의 다양한 분야에서사용되고 있음을 깨닫고 느끼게 되는 계기가 되었다고 이야기함.

⎰관련학과⎱ 수학교육과, 역사교육과, 사회교육과, 일반사회교육과,
지리교육과, 초등교육과, 컴퓨터교육과

⎰핵심키워드⎱ 이차함수, 이차함수 그래프

인공지능 수학 [단원명] 인공지능 속의 수학

성취기준

📌 [12인수01-02] 인공지능에 수학이 활용되는 다양한 예를 찾아 설명할 수 있다.

인공지능 속의 수학 단원에서 인공지능 연구에 사용되는 수학적 원리에 관해 탐구함. 특히 사람의 뇌처럼 사물이나 데이터를 분류할 수 있는 딥러닝 기능에 관심을 가지고, 이에 다양한 자료를 찾아 조사하면서 사람의 뇌는 일상에서 직관을 사용하기에 수학 공식을 활용하지 않지만, 인공지능에서는 직관을 기대하기 어려우므로 행렬과 확률, 미분과 벡터와 같은 수학의 법칙을 표현하거나 수학에 근거하여 판단함을 이해하고 인공지능에 수학이 필요함을 알게 됨. 발표가 끝났음에도 불구하고 도서 '딥러닝을 위한 수학'를 읽고 후속 탐구를 진행하였으며, 이 과정에서 해석학에 관심을 갖게 되어 이후 해석학에 관한 공부 계획을 세우는 등 자신이 호기심을 가지는 분야에 대해 끊임없이 노력하는 모습이 인상적인 학생임.

관련학과 수학교육과, 컴퓨터교육과, 초등교육과

핵심키워드 인공지능 수학, 이미지

인공지능 수학 [단원명] 분류의 예측

성취기준

📌 [12인수03-03] 자료를 분석하여 사건이 일어날 확률을 구하고 예측에 이용할 수 있다.

인공지능과의 바둑 대결 이후 급성장한 인공지능이 사람의 영역이라 생각한 창조적 영역인 디자인에도 영역을 확장하고 있다는 뉴스를 접하고 가까운 미래를 예측하는 알고리즘에 대해 호기심을 가짐. 국내외 포털에서 사람들이 검색한 자료를 통해 시간대별 음식 주문 예측, 요일과 시간에 따른 교통량 예측뿐만 아니라 이용자의 패턴을 학습한 은행 및 제조업에서의 의사결정, 상품 가격 예측 등 주요 경제, 사회에 활용되고 있음을 사례를 들어 발표함. 이러한 발표에서 정리된 자료의 의미에 대한 해석 및 분포의 특징을 잘 설명하였고 수학적 아이디어를 말과 글로 설명하거나 시각적으로 표현하는 능력이 뛰어남. 그 외에도 수열의 알고리즘과 순서도 및 프로그램에 대해 발표하여 친구들에 호기심을 자극하였으며, 이 학생이 가진 말에 묘한 매력을 느낀 많은 친구가 프로그래밍에 대해 관심을 가지게 됨.

관련학과 수학교육과, 컴퓨터교육과, 사회교육과, 일반사회교육과, 초등교육과

핵심키워드 예측

수학과제 탐구

[단원명]
과제 탐구 실행 및 평가

성취기준

📌 [12수과02-03] 탐구 계획에 따라 탐구를 수행할 수 있다.

📌 [12수과02-04] 탐구 결과를 정리하여 산출물을 만들고 발표할 수 있다.

📌 [12수과02-05] 탐구 과정과 결과를 반성 및 평가할 수 있다.

수학과제 탐구 프로젝트에서 수학적 의사소통 방법 중 수학 일기 쓰기 활동이 학생의 학업성취도와 수학적 성향, 수학적 태도에 어떠한 영향을 미치는지 호기심을 가지고 탐구함. 자신이 직업 수학 멘토링 봉사를 하는 한 초등학교의 30명을 대상으로 실험집단과 통제집단에게 사전 검사를 실시한 후 1달 정도 수학 일기 쓰기 활동을 적용하고 사후 검사를 하여 그 결과를 분석 및 발표함. 사전, 사후 검사를 위해 선행연구를 조사하여 검사지를 제작하였으며 통계처리를 위해 스프레드시트 프로그램을 활용하여 통계를 내는 등 신뢰도 있는 검사를 위해 노력함. 그 결과, 수학 일기 쓰기 활동은 전통적인 수업방식과 비교하여 학업성취도와 수학적 성향 및 태도에 유의미한 차이를 보인다는 결론을 정리하여 보고서로 제출함. 객관적인 연구 결과를 위해 다양한 선행연구를 분석한 점과 1달 정도의 수학 일기 쓰기에 진심을 다하는 등 연구 수행 능력이 매우 뛰어난 학생임.

관련학과) 수학교육과, 초등교육과   핵심키워드) 수학과제 탐구, 산출물

수학과제 탐구

[단원명]
과제 탐구 실행 및 평가

성취기준

📌 [12수과02-03] 탐구 계획에 따라 탐구를 수행할 수 있다.

📌 [12수과02-04] 탐구 결과를 정리하여 산출물을 만들고 발표할 수 있다.

📌 [12수과02-05] 탐구 과정과 결과를 반성 및 평가할 수 있다.

수학과제 탐구활동에서 국제 학업성취도 평가의 결과 우리나라 학생들의 문제해결능력, 수학적 추론 능력, 의사소통능력이 미흡하다는 보고서를 보고 이에 대한 해결 방법을 탐구함. 이를 위해 문제해결능력의 정의가 교과서 문제의 단순 계산이 아니라 실생활 속 다양한 문제를 학생 스스로 탐구하여 창의적 해결책을 제시할 수 있는 능력임을 인지하고 수학적 기호, 식, 그래프, 표, 그림 등의 표현 수단을 통해 실제 문제 상황에 들어맞는 수학적 모델링을 고안하고 활용하여 문제 상황을 직접 경험해 볼 수 있는 기회를 제공해야 함을 주장함. 자신의 주장에 대한 근거로 다양한 선행연구를 조사, 정리하여 제공함. 이후 수학적 모델링 관련 프로그램을 개발하고자 하는 목표가 생겼으며 수학이 실생활에 매우 유용한 학문임을 알리고 싶다는 생각을 친구들에게 발표함.

관련학과) 수학교육과, 초등교육과   핵심키워드) 수학과제 탐구, 산출물

성취기준

📌 [10통과04-02] 다양한 자연현상이 지구 시스템 내부의 물질 순환과 에너지의 흐름의 결과임을 기권과 수권의 상호작용을 사례로 논증할 수 있다.

● 지구 시스템에서는 각 권이 상호작용하는 동안 에너지의 흐름과 물질의 순환으로 인해 지표의 변화, 날씨의 변화 등과 같은 여러 가지 지구과학적 현상이 일어남을 다룬다.

모둠별 주제 발표 시간에 '지구 시스템'을 주제로 지구환경 시스템을 보여주는 대표적인 물질 순환과 에너지 흐름을 발표함. 지구환경 시스템을 기권, 수권, 지권, 생물권으로 나누고 퀴즈를 통해 탄소와 질소의 사례를 친구들에게 이해하기 쉽게 설명하였으며 PPT 제작 및 발표에 주도적으로 참여함. 또한, 생태계 에너지의 근원은 태양에너지이며, 생산자에 의해 화학 에너지로 전환된 후 다른 생명체에 이용되고 생물의 호흡을 통해 열에너지로 소실되어 순환하지 않고 일방적으로 흐름을 설명함. 친구들에게 설명하는 과정에서 학생들이 흥미롭게 발표를 들을 수 있도록 다양한 사례와 퀴즈를 통해 집중할 수 있게 하였으며, 시험 예상 문제도 뽑아 와 친구들의 질문에 하나하나 친절하게 답변하는 모습이 인상적이었음. 후속활동으로 물질순환이 깨어지는 것은 지구환경 시스템에 큰 악영향을 주는 것이기에 생활에서 물질순환이 깨지지 않도록 생활 습관을 매일 실천하는 적극적인 모습을 보임.

관련학과) 과학교육과, 생물교육과, 초등교육과, 유아교육과, 환경교육과   핵심키워드) 생태계 평형, 환경변화

성취기준

📌 [10통과08-02] 먹이 관계와 생태 피라미드를 중심으로 생태계 평형이 유지되는 과정을 이해하고, 환경 변화가 생태계에 영향을 미치는 다양한 사례를 조사하고 토의할 수 있다.

생태계와 환경 단원 주제 발표에서 평소 생태계가 파괴되어 다양한 문제가 발생하고 있다는 기사를 접하고, 우리 지역의 생태계 파괴 사례 및 해결방법에 대한 주제를 선정하여 이를 조사 및 발표함. 이를 위해 우리 지역의 하천을 3차례 답사한 후 외래종에 의해 고유종이 파괴되고 있음을 사진 찍어 분석하였고, 인간의 구조물에 의해 생태계가 단절된 사례를 조사함. 또한, 하천의 어로, 산책길, 다리, 보도블록과 생물이 함께 살 수 있도록 야생동물이 서식하고 이동하는데 도움이 되는 서식공간인 비오톱에 대한 대안을 만들어 이를 지도로 만들고 정리 및 발표함. 이 과정에서 식물이 자랄 수 있는 보도블록 등 비오톱을 조성하기 위해 창의적인 아이디어를 제시하였으며 비오톱 지도를 만들어 공유하는 등 지식을 아는데 그치지 않고 이를 공유하여 실천하는 모습이 인상적임. 이후 비오톱 지도를 커뮤니티 맵핑으로 제작하여 다양한 지역에서 함께 만들었으면 하는 포부를 밝힘.

관련학과) 과학교육과, 초등교육과, 생물교육과, 환경교육   핵심키워드) 생물다양성, 생태계 평형, 환경변화
과, 사회교육과, 지리교육과

과학탐구실험

[단원명] 생활 속의 과학 탐구

성취기준

📌 [10과탐02-01] 생활 제품 속에 담긴 과학 원리를 파악할 수 있는 실험을 통해 실생활에 적용되는 과학 원리를 설명할 수 있다.

생활 속 과학 탐구 발표에서 우리 주변에 활용되고 있는 생체모방기술에 대해 발표함. 연꽃잎과 토란 같은 식물이 물방울을 흡수하지 않고 굴려내는 모습을 통해 물이 스며들지 않고 오염이 잘되지 않는 방수제품을 만들고 있으며, 개미 흙탑의 구멍을 이용한 공기 순환을 활용하여 건축 인테리어에 사용하는 다양한 사례를 조사하여 발표함. 또한, 연꽃잎의 방수 효과와 같은 원리를 활용하여 태양광 패널이 먼지로 인해 효율이 떨어지는 문제를 해결하고자 태양광 패널에 연꽃잎과 같은 방수제품을 발라 먼지가 붙지 않게 하는 창의적인 아이디어를 발표하여 친구들의 호응을 얻음. 발표 과정에서 생체모방의 사례를 찾는 것에 그치지 않고, 사례에 적용된 과학적 원리를 이해하기 위해 노력하는 모습과 생활 주변의 불편함을 해결하기 위한 대안을 만드는 모습이 매우 인상적이었음. 이후 생체모방기술이 4차 산업혁명 또는 로봇 공학에 어떻게 활용되고 있는지 탐구하려는 계획을 밝힘.

관련학과 과학교육과, 초등교육과, 물리교육과, 화학교육과, 생물교육과, 지구과학교육과, 환경교육과, 공업관련 교육과, 기술교육과

핵심키워드 생활 속 과학원리

과학탐구실험

과학 교과군

[단원명] 첨단 과학 탐구

성취기준

📌 [10과탐03-01] 첨단 과학기술 속의 과학 원리를 찾아내는 탐구활동을 통해 과학 지식이 활용된 사례를 추론할 수 있다.

• 첨단 과학기술에 포함된 기초 과학 원리를 파악하거나 첨단 과학기술을 이용하여 산출물을 생성하는 탐구활동을 진행할 수 있다.

최근 개발도상국의 문화적, 정치적, 환경적인 면을 고려하여 삶의 질 향상과 빈곤, 기아문제를 해결하기 위해 적용되는 기술인 적정기술에 대해 호기심을 가지고 적정기술에 관해 탐구함. 이 중 최근까지 적정기술의 대표 기술이라고 불렸던 '플레이 펌프'가 마을에 필요한 물의 양과 노동력, 그리고 수리비와 같은 지역의 상황을 고려하지 않아 실패한 사례를 들어 과학이 단순 기술이 아닌 공감을 통한 기술이어야 함을 발표함. 이 외에도 최근 사용하고 있는 적정기술의 사례 중 하나인 '큐 드럼'을 통해 단순 물의 이동이 아니라 화학적, 생물학적 처리로 물의 정화도 될 수 있는 아이디어를 제시하고 주제 발표 이후 이를 탐구하려고 계획하는 등 단순 과학적 호기심에 그치지 않고 실행, 연구하려고 하는 적극적인 모습을 보임. 또한, 과학탐구실험 도우미로서 교사와 함께 사전에 실험을 준비하여 원활한 실험 진행에 큰 도움을 줌. 실험이 끝나면 매 시간 실험 도구를 깔끔하게 정리해놓는 등 성실하고 책임감이 강한 학생임.

관련학과 과학교육과, 초등교육과, 기술교육과, 공업관련 교육과, 물리교육과, 환경교육과, 사회교육과, 일반사회교육과, 윤리교육과

핵심키워드 생활 속 과학원리, 첨단 과학기술

성취기준

📌 [12물리 I 01-05] 충격량과 운동량의 관계를 이해하고, 일상생활에서 충격을 감소시키는 예를 찾아 설명할 수 있다.

과학과 나의 진로 연계하기 활동에서 과학교사로서의 꿈을 가지고 과학의 원리를 쉽게 설명하기 위해 높은 곳에서 떨어져도 깨지지 않는 안전한 구조물을 만드는 활동을 통해 충격량, 운동량, 충격력과의 관계를 설명함. 특히 충격량이 똑같은 상황에서 접촉 시간을 어떻게 하느냐에 따라 충격력을 받는 정도가 달라짐을 유리판과 스펀지에 떨어지는 상황을 모델링하여 그래프로 설명함으로써 친구들의 이해를 도움. 특히 이론과 실험 결과의 차이를 다각도로 분석한 점이 매우 논리적이었음. 그 외에도 수평으로 던진 물체의 운동을 그래프에 나타내고, 공이 이동한 모눈종이 칸수의 의미를 분석하여 수평 방향과 수직 방향의 운동 차이를 설명함. 이 운동을 아리스토텔레스와 갈릴레이, 뉴턴의 관점으로 설명하고 물체의 운동에 대한 과학 개념 발전 과정을 정리함. 수업 태도가 바르며 과학적 탐구력과 사고력이 우수함. 실험 과정을 이해하는 능력이 탁월하고 실험 수행 능력 또한 뛰어난 학생임.

관련학과　초등교육과, 과학교육과, 물리교육과, 기술교육과, 공업관련 교육과　**핵심키워드**　충격량과 운동량

성취기준

📌 [12물리 I 03-04] 파동의 간섭이 활용되는 예를 찾아 설명할 수 있다.
　● 파동의 간섭을 활용한 예로 빛이나 소리와 관련된 다양한 현상을 정성적으로 다룬다.

최근 핸드폰 기능 중 '노이즈 캔슬링'의 원리에 호기심을 가지고 이에 관해 탐구를 수행함. 소리는 물이나 공기가 진동하면서 전달되는 파동으로 귀 안에 고막에 닿아 소리가 들리게 되는데 '노이즈 캔슬링'은 파동의 형태로 전달되는 소리를 정반대의 파형을 지닌 음파를 만들어 제거하는 것으로 상쇄간섭의 원리를 가지고 있음을 보고서로 제출함. 특히 소리의 특성에 관해 설명하면서 '밤말은 쥐가 듣고 낮말은 새가 듣는다'라는 속담을 예를 들어 설명한 점이 인상 깊었으며, 자신이 알고 있는 지식을 다양한 사례를 들어 설명하는 모습이 인상적이었음. 이후 상쇄간섭의 원리를 통해 층간소음과 같은 사회적 문제를 해결해보고 싶다는 계획을 말하는 등 사고의 확장성이 뛰어난 학생임. 또한, 자료를 찾는 과정에서 일반 포털의 자료를 검색하는 것이 아니라 공인된 자료를 통해 자기 생각을 더하는 모습을 보임. 그 외에도 수행평가를 진행할 때 자료를 빠르고 정확하게 찾아내는 뛰어난 탐구능력을 보여줌.

관련학과　과학교육과, 물리교육과, 음악교육과, 기술교육과, 공업관련 교육과　**핵심키워드**　파동의 간섭

성취기준

📌 [12물리 II 02-02] 정전기 유도와 유전 분극을 이해하고, 이 현상이 적용되는 예를 찾아 설명할 수 있다.

생활 속 불편함을 줄이는 과학이라는 주제로 실시한 모둠 프로젝트에서 집에서 사용하는 청소기의 소음문제와 함께 양말과 같은 물건이 빨려 들어가는 문제점을 해결하고자 정전기 유도 분극 현상을 활용한 청소기를 제작함. 프로젝트 초기에 친구들의 다양한 의견을 하나로 모으는 과정이 어려웠음에도 불구하고 타 교과에서 배운 기업가 정신의 내용과 연계하여 생활 속 불편한 점들을 사진 찍고, 찍은 사진을 바탕으로 주제 선정 과정에서 모든 친구의 의견을 수렴하며 공동의 목표를 이끌어내는 모습이 인상적이었음. 또한, 다양한 자료를 찾는 과정에서 기존의 선행연구를 분석하고 선행연구의 내용이 실생활에서 사용될 때 더 효율적으로 활용될 수 있는 방법을 학생의 눈높이에서 분석하며 대안을 만들어나가기 위해 노력하는 모습을 보임. 이 과정에서 물리학에 대한 높은 이해와 문제 상황을 창의적으로 해결하는 모습이 드러났으며, 자신이 알고 있는 내용을 친구들에게 전달하는 능력이 매우 뛰어난 학생임.

관련학과 초등교육과, 과학교육과, 물리교육과, 미술교육과, 기술교육과, 공업관련 교육과, 환경교육과

핵심키워드 정전기 유도, 유전 분극

과학 교과군
물리학 II [단원명]
파동과 물질의 성질

성취기준

📌 [12물리 II 03-01] 전자기파의 간섭과 회절을 이해하고 이와 관련된 다양한 예를 조사하여 설명할 수 있다.

'물 전기분해 첨단 기술을 개발한 독일'이라는 과학 저널의 기사를 보고 전기분해가 우리 생활이나 산업에 활용되고 있는 사례를 조사하여 발표함. 과도한 화석연료의 사용으로 발생한 환경문제를 해결하기 위해 신재생 에너지에 대한 관심이 높아짐에 따라 수소 에너지 생산을 위해 사용하고 있는 전기분해의 원리에 대해 발표함. 또한 과학 잡지 및 과학 전문 누리집을 통해 산업에 활용되고 있는 사례들을 확인하고, 최근 연구 및 활용 사례를 찾아 정리하는 등 자료를 자신의 것으로 해석하여 정리하는 능력이 뛰어난 학생임. 작은 궁금증도 지나치지 않고 스스로 탐구하고 해결하기 위해 노력하는 자세가 훌륭하며, 자신의 탐구 과정을 정리하고 발표함으로써 다른 친구들의 과학적 호기심을 불러일으키고 지적 자극을 주는 학생임.

관련학과 과학교육과, 물리교육과, 화학교육과, 지구과학교육과, 환경교육과, 기술교육과, 공업관련 교육과

핵심키워드 전자기파의 간섭과 회절

성취기준

📢 [12화학Ⅰ01-01] 화학이 식량 문제, 의류 문제, 주거 문제 해결에 기여한 사례를 조사하여 발표할 수 있다.

- 화학이 문제해결에 기여한 사례를 중심으로 다루며, 화학 반응식을 강조하지 않는다.

과학 독서활동에서 도서 '노 임팩트 맨(No Impact Man)'을 읽고 이를 정리하여 친구들에게 발표함. '노 임팩트 맨'은 환경에 미치는 영향을 최소화하면서 살아가는 한 가족의 생활을 담은 내용으로 화학물질 없이 살아갈 수 없는 현대 사회에서 친환경적인 삶의 무엇인지에 대해 친구들과 함께 고민해보는 시간을 가짐. 발표 과정에서 '노 임팩트 맨'의 주인공인 '콜린' 가족의 에피소드를 중심으로 발표하여 친구들에게 재미있고 유익한 내용을 효과적으로 전달함. 발표 후 1달간 화학물질 없이 살기 위해 화학 세제 없이 1달 살아가기 프로젝트를 진행하였으며, 이 과정을 일지로 작성한 포트폴리오를 제출함. 비록 완전히 화학 세제 없이 살아가지 못하였으나 실패할 때마다 그 이유를 분석하려고 노력하는 모습이 인상적이었음. 이 활동을 통해 친환경적인 실천은 자신이 할 수 있는 작은 일부터 시작하는 것임을 깨닫고 주변 친구들과 함께할 수 있는 2~3가지의 실천 강령을 만들어 학급 게시판에 게시함.

관련학과 ▷ 초등교육과, 과학교육과, 화학교육과, 환경교육과, 윤리교육과   핵심키워드 ▷ 화학 반응

성취기준

📢 [12화학Ⅰ03-04] 전기 음성도의 주기적 변화를 이해하고 결합한 원소들의 전기 음성도 차이와 쌍극자 모멘트를 활용하여 결합의 극성을 설명할 수 있다.

- 수소, 물, 암모니아, 이산화탄소 등과 같은 2, 3주기 전형 원소를 예로 든다. 쌍극자 모멘트는 정량적으로 다루지 않는다. 확장된 옥텟 규칙이 적용되는 화합물은 다루지 않는다.

우리 주변에 활용되고 있는 화학이라는 주제로 전자레인지의 원리에 대해 발표함. 이를 위해 교과서와 학교에서 선택하지 않은 다른 교과서와 관련 서적을 검색하여 전자기파의 한 영역인 '마이크로파'에 대해 조사함. 전자레인지의 '마이크로파'를 만드는 '마그네트론'은 높은 주파수와 진동을 만들어내는 장치라는 것과 물 분자가 전파의 에너지를 흡수하는 공진현상으로 물 분자가 진동하면서 마찰이 생겨 열이 발생하는 원리에 대해 발표함. 이러한 원리로 전자레인지에는 전기나 열을 전하지 않는 부도체 그릇을 사용해야 함을 설명하며, 추가로 전자레인지에 사용 가능한 그릇 구별법을 발표하는 등 과학적 원리를 실생활에 접목하는 발표로 친구들에게 호응을 받음. 또한, '인체 냉동보존 기술로 인한 수명연장', 'GM 모기 방사'에 대한 과학 칼럼을 읽고 이를 논제로 토론 활동에 참여함. 본인의 생각을 주장하면서 반론으로 제기될 수 있는 다양한 의견에 대해서도 논리적으로 설명하여 찬성과 반대의 의견을 충분히 숙지했다는 준비성을 확인할 수 있었음.

관련학과 ▷ 과학교육과, 화학교육과, 물리교육과, 공업관련 교육과, 기술교육과, 가정교육과, 초등교육과   핵심키워드 ▷ 전기 음성도

물질의 세 가지 상태와 용액

성취기준

📌 [12화학Ⅱ01-05] 물의 밀도, 열용량, 표면 장력 등의 성질을 수소 결합으로 설명할 수 있다.

최근 화석연료의 사용으로 인한 기후변화 문제로 신재생에너지에 대한 관심이 높아지면서 태양광, 풍력 이외의 새로운 신재생 에너지에 관해 탐구함. 이 중 염분 차 발전에 흥미를 가지고 집중적으로 자료를 조사하여 발표함. 염분 차 발전은 바다와 강이 만나는 곳이라면 어떠한 환경에도 상관없이 매일 전력을 생산할 수 있다는 점과 해양 생물에게 피해를 주는 제방 시설을 건설할 필요가 없어 친환경적이면서도 경제적인 발전이라는 장점이 있으며, 농도가 낮은 강물이 농도가 높은 바닷물에 빨려 들어가는 압력으로 전기를 생산한다는 염분 차 발전의 원리를 그림을 그려가며 설명함으로써 친구들의 이해를 높임. 모든 면에서 탁월함을 보여주는 학생으로 강한 지적 호기심을 가지고 하나의 개념이라도 깊이 있게 공부하여 질문들의 수준이 높고, 화학 반응의 양적 관계를 묻는 어려운 문제를 가장 완벽하게 풀어냄.

관련학과 | 과학교육과, 화학교육과, 환경교육과, 기술교육과, 공업 관련 교육과

핵심키워드 | 염분의 차이, 신재생에너지

반응속도와 촉매

성취기준

📌 [12화학Ⅱ03-03] 1차 반응의 반감기를 구할 수 있다.
• 반응 속도 및 반감기를 구하는 활동은 복잡한 계산보다 원리의 이해를 중심으로 다룬다.

실생활에 활용되는 과학 이야기 탐구활동에서 화석의 나이를 알아내는 동위원소 방사성 붕괴를 이용한 탄소연대측정법에 관해 탐구함. 평소 정확한 연대를 측정하는 과학적 원리에 호기심을 가지고 있어 반감기에 대한 수업을 들은 후 이에 대한 구체적인 사례와 원리를 정리하여 보고서를 제출함. 보고서에는 생물 유해나 화석의 탄소12와 탄소14 비율을 측정하여 대기 중의 비율과 비교함으로써 탄소14가 어느 정도 감소했는지 알 수 있다는 내용, 탄소14의 반감기를 이용하여 생물 화석의 연대를 계산하는 방법에 관해 기술함. 방사성 탄소연대측정법으로 약 6만 년까지 측정할 수 있다는 것을 알고, 이후 칼륨 아르곤 법을 이용한 연대측정방법을 조사하고자 하는 목표를 발표함. 발표 과정과 모둠과정에서 뛰어난 과학적 의사소통능력을 보였으며 수업 활동지를 성실하게 작성하는 등 수업 결과물이 우수한 학생임.

관련학과 | 과학교육과, 화학교육과, 지구과학교육과, 역사교육과

핵심키워드 | 반감기

과학 교과군
생명과학 I [단원명] 생명과학의 이해

성취기준

📌 [12생과 I 01-02] 생명과학의 통합적 특성을 이해하고, 다른 학문 분야와의 연계성을 예를 들어 설명할 수 있다.
- 생명과학이 살아있는 생명체의 특성을 다루고 있어 타 학문 분야와 차이가 있지만, 현대 생명과학 분야의 성과는 여러 학문 분야의 성과와 결합되어 나타난다는 것을 이해하도록 한다.

찍찍이로 알려진 벨크로가 식물인 도꼬마리를 모방한 제품이라는 것을 수업시간을 통해 알게 된 이후 생체모방에 호기심을 가지고 탐구함. 이 중 바닷가 주변에 서식하는 염생식물인 맹그로브의 뿌리를 모방한 필터를 통해 나트륨 이온을 여과하여 해수 담수화에 이용될 수 있다는 것을 알게 됨. 이와 관련된 지식을 적극적으로 조사하여 충분히 이해한 후 본인의 생각을 논리적으로 발표함. 특히 기존 담수화 과정이 너무 많은 에너지를 소비하는 데 반해 맹그로브 뿌리를 모방한 여과막은 제작 과정이 간단하여 소규모 설비로도 작동할 수 있다는 장점을 강조함. 즉 단순 과학적 지식뿐만 아니라, 이를 실제로 이용할 수 있는 부분까지 세심하게 관찰하는 능력이 뛰어나고 자신의 과학적 호기심을 주변 친구들에게까지 전파하고 설명하는데 탁월한 능력을 보임. 후속활동으로 생체모방기술을 이용하여 학교생활에서의 문제를 해결해보고자 하는 프로젝트를 제안하고, 이를 학급 특색사업으로 끌어내는 기획력과 리더십을 보임.

관련학과 | 초등교육과, 과학교육과, 생물교육과, 물리교육과, 화학교육과, 지구과학교육과, 환경교육과, 기술교육과, 공업관련 교육과

핵심키워드 | 생명과학

과학 교과군
생명과학 I [단원명] 생태계와 상호작용

성취기준

📌 [12생과 I 05-06] 생물다양성의 의미와 중요성을 이해하고 생물다양성 보전 방안을 토의할 수 있다.
- 생물다양성을 유전적 다양성, 종 다양성, 생태계(서식지) 다양성을 포괄하는 개념으로 이해시키되, '통합과학'에서 기본 개념은 다루었으므로, 여기에서는 각 개념을 보다 심화하여 상세히 다루도록 한다.

우리 학교 주변의 식물을 관찰하는 모둠활동을 수행함. 평소 식물에 대한 관심이 있었으나 이름을 알지 못했던 다양한 식물들의 이름을 애플리케이션과 식물도감을 활용하여 조사하고 식물의 특징과 함께 서식지의 특징을 친구들과 함께 토의함. 조사한 내용을 모둠별로 취합하여 커뮤니티 맵핑으로 만드는 작업에 주도적으로 참여하였으며, 이를 통해 학교와 지역의 식생과 생태계의 차이를 설명함. 또한, 학교의 생물다양성을 높이기 위한 다양한 방법을 제안함. 이 활동에서 식물을 관찰내용과 친구들의 의견을 꼼꼼하게 메모하는 모습이 돋보였으며, 모둠활동에 적극적으로 참여하지 않는 친구들에게 이 활동의 필요성과 모둠활동에서의 개인의 역할의 중요성을 설명하여 활동에 참여하도록 설득하는 모습을 보임. 발표 이후에도 커뮤니티 맵핑에 사진을 올리는 등 자신이 가진 과학적 호기심을 지속적으로 풀어나가는 모습이 관찰됨. 이후 학교 주변 하천에 서식하는 금개구리, 맹꽁이 등 멸종위기종인 양서류를 조사하여 모니터링하고자 하는 포부를 밝힘.

관련학과 | 과학교육과, 생물교육과, 환경교육과, 지리교육과, 초등교육과, 유아교육과, 특수교육과

핵심키워드 | 생물다양성

생명과학 II

[단원명]

생명과학의 역사

성취기준

📌 [12생과 II 01-02] 생명과학 발달에 기여한 주요 발견들에 사용된 연구 방법들을 조사하여 발표할 수 있다.

생명과학 분야에서 사소하지만 잘 이해하지 못했던 궁금증에 관한 이야기라는 주제를 선정하여 발표함. 유전병 환자의 외상 치료에 대한 궁금증, 혈우병 환자가 교통사고를 당하면 어떻게 될지에 대한 궁금증, 외상 후 스트레스 장애 환자의 유전자 이용 치료 등에 대한 자료를 찾아보고 정리하여 발표함. 또한, DNA와 암세포를 주제로 탐구하면서 DNA칩 모형을 만들고 보고서를 제출함. 이 과정에서 DNA칩의 원리와 제작 과정, 진단방법을 조사한 후 블록 프로그래밍을 이용하여 프로그램을 설정함으로써 DNA칩 모형을 제작함. DNA칩이 인간의 질병으로부터 많은 부분을 해결해 줄 수 있으며, 농업, 식품, 환경 및 화학 분야에서도 많은 영향을 미칠 것으로 기대되지만 과학기술의 발달이 더 이상 사회문제에 악영향을 주어서는 안 된다는 언급을 통해 지속가능한 과학기술 발달의 중요성을 인식하고 있음을 확인할 수 있었음. 생명과학 문제를 꼼꼼하게 풀어보며 의문이 있으면 질문하여 확실하게 알고 넘어가는 좋은 학습 습관을 갖고 있으며, 자신의 방식으로 더 쉽게 해결하는 방법을 고민하여 친구들의 질문에 접근 방법을 공유함.

관련학과 ▷ 과학교육과, 물리교육과, 화학교육과, 생물교육과, 지구과학교육과 **핵심키워드** ▷ 생명과학 발달

생명과학 II

[단원명]

생명공학 기술과 인간생활

성취기준

📌 [12생과 II 06-04] LMO가 인간의 생활과 생태계에 미치는 긍정적인 영향과 부정적인 영향을 조사하고 토론할 수 있다.

유전자 조작 기술이 포함된 영화를 감상한 후 미래 사회에서 이 기술이 사용됨에 있어 발생할 수 있는 사회적 혜택과 사회적·윤리적 문제에 대한 자신의 생각을 정리하여 논술함. LMO는 기후변화와 환경의 변화에 따른 미래 식량 수요를 대비할 수 있다는 장점이 있으나 현재 식량의 문제는 생산량의 문제가 아닌 제3국에 분배되지 않는 문제라는 점, 슈퍼 잡초 사례와 같이 또 다른 환경 문제를 불러일으킬 수 있음을 밝힘. 하지만 LMO는 현재 우리 생활의 일부, 생명공학계의 흐름 중 하나로 자리 잡았으며 제대로 된 연구와 확실한 과학적 근거로 사용해야 함을 주장함. 이 과정에서 자기 생각을 뒷받침할 수 있는 다양한 자료를 찾고 이를 정리하는데 뛰어난 모습을 보였으며 과학발전과 환경이 지속가능한 대안을 마련하고자 노력하는 모습을 보임. 또한, 후속활동으로 우리 주변의 GMO, LMO 사례를 찾아 정리하는 보고서를 제출하는 등 하나의 호기심을 자기주도적으로 풀어나가는 모습이 뛰어난 학생임.

관련학과 ▷ 과학교육과, 생물교육과, 윤리교육과, 환경교육과, 가정교육과 **핵심키워드** ▷ LMO, 생명공학

성취기준

📌 [12지과 I 02-03] 지층의 선후 관계 해석에 사용되는 다양한 법칙을 통해 지구의 역사를 추론할 수 있다.

- 지층 형성의 선후 관계를 결정짓는 법칙들(수평퇴적의 법칙, 지층누중의 법칙, 동물군천이의 법칙, 관입의 법칙, 부정합의 법칙 등)을 이해하고, 시간과 암석에 따라 층의 순서를 결정하고 지구의 역사에 대해 설명한다.

최근 국제적으로 기후변화의 원인 물질인 이산화탄소의 농도 변화가 자연적인 현상이라는 논란에 대해 호기심을 가지고 지구의 역사에 따른 이산화탄소 농도 변화를 알아보기 위한 탐구를 진행함. 이를 위해 다양한 자료를 분석한 선행연구를 확인하였으며, 그중 남극 싸이플돔을 활용한 연구에 관심을 가지고 심도 있게 탐구함. 빙하 코어 연구는 비교적 연령이 정확하고 기후에 대한 정보를 잘 보존하고 있으므로 지구의 이산화탄소 농도를 확인하는 방법으로 가장 신뢰할 수 있다고 판단함. 그 결과 빙하기, 간빙기 기후변화와 이산화탄소 농도 변화가 밀접하게 연관되어 있음을 알고, 이산화탄소 농도의 변화가 자연적인 현상이라는 주장에 대한 반론으로 기후변화의 원인이 인간의 활동으로 인한 인위적인 이산화탄소의 발생이라는 주장을 근거를 통해 발표함. 비록 이 실험에 직접 참여하지는 못하였으나 이후 기회가 되면 남극 빙하에 관한 탐구를 지속적으로 해보고 싶다는 포부를 밝힘. 또한, 기후변화의 원인인 이산화탄소를 생활 속에서 줄이기 위해 대기전력 차단을 위한 타임스위치 사용 및 전기제품 콘센트의 이름표 부착 등을 학급에 제안하는 등 알고 있는 지식을 실천하려고 노력하는 모습을 보임.

관련학과 과학교육과, 지구과학교육과, 환경교육과, 화학교육과, 초등교육과   **핵심키워드** 지층의 선후 관계

성취기준

📌 [12지과 I 03-04] 해수의 물리적, 화학적 성질을 이해하고, 실측 자료를 활용하여 해수의 온도, 염분, 밀도, 용존 산소량 등의 분포를 설명할 수 있다.

지속가능한 발전 목표 중 건강하고 안전한 물관리에 관심이 있고, 이중 해수 담수화에 관련된 수업을 듣고 이를 탐구하기 위한 계획서를 작성함. 현재 해수 담수화가 수증기를 포집하는 증발 방식과 강한 압력으로 물을 여과 시켜 바닷물에 녹아 있는 나트륨 및 이온을 걸러내는 삼투압 방식이 있음을 조사하고 이 두 가지 방식의 장단점에 대해 정리함. 하지만 두 방식 모두 에너지가 많이 소비된다는 단점이 있어 이를 해결하고자 하는 탐구를 진행함. 이중 태양광 발전 중 폐열을 이용하는 방법과 맹그로브의 뿌리 메커니즘을 모방하는 생체모방기술에 관한 선행연구를 조사하여 연구 계획서를 작성하여 발표함. 이 과정에서 친구들의 과학적 호기심을 유발하는 사례와 과학적 원리를 쉽게 설명하여 친구들에게 긍정적 피드백을 받음. 이후 지속가능한 물관리를 위해 가정에서 물을 아껴 쓰기 위한 10가지 방법을 친구들과 공유하고 해수 담수화와 관련해 지속적인 관심을 가지고 연구 동향을 파악할 것을 계획함.

관련학과 과학교육과, 지구과학교육과, 물리교육과, 화학교육과, 공업관련 교육과, 기술교육과   **핵심키워드** 해수, 기후변화

지구과학Ⅱ

[단원명]

지구의 형성과 역장

성취기준

📌 [12지과Ⅱ01-03] 지진파를 이용하여 지구의 내부 구조를 알아내는 과정과 지각의 두께 차이를 지각평형설로 설명할 수 있다.

● 지진파(종파 및 횡파)의 특성으로부터 지구 내부 구조를 알아낼 수 있음을 이해하고, 지각의 분포와 두께 차이로부터 지각평형설을 설명한다.

지구과학과 관련된 도서를 설정하고 독서활동을 통해 제시한 논제에 맞게 서술하는 활동에서 '인간은 지구의 구조를 태양의 구조보다 모른다.'를 통해 지구의 신비한 세계에 대해 생각해보게 됨. 특히 지구 내부를 통과하는 지진파가 성질이 다른 물질을 만나면 경계면에 굴절 혹은 방사하는 특성을 활용하여 지구 내부의 구조를 밝히는 것에 관심을 가지고 이에 대해 탐구하여 보고서를 제출함. P파와 S파의 속도와 특징을 통해 확인된 내부 구조 이외에 '암영대'라고 지진파로 관측이 되지 않은 부분에 대해 더 많은 호기심을 가지고 앞으로 이에 관해 연구하는 사람이 되고자 노력하는 모습을 보임. 또한, 지구에서 살아가고 있는 수많은 생물이 지구를 구성하는 수많은 요소이며 서로 영향을 주고받는 상호작용을 일으키는 유기적 관계에 있음을 알게 됨. 이를 통해 지구의 과거 역사를 통해 앞으로 다가올 미래의 지구환경에 인간이 어떻게 대처해야 할지 생각해 보는 계기가 됨.

관련학과) 과학교육과, 지구과학교육과. 국어교육과, 생물교육과, 지리교육과   핵심키워드) 지진파, 지구자기장

지구과학Ⅱ

[단원명]

한반도의 지질

성취기준

📌 [12지과Ⅱ03-02] 한반도의 지질 자료를 통해 한반도의 지사를 설명할 수 있다.

● 한반도의 지체 구조(경기육괴, 옥천대, 영남육괴, 경상분지)를 살펴보고, 지질 분포의 경우 시대별(선캄브리아 변성암복합체, 조선누층군, 평안누층군, 경상누층군, 중생대~신생대 화성 활동)로 구분해 보고, 대표적인 지각 변동의 특징을 파악한다.

한반도의 지질 단원에서 한국지질자원연구원을 참고하여 학습한 후 우리지역의 지질도를 조사하고자 하는 탐구 계획서를 제출함. 이를 위해 기존에 탐구된 다양한 선행 보고서를 찾아보고 이것을 우리 지역에 접목하기 위한 계획을 세움. 또한, 친구들이 가진 장점을 살리면서 역할분담을 하고 준비물을 분배하는 등 리더십을 보임. 지질자원데이터센터의 자료를 활용하여 우리 지역의 지질도를 확인하는 과정을 통해 지각을 이루는 물질의 차이를 확인함. 이를 계기로 지질학에 대한 관심이 높아졌으며 대학에 들어가 반드시 실제 탐사를 해보고 싶다는 계획을 발표함. 수업시간에 배우는 많은 개념을 이해하고자 하는 의지가 높아 수업이 끝나도 항상 자리에서 일어나지 않고 다시 한번 학습했던 내용을 복습하기 위해 교과서를 반복적으로 읽는 등 노력하는 모습이 지속적으로 관찰되는 학생임. 이 외에도 지구의 지질 단면도를 해석하는 활동에서 지층의 순서를 결정하는 데 사용된 관입의 법칙, 지층 누증의 법칙, 부정합의 법칙 등 지사학의 법칙을 정확하게 서술했고 지층의 나이를 방사성 원소의 반감기를 이용하여 정확하게 구함.

관련학과) 과학교육과, 지구과학교육과, 지리교육과   핵심키워드) 한반도 지질

과학사 [단원명] **동양과 한국 과학사**

성취기준

📌 [12과사03-06] 한국 현대 과학의 발전 과정을 이해하고, 최근 세계 과학계에서의 한국 과학이 갖는 위상을 소개할 수 있다.

한국의 과학 위상에 대한 발표 수업에서 한국 과학기술의 아버지라고 불리는 고 최형섭 박사를 조사하여 발표함. 최형섭 박사는 대학 설립, 연구단지 조성, 과학재단 설립 등 연구의 자율성과 안정성을 위해 노력하였고 해외에서 활동하고 있던 한국의 과학기술자를 유치하였음을 이야기하며, '학문에는 거짓이 없어야 하며, 시간에 초연한 생활 연구인이 되어야 하고, 아는 것을 자랑하는 것이 아니라 모르는 것을 반성해야 한다'는 묘비에 새겨진 '연구자의 덕목'에 대해 발표함. 이 발표를 통해 과학을 바라보는 자신의 관점에 대해 다시 한번 생각해보는 시간을 가졌으며, 친구들에게도 과학자와 연구자가 가져야 할 마음가짐에 대해 고민할 기회를 제공함. 이후 과학교사로서 기본에 충실할 것과 주변 생활에 적용된 과학적 원리에 관해 관심을 가질 것을 다짐함.

관련학과) 과학교육과, 초등교육과, 역사교육과　　　　　핵심키워드) 한국 과학

과학사 [단원명] **과학과 현대 사회**

성취기준

📌 [12과사04-02] 최근의 과학기술의 발전에 따른 윤리적인 쟁점 사례를 이용하여 과학자로서 갖추어야 할 연구 윤리, 생명윤리 등에 대하여 토의할 수 있다.

📌 [12과사04-03] 현대 사회에서 과학과 기술, 사회와의 관련성에 대해서 토의할 수 있다.

과학기술의 양면성에 관한 사례 발표에서 과학기술이 인간 생활에 물질적인 풍요로움을 가져다주었지만 환경 문제와 같은 다양한 문제들을 야기했음을 발표함. 이를 위해 우리 생활에 가장 많이 쓰이는 플라스틱을 사례로 플라스틱은 가공이 편하고 생산 비용이 저렴하여 널리 사용되고 있으나 지금처럼 플라스틱을 사용할 경우 2040년에는 전 세계 플라스틱 소비량이 2016년의 2배로 증가하고 자연에 유출되는 플라스틱 쓰레기양은 3배가 될 것이며, 바다에 버려지는 플라스틱은 4배가 될 것이라는 내용을 엘렌 맥아더 재단 보고서에서 찾아 정리한 후 인포그래픽을 제작하여 친구들에게 발표함. 이러한 플라스틱은 자연적으로 분해가 되지 않으며, 잔류성 유기오염물질로 동식물의 체내에 축적되어 건강을 해칠 수 있고 미세플라스틱이 더욱 문제가 될 수 있음을 현재 발생한 플라스틱 피해 사례를 통해 발표함. 이를 위해 바이오 플라스틱과 미세플라스틱을 먹는 미생물을 대안으로 제시하였으며, 개인, 마을, 지역에서 플라스틱 사용을 줄이는 플라스틱 프리를 실천해야 함을 주장함. 이 과정에서 과학적 탐구력과 사고력이 뛰어나고 자신이 알고 있는 내용을 친구들에게 설명하는 능력이 뛰어남을 확인함. 또한, 발표 시 친구들의 과학적 호기심을 유발하는 퀴즈 및 발표 능력으로 친구들에게 긍정적인 평가를 받음.

관련학과) 과학교육과, 초등교육과, 환경교육과, 윤리교육과, 사회교육과 　 핵심키워드) 과학과 기술, 과학과 사회

생활과 과학

[단원명]

아름다운 생활

성취기준

📌 [12생활02-04] 화장품 개발의 윤리와 동물보호 등과 관련된 내용을 조사하고 토론할 수 있다.

과학 지식의 확장과 과학을 실생활에 접목하기 위한 목적으로 진행된 '과학 글쓰기' 활동에서 '화장품 개발을 위한 동물실험이 필요한가?'라는 주제로 글쓰기를 함. 인간과 동물의 독성 반응에서 상호 연관성은 5~25% 사이로 매우 낮고, 인간과 동물이 공유한 고유 질병은 1.16%도 안 된다며 실험동물과 인간의 유사성에 대한 과학적 검토가 필요하다는 근거를 제시함. 또한, 화장품 원료만으로도 안전한 화장품을 생산할 수 있다며 대체 실험 방안을 통해 동물의 생명을 해하지 않고도 화장품의 안정성을 실험할 수 있는 다양한 방안에 대한 본인의 생각을 서술함. 이 과정에서 객관적 자료를 분석하여 자신의 주장을 제시하는 모습과 동물실험을 대체할 수 있는 대안을 제시하는 모습이 인상적인 학생임. 글쓰기 활동의 후속활동으로 동물 학대 방지와 복지 증진을 위한 법 개정에 관한 내용을 확인하고 동물실험 금지법에 관한 내용을 정리하여 학급에 게시하는 등 동물과 인간이 조화롭게 살아갈 수 있는 여건 조성을 위해 학생으로서 할 수 있는 방안을 실천하는 모습을 보임.

관련학과 과학교육과, 초등교육과, 생물교육과, 화학교육과, 환경교육과, 사회교육과, 윤리교육과

핵심키워드 미용, 화장품

생활과 과학

[단원명]

편리한 생활

성취기준

📌 [12생활03-02] 인간의 외부 환경, 주거의 개념, 건물의 기능, 편안함, 쓰레기, 안전 등 건축물을 설계할 때 고려해야 하는 사항들을 조사하고 발표할 수 있다.

📌 [12생활03-04] 환경과 생태적 측면에서의 건축물 설립의 장점과 제한점을 실제 사례들을 조사하고 비교함으로써 설명할 수 있다.

생활에 사용되고 있는 과학 원리 발표에서 에너지 제로하우스나 패시브 하우스와 같은 친환경 건축물을 조사하여 직접 설계해보는 프로젝트를 진행함. 친환경 건축에 필요한 요소 조사로 국내외 논문을 찾고 설계하고자 하는 건축물에 도움이 될 만한 신재생 에너지와 에너지 하베스팅 방법을 조사하였으며, 이를 건축물에 적용하기 위한 다양한 아이디어를 제시하여 적용함. 특히 단순히 태양광, 풍력, 지열 등 신재생 에너지의 나열이 아닌 단열재, 통풍 및 채광 등 기본적인 요소에 충실하면서 에너지 하베스팅 기술을 접목하는 모습을 보임. 또한, 모둠 대표로 모둠원의 능력을 고려하여 역할분담을 하는 리더십과 의견을 수렴하는 모습을 보임. 과학부장으로서 1년 동안 생활과 과학 수업 시작 전 면학 분위기를 조성하고 수업 후 뒷정리를 돕는 등 자신의 역할을 성실하게 수행함. 자기 생각을 맥락에 맞게 정돈된 언어로 잘 표현하고, 지적 호기심이 높고 과학의 다양한 분야에 대한 관심이 많으며 수업시간에 집중력과 참여도가 높은 학생임.

관련학과 과학교육과, 환경교육과, 물리교육과, 공업관련 교육과, 기술교육과

핵심키워드 건축

융합과학

[단원명]
인류의 건강과 과학기술

성취기준

📌 [12융과05-06] 생태계와 생물다양성의 가치를 천연 의약품과 관련지어 설명하고, 아스피린 등의 합성 의약품의 중요성에 대해 토의할 수 있다.

동물원이 꼭 필요한가라는 주제의 토론 활동에서 동물원은 필요하지 않다는 입장에서 토론을 진행함. 생물 종 보전 및 교육의 측면에서 동물원의 필요성은 인정하지만, 동물원의 역사와 동물의 입장에서 보이는 다양한 정형행동을 볼 때 동물원이 필요하지 않음을 사례를 들어 주장함. 이 주장을 위해 '오해의 동물원(루시 쿡)' 및 '생각하는 십대들을 위한 토론콘서트-환경(김강석 외)' 책을 읽어 자료를 수집함. 토론 후 반대의 관점에서 자신의 주장을 이야기했지만, 실제 동물원을 없앨 수 없다면 동물원의 동물들을 위해 행동풍부화 프로그램을 활성화하여 동물들의 정형행동을 줄여야 한다는 생각을 발표하고, 국내외에서 실시하고 있는 동물 행동풍부화 프로그램을 소개함. 또한, 해외 동물원의 사례를 통해 인간중심적인 동물원이 아닌 동물과 함께 공생하는 동물원의 필요성을 주장함. 이 과정에서 과학기술의 발달이 다시는 생태계 전반에 악영향을 주어서는 안 된다는 언급을 통하여 지속할 수 있는 과학기술의 발전에 대한 중요성을 인식하고 있음을 확인할 수 있었으며, 생활 속에서 생물과 함께할 수 있는 일을 행동으로 실천하기 위해 노력하는 모습을 보임.

관련학과 초등교육과, 과학교육과, 환경교육과, 윤리교육과, 사회교육과, 일반사회교육과, 아동보육학과 **핵심키워드** 생물다양성

융합과학

[단원명]
에너지와 환경

성취기준

📌 [12융과06-05] 화석 연료의 사용은 산화와 환원 과정이며, 화석 연료의 과다 사용이 지구 온난화와 기후변화를 일으킨다는 것을 논증할 수 있다.

📌 [12융과06-08] 태양, 풍력, 조력, 파력, 지열, 바이오 등과 같은 재생 에너지와 핵융합이나 수소 등과 같은 신에너지 자원을 이해하고, 지속가능한 발전의 관점에서 신재생 에너지를 활용하는 방안을 설명할 수 있다.

환경문제해결을 위한 과학 아이디어 발표에서 최근 화석연료의 과다 사용으로 환경 문제가 심각해지며 대체에너지에 대한 관심이 높아짐에 따라 효율성 높은 풍력 발전에 대해 발표함. 지금까지 프로펠러형 풍력 발전이 많이 사용되고 있으나 소음문제와 프로펠러에 의해 조류가 많이 죽는다는 기사를 접하고 이를 해결하기 위한 연구를 진행함. 최근 나무를 뿌리째 뽑아버리고, 집과 자동차를 날려버리는 자연의 토네이도로부터 영감을 받아 어디에서 바람이 불어와도 같은 효율로 회전하는 토네이도를 닮은 나선형 홈 구조의 원추형 풍력 발전에 대한 아이디어를 설계하여 발표함. 또한, 실제 동일 조건에서 발전기의 효율을 측정할 수 없기에 이에 대한 대안으로 자동차에 두 개의 모형을 설치하고 같은 속도로 이동하면서 실험을 하는 방법을 제안하는 등 창의적인 아이디어를 제시하고 이를 실행에 옮기는 모습이 매우 뛰어난 학생임.

관련학과 과학교육과, 환경교육과, 물리교육과, 공업 관련 교육과, 기술교육과, 초등교육과 **핵심키워드** 기후변화, 에너지 자원 고갈, 신재생 에너지

성취기준

📌 [10영02-03] 일상생활이나 친숙한 일반적 주제에 관해 자신의 의견이나 감정을 표현할 수 있다.

케이푸드 홍보 콘텐츠로 제작하기 모둠활동에서 우리나라 청소년들의 대표 간식인 떡볶이를 만들기로 정함. 조리과정을 정확한 영어 발음과 막힘없는 표현으로 따라 하기 쉽게 설명하면서 친구들과 이야기를 나누며 함께 먹는 모습까지 시나리오로 구성하여 음식에 담긴 한국적 정서를 흥미롭게 표현하고자 하는 의도가 잘 나타남. '나의 인생 비전'을 주제로 한 말하기에서 진정한 배움과 행복에 대한 자신의 가치관을 소개하고 교사가 되어 교육의 본질적 가치를 실현하고 싶다는 포부를 조리 있게 발표함. 이후 '동화책 번역 프로젝트'에 참여하여 'The boy who lost his face(Louis Sachar)'를 번역하는 재능 나눔을 실천함.'The Sneetches'를 읽고 그림책에서 말하고자 하는 차별을 청소년의 또래 문화와 비교하여 제시하며 다름을 존중하고 모든 존재가 평화롭게 공존하는 학교 문화가 되어야 함을 호소하는 서평을 작성함. 영어의 듣기, 말하기, 읽기, 쓰기 전 영역을 골고루 숙달하기 위한 효과적인 전략으로 어원을 분석하여 의미를 이해하고 해당 단어로 대화문을 작성하는 영어학습일기를 매일 빠짐없이 작성함으로써 실력이 크게 향상함.

관련학과 | 영어교육과, 언어교육과, 국어교육과, 교육학과, 초등교육과, 윤리교육과, 사회교육과, 컴퓨터교육과, 예술교육과

핵심키워드 | K-Food 홍보 콘텐츠, 꿈, 에세이, 번역, 서평, 영어학습일기

성취기준

📌 [10영04-01] 일상생활이나 친숙한 일반적 주제에 관하여 듣거나 읽고 세부 정보를 기록할 수 있다.

디지털 활용능력이 탁월한 학생으로 자신에게 맞는 수준의 영어학습용 콘텐츠를 검색하여 '쉐도잉 학습' 방법으로 듣기 실력을 쌓아가는 동시에 자신의 말하기를 녹화하여 원어민의 오디오와 비교하며 연습하는 노력을 기울이고 있어 사교육 없이도 원어민 수준의 발음과 듣기 실력을 형성함. 이러한 자신의 학습 과정과 결과를 체크리스트를 만들어 점검하고 포트폴리오에 꾸준히 누적한 결과 경탄할 만한 학습경험기록물을 보유함. 이를 바탕으로 영어 공부에 어려움을 겪는 친구에게 영어학습 멘토링을 하는 등 지식 나눔을 실천함. '인생 비전 글쓰기'에서 교육은 소외되는 사람 없이 누구나 공평하게 받아야 한다는 신념이 있기에, 그 신념을 실현시키기 위한 방법으로 학생들과 함께 공감하며 호흡하면서 꿈과 희망을 심어주는 교사가 되고자 포기하지 않고 도전할 것임을 유기적으로 연결시켜 제시한 점이 돋보임. '영어 봉사 기획하기' 모둠학습에서 외국 어린이들에게 한국의 전래동화를 들려주자는 의견을 적극적으로 제시하고 모둠원들과의 협업을 통해 '혹부리영감' 오디오북을 제작하여 온라인동영상사이트에 게시함. 결과에 대한 피드백을 수용하여 좀 더 완성도 있는 작품을 시리즈로 제작하고 싶다는 소감을 밝히는 모습에서 향후 우리 사회의 선한 인재로서의 성장이 기대됨.

관련학과 | 영어교육과, 언어교육과, 국어교육과, 교육학과, 초등교육과, 윤리교육과, 사회교육과, 컴퓨터교육과, 예술교육과

핵심키워드 | 쉐도잉 학습법

성취기준

📌 [12영회04-01] 일반적 주제에 관한 말이나 대화를 듣고 화자의 의도나 말의 목적을 파악할 수 있다.

항상 성실한 자세로 활발히 소통하며 능동적으로 수업에 참여하기에 학습한 내용에 대해 확실히 이해하고 있으며 한번 학습한 표현은 자기 것으로 만들어 쓸 줄 아는 언어적 기량이 뛰어남. 영어로 진행되는 온라인 공개강연 사이트에서 '악기를 연주하는 것이 당신의 뇌에 어떻게 도움이 되는지'를 주제로 한 영상의 내용을 듣고 악기 연주가 두뇌 활동에 어떤 영향을 주는지를 찾아 답하는 활동에서 악기 연주를 통해 두뇌의 모든 영역에서 불꽃이 터지는 활동을 하게 되어 시각, 청각, 기억력 등이 모두 활발해지므로 긍정적인 영향을 준다고 답하는 등 듣고 이해하는 실력이 매우 우수함. 또한 이러한 사실을 알게 되었으니 장차 교사가 되었을 때 학생들의 교육활동의 효과를 높이기 위해 아침 조회시간에 다 같이 악기 연주로 학교 일과를 시작하는 방법을 적용해보고 싶다는 희망을 밝히기도 함. 또한 '숙면의 이점'을 주제로 한 영상을 청취한 뒤, 8시간 후에 중요한 시험이 있는 경우 커피를 마시며 남은 시간 동안 벼락치기 공부를 해야 할지 아니면 잠을 자러 가야 할지에 대한 토론에 참여하여 답을 찾고 기억의 장기 저장에 도움을 주는 충분한 수면의 중요성을 근거로 설명함.

관련학과) 영어교육과, 언어교육과, 국어교육과, 교육학과, 초등교   핵심키워드) 온라인 공개강연, 두뇌, 수면
육과, 윤리교육과, 사회교육과

성취기준

📌 [12영회02-04] 일상생활이나 친숙한 일반적 주제에 관한 정보를 묻고 답할 수 있다.

다문화 사회로의 미래지향적 변화를 이해하고 있는 학생으로 언어를 통한 범세계적 소통의 중요성을 느끼고 자신의 언어활용능력을 키우기 위해 꾸준히 노력하는 모습을 보임. 교과도우미를 자처하여 매 수업시간 시작 후 2분간 실생활의 다양한 주제를 중심으로 자주 활용하는 표현을 친구들에게 알려주고 함께 익히는 학습 리더 역할을 빠짐없이 수행함으로써 친구들은 물론 본인의 의사소통 역량이 가장 향상되는 학습효과를 얻음. '학교홍보영상 제작하기' 모둠활동에서 전체 시나리오를 기획하고 모둠원들의 희망과 능력을 적재적소에 반영하여 본교의 역사, 교육과정 편제, 특색활동, 학생주도 동아리 현황, 교내 시설 및 공간 등을 다채롭게 소개하는 콘텐츠를 만드는 데 매개자 역할을 훌륭히 함. 그 결과 전달력과 흥미를 모두 갖춘 내용 구성과 학교의 교사 및 학생들과 영어로 직접 인터뷰한 영상을 자막과 함께 구성한 섬세한 편집으로 상당히 높은 수준의 홍보 영상을 완성함. '글로벌 어젠다' 스피치 활동에서 기후변화에 공동 대응하기 위한 탄소제로 정책에 전 지구적 동참을 호소하는 내용으로 유창한 어휘력과 구조적 짜임이 돋보이는 연설을 하여 큰 공감을 얻음.

관련학과) 영어교육과, 언어교육과, 국어교육과, 교육학과, 초등   핵심키워드) 학교홍보영상 제작, 글로벌 어
교육과, 윤리교육과, 사회교육과   젠다 스피치

영어 교과군

영어 I

[단원명]
듣기, 말하기, 읽기, 쓰기

성취기준

📌 [12영 I 02-04] 일반적 주제에 관한 말이나 대화를 듣고 화자의 의도나 말의 목적을 파악할 수 있다.

📌 [12영 I 02-05] 친숙한 일반적 주제에 관해 자신의 의견이나 감정을 표현할 수 있다.

📌 [12영 I 02-06] 일반적 주제에 관한 글을 읽고 함축적 의미를 추론할 수 있다.

환경에 관한 영상을 시청한 후, 평소 가지고 있던 환경에 대한 문제의식을 확장하고 스스로 자료를 찾아 발표함. 인공지능이 지배하는 사회가 먼저인지 기후변화로 멸망하게 될 사회가 먼저인지 생각해 볼 문제를 제시하고 파리기후협약, 세계의 위험 요소, 환경윤리학, 동양의 유기적 세계관을 기계적 세계관과 대비하여 소개함. 하나의 주제로 다양한 자료를 구성하고 학생들이 스스로 생각하고 자신들을 돌아볼 수 있도록 유도하였다는 점에서 훌륭한 발표 능력을 보여 주었음. '영어 광고 프로젝트' 활동에서 '와서 그의 숨결을 느껴봐! 다양한 문학 활동은 덤이다'라는 제목으로 문학 박물관에 대한 포스터를 제작하고 영어로 홍보하며 막힘없이 영어를 사용하는 능력을 보여줌. 온라인 수업 기간 중 매 차시 자발적으로 작성하게 한 논술형 과제를 빠짐없이 영어로 작성하였으며, 지문을 분석하여 내용의 핵심을 꿰뚫었을 뿐만 아니라 행간의 의미를 잘 읽고 자신의 생각을 논리적으로 진술하는 태도를 보였음.

관련학과 영어교육과, 언어교육과, 국어교육과, 교육학과, 초등교육과, 윤리교육과, 사회교육과, 과학교육과, 예술교육과

핵심키워드 환경, 영어 광고, 독서 감상문

영어 교과군

영어 I

[단원명]
듣기, 말하기, 읽기, 쓰기

성취기준

📌 [12영 I 02-04] 일반적 주제에 관한 말이나 대화를 듣고 화자의 의도나 말의 목적을 파악할 수 있다.

📌 [12영 I 02-05] 친숙한 일반적 주제에 관해 자신의 의견이나 감정을 표현할 수 있다.

학습에 대한 몰입도와 태도가 진지하며 모든 수업에 능동적으로 참여함. '이 또한 지나가리라'라는 영어 지문을 통해 현재 자신이 처해 있는 현실과 대비하여 스스로 반성하고 앞으로 나아갈 방향에 대해 생각해 봄. 국내 여행지 소개 프로젝트에서 '제주도'를 소개하며 여러 가지 정보 중 인상적인 부분만을 간추려 효과적인 발표가 되도록 준비함. '실패와 성공'을 주제로 자신이 직접 실패를 경험하고 깨달은 점을 발표하여 학급 친구들에게 큰 울림을 줌. 이를 위해 학생들에게 친숙한 케이팝 아이돌 그룹을 사례로 들며 그들이 기존 시스템의 차별과 배제를 극복하고 성공하게 된 이유를 소개함과 동시에 아이돌 양성 과정의 시스템 문제를 대비하여 문제점을 효과적으로 부각시키고 문제점과 해결책을 교육적 관점에서 접근함. 특히 자신이 경험한 학교교육의 문제점을 보완하는 제도의 개선 방향을 제시하며 해결방안을 모색하고자 노력한 점이 돋보임. 영어학습 방법에 있어 문장구조와 행간의 의미를 세밀하게 탐구하고, 의문점에 대해 비판적으로 접근하며 자신의 생각을 직접 글로 써서 정리하는 등 남다른 노력을 기울이는 학생임.

관련학과 영어교육과, 언어교육과, 국어교육과, 교육학과, 초등교육과, 윤리교육과, 사회교육과, 예술교육과

핵심키워드 여행지 소개, K-POP

영어 독해와 작문 **[단원명]** **읽기, 쓰기**

성취기준

📌 [12영독03-02] 비교적 다양한 주제에 관한 글을 읽고 주제 및 요지를 파악할 수 있다.

종자보관소에 관한 주제를 배우고 자신의 관심을 확장하여 바나나의 멸종위기에 관한 사례를 조사한 뒤, 문제의 심각성, 발생원인 및 결과에 대한 기사문을 작성하고 학습 게시판을 활용하여 공유하고 소통함. 서평쓰기 활동에서 로터스 호텔를 배경으로 한 오 헨리의 단편소설을 읽고 작가의 삶의 배경을 근거로 호텔 안의 이야기와 배경들을 다양한 시점으로 서술함. 특히 경제적 격차에 따른 양면성, 대도시 속 소시민의 삶, 자본주의의 아이러니 속 공포와 폭력이 공존하는 모습에 대해 예리하게 분석한 부분이 특히 우수함. 독서의 폭이 다양하고 어휘력이 좋아 독해 과정에서 문맥에 필요한 어휘를 정확하게 쓰고 활용하는 능력이 돋보임. 좀조개에서 영감을 얻은 터널 공법에 대한 지문 발표에서 재귀대명사, 수동분사구문, 계속적 용법의 관계대명사, 수일치 등의 문법에 대해 설명하고 글의 핵심내용을 이미지를 사용하여 정확하게 설명함. 수업 내용과 관련하여 매시간 주어진 스터디 로그 학습지 활동에 성실하게 참여하여 핵심 어휘 정리, 중요 구문 분석 정리, 글의 요지 및 주제문 찾아 해석하기, 지문과 관련된 질문 만들기 등을 빠짐없이 완성하였음. 심리학자 로버트 여키스와 존 도슨이 밝힌 '스트레스와 수행과의 상관관계'에 대해 학습하고 '효과적인 스트레스 관리 방법'을 주제로 영어에세이를 작성하였으며, 친구들과 상호 공유하는 활동에서 상호피드백을 주고받으며 공감하는 소통과 공감의 태도가 돋보임.

관련학과 영어교육과, 언어교육과, 교육학과, 교육학과, 초등교육과, 윤리교육과, 사회교육과 　　**핵심키워드** 서평 쓰기, 영어에세이 쓰기

영어 독해와 작문 **[단원명]** **읽기, 쓰기**

성취기준

📌 [12영독04-05] 미래의 계획이나 진로 등에 관하여 글을 쓸 수 있다.

복잡한 구조의 문장에 대한 분석력이 뛰어나며 어휘의 기저에 담겨있는 의미 또한 잘 파악하여 글을 해석해냄. 5초의 법칙이라는 상식적인 행동에 관해 과학자들이 연구한 글을 읽으면서 추상적인 과학이 아닌 생활 속 과학에 대한 이해를 높였으며, 코로나19 관련 강연을 통해 국가의 위기대응능력, 시민의식, 범세계적 통찰력, 우리 사회의 미래 역량 등에 대해 생각하고 자신의 의견을 논리적으로 작성함. 문화적 관점과 인종차별에 대한 글을 통해 다양성 존중이라는 큰 의미를 되새겨 봄. 새로운 영어 지문이 제시될 때, 도전 의식과 흥미를 보이며 그 속에 내포된 의미를 추론함으로써 자신의 가치관과 견주어 보완하거나 수정하기도 하는 등 자기성장의 기회로 삼는 모습이 매우 훌륭함. 심리학과 관련된 글을 읽고 '행위자-관찰자 편향'을 주제로 한 인지 오류에 대해 집중적으로 조사하고 학습하는 자기주도성을 보였으며, 교사의 꿈을 가지고 있는 자신이 고려해야 할 조건 중의 하나로 내면화함으로써 교사로서 학생을 대할 때 상황을 먼저 고려해야 한다는 발표를 함. 주어진 단어를 활용하여 글을 쓰는 활동에서, 행동주의 경제학의 발전 과정에 대한 글을 언어형식의 오류 없이 완성도 있게 작성함. 배경지식이 잘 갖추어져 있어 읽기자료에 나온 세부 사항에 대한 이해도가 높으며 이를 정확하게 표현하며 설명함. 행간에 숨어있는 필자의 의도를 정확하게 파악하여 발표하는 등 글에 대한 전반적인 이해력과 영어활용능력이 출중함.

관련학과 영어교육과, 교육학과, 초등교육과, 윤리교육과, 사회교육과 　　**핵심키워드** 독해, 분석, 작문

영어 교과군
영어Ⅱ
[단원명]
듣기, 말하기

성취기준

📌 [12영Ⅱ02-01] 비교적 다양한 주제에 관하여 듣거나 읽고 세부 정보를 설명할 수 있다.

지문에 대한 이해도가 전반적으로 매우 높으며, 글쓴이의 생각에 대한 비판적 분석을 통해 자신의 의견을 적극적으로 개진함. 문장구조를 파악하는 능력이 우수하고 주어진 주제에 대한 자신의 의견을 논리적으로 표현함. 다양한 읽기자료 중 자신의 진로 관심에 따라 우월성과 탁월성 교육에 관한 글을 선택하고 핵심 문장을 찾아 주제문을 완성하였으며, 글에서 제시한 세부사항의 이면적 의미를 파악하여 다른 자료에서 쓰인 유사 주제의 글을 찾아 소개. 결과가 아닌 과정을 중시해야 한다는 주제로 교육 역시 학문 중심의 교육보다는 인간중심교육과정, 즉 과정중심평가라는 현대교육관과 연결지어 탐구하고 조사해보는 심화학습 역량을 발휘함. 수업 중 다룬 다양한 지문을 바탕으로 주제에 대해 심도 있게 생각해 보며 자신의 배경지식과 통합하여 통찰해내는 능력이 탁월함. 영어독서 시간에 'When you reach me'를 읽으며 더욱 이타적인 삶을 추구해야겠다고 생각함. '잘 가르친다는 것은 무엇일까?'를 주제로 교육자들을 만났던 경험을 다룬 기사문을 분석하고, '좋은 가르침은 무엇인가?'를 주제로 한 영작에서 '가르치는 것의 핵심은 가르치는 행위 자체에 있는 것이 아니라 학생이 배우고 있는가, 혹은 학생에게 배움이 일어났는가에 초점을 맞추어야 한다'는 성찰적 사유가 돋보이는 에세이를 작성하였으며, 이를 바탕으로 열띤 모둠 토론을 진행함.

관련학과) 전 교육계열   핵심키워드) 의미 파악, 기사문 분석, 토론

영어 교과군
영어Ⅱ
[단원명]
듣기

성취기준

📌 [12영Ⅱ03-03] 다양한 주제에 관한 글을 읽고 내용의 논리적 관계를 파악할 수 있다.

새롭게 알게 된 어휘와 표현을 놓치지 않고 따로 조사하여 정리하는 등 자기 학습 관리 역량이 뛰어남. 다양한 지문을 바탕으로 주제에 대해 심도 있게 생각해 보며 자신의 배경지식과 통합하여 통찰해내는 능력 또한 출중함. 음악의 사회적 기능에 관한 글을 선택해 작가의 의도를 정확히 파악하여 정리하였고 발표 시 친구들의 주의를 집중시키기 위해 핵심 있는 질문을 함. 음악의 사회적 기능은 문화적 화합이며 이는 교육적으로 활용될 수 있음을 밝히기 위해 음악, 문화, 교육 등 다양한 분야의 자료를 통합하여 자신이 말하고자 하는 바를 이끌어내는 등 지식을 통합적으로 아우르는 능력이 훌륭함을 엿볼 수 있음. 영어원서읽기 활동에서 'The curious incident of the dog in the night-time(Mark Haddon)'을 읽고 '자폐아'의 시점에서 다른 사람을 바라보는 간접체험을 통해 사람들이 저마다 다름을 존중하고 타자의 관점에서 이해하고자 노력하는 것의 중요성을 인식해야 함과 인간의 탐욕과 이기심에 대해 늘 경계함으로써 변화하는 사회에서 공존을 통한 행복을 추구해야 한다는 독서평을 호소력 있는 문장으로 작성함.

관련학과) 영어교육과, 언어교육과, 교육학과, 교육학과, 초등교육과, 윤리교육과, 사회교육과   핵심키워드) 공존, 존중

실용 영어

[단원명]
말하기, 쓰기

성취기준

📌 [12실영02-04] 실생활 중심의 다양한 주제에 관한 정보를 묻고 답할 수 있다.

'실용 영어 콘텐츠'를 제작하는 모둠 프로젝트에서 시나리오 작성 및 연출을 맡아 적극적으로 아이디어를 제시하고 모둠 전체의 의견을 반영하면서 활동을 리드함. 의견 수렴 결과, '교통수단 이용, 친구 사귀기, 길 찾기, 관광시설 이용, 물건 구매, 음식 주문, 약속 및 예약, 응급 구조 요청, 공항 이용, 면접시험 보기'로 구분된 각 상황에 따라 총 10편의 상황극으로 구성된 시리즈 영상을 제작함. 이후 온라인 동영상 공유사이트에 게시하여 필요로 하는 이들이 언제든지 활용할 수 있도록 하였으며, 영상 구독자들로부터 여러 상황별로 반복 학습을 통해 실용적 의사소통 실력을 키울 수 있어 도움이 되었다는 감사 인사와 긍정적 피드백을 받았음을 확인함. 진로 융합교과연계 독서활동으로 '21세기 핵심역량(Bernie Trlling, Charles Fadel)'을 읽고 난 후, 미래 사회에서는 4C에 해당하는 의사소통능력, 협업능력, 비판적 사고능력, 창의력이 더욱 중요함을 인식하고 그 중에서 자신이 보완할 영역으로 창의력에 주목하는 모습을 보임. 이를 위해 교과수업시간 뿐만 아니라 일상생활 속에서 매일 한 가지 이상의 창의적인 질문을 생활화하는 습관을 기르겠다는 감상문을 오류 없이 정확하고 표현력이 돋보이는 문장으로 영작함.

관련학과 ▷ 전 교육계열   핵심키워드 ▷ 의사소통, 상황극, 21세기 핵심역량

영어 교과군

실용 영어

[단원명]
듣기, 쓰기

성취기준

📌 [12실영01-01] 실생활 중심의 다양한 주제에 관한 방송, 광고, 안내 등을 듣고 세부 정보를 파악할 수 있다.

영국 방송 매체의 공유 영상인 '사람들이 소셜 미디어를 그만두는 이유'를 시청한 후, 이유 중 자신이 공감한 부분을 밝히며 상호 토론하는 활동에서 두각을 나타냄. 특히 소셜 미디어의 '중독성'에 주목하고 대부분의 사람들이 지나치게 많은 시간을 할애하며 감각적이고 가시적인 쾌락을 탐닉하는 것의 문제점에 대해, 의견, 이유, 근거, 요약의 논리적 구성 요소를 차례대로 활용하여 자신의 주장을 설득력 있게 주장함. 또한 '영어가 필요한 순간'이라는 주제로 진행된 모둠활동에서는 세계화 현상으로 소비자들이 해외에서 직접 물건을 구매하려는 경우가 많아졌으나 언어의 장벽으로 방법을 몰라 어려워하는 사람들이 많다는 것에서 착안하여 탐구활동 계획을 세우고 모둠원들과의 적극적인 소통과 협업을 통해 프로젝트를 수행함. 이를 위해 해외 직구의 장단점에 대해 분석하고 해외 직구를 위한 절차 및 방법에 대해 알아본 후, 실제 구매 상황을 가정하여 단계별 절차와 필요한 서식 작성 방법을 습득하기 위해 해외 구매 사이트 운영 페이지를 번역하며 주요 용어를 익힘. 이를 정리하여 카드형 가이드북을 제작한 뒤 친구들에게 나눠주고 해외 직구에 대해 자세하게 안내하는 내용으로 프레젠테이션을 진행하여 친구들로부터 유용한 정보를 얻을 수 있었고 이해하기 쉬우며 전달력이 좋았다는 호평을 받음.

관련학과 ▷ 교육학과, 초등교육과, 영어교육과, 언어교육과, 윤리교육과, 사회교육과, 컴퓨터교육과, 가정교육과   핵심키워드 ▷ 소셜 미디어, 해외 구매, 서식

영어권 문화

[단원명]
듣기, 말하기, 읽기, 쓰기

성취기준

📌 [12영화04-03] 영어권 문화에 관해 자신의 의견이나 감정을 쓸 수 있다.

'언어권에 따른 문화적 특징'을 주제로 한 발표활동에서 같은 언어권에서 유사한 문화적 특징이 나타나는 사례들을 조사하여 정리하고, 영어권 및 비영어권 문화 관련 자료를 탐색하여 비교해보며 문화 차이로 인해 나타나는 의사소통 방식의 차이점에 대해 타 문화 존중의 관점에서 분석하여 발표함. 특히 풋볼을 예시로 스포츠 중계방송 일부를 보여주고 이를 국내 중계방송과 비교하여 각 문화의 차이점으로 인해 나타나는 고유한 특징과 두 문화권의 공통점에 대해 흥미롭게 분석함. 발표하는 내내 흐름이 자연스럽고 영어 어휘 사용에 막힘이 없으며 듣는 이의 이해 여부를 살피기 위한 질문을 던져 소통하면서 어려운 표현을 쉽게 고쳐 다시 말해주는 등 배려심과 탁월한 의사전달능력이 돋보임. '영어독해구술' 활동에서 '인간은 만물의 척도이지만 이로 인해 간과하는 것이 많다'는 주제의 영어 지문을 읽고 자신의 경험과 연계하여 발표함. 미국의 문화인류학자 에드워드 홀의 '문화를 넘어서'를 통해 고맥락 문화와 저맥락 문화의 개념을 흥미롭게 이해하였으며, 영어권은 저맥락 사회이고 우리나라는 고맥락 사회로서 문화적 차이가 있다는 것과 더불어 언어는 문화를 담는 그릇으로 언어를 배우기 위해서는 단순히 단어와 문법을 아는 것만으로는 부족하고 그 안에 담긴 문화를 이해해야 한다는 성숙한 의견을 제시함.

관련학과 교육학과, 초등교육과, 영어교육과, 언어교육과, 국어교육과, 윤리교육과, 사회교육과, 체육교육과

핵심키워드 영어권, 저맥락 문화, 고맥락 문화

영어권 문화

[단원명]
말하기

성취기준

📌 [12영화02-03] 영어권 문화와 우리 문화를 비교·대조하여 서로의 의견을 주고받을 수 있다.

'영어권 나라의 교육 문화와 우리나라의 전통적 교육 문화 비교'를 주제로 언어가 교육 문화에 미치는 영향을 탐구함. 이를 위해 교육방법, 교사관, 학생관, 지향 가치의 요소를 중심으로 흥미롭게 분석하여 완성도 높은 보고서를 작성함. 또한 '21세기형 토론문화 만들기'를 주제로 한 수업에서 영어권 나라들의 '대통령선거 후보자 상호 토론' 장면과 우리나라의 '대통령선거 후보자 상호 토론' 장면을 영상으로 시청한 뒤, 두 문화 간의 토론 방식을 비교하여 설명함. 각각의 토론 방식에서 문화적 특성이 드러나는 요소를 찾아 조리 있게 제시하는 모습에서 탁월한 관찰력이 빛남. 특히 공생적 협업이 필요한 21세기를 살아가기 위해서는, 대통령선거 후보자들 간의 토론처럼 승패를 가르는 경쟁적 토론보다 전 인류가 공동으로 대처해야 할 '기후변화', '생물의 멸종', '감염병 확산' 등의 해결책을 모색하기 위한 포용적 토론문화가 필요함을 호소력 있게 주장함. '메타버스는 현실을 대체할 수 있는가'라는 주제 토론에서 찬성 측 입론자 역할을 맡아 현실세계는 모두 메타버스의 세계로 대체될 것이라는 주장을 펼침. 자신의 주장 및 근거를 제시하기 위한 어휘의 사용 수준이 높고 발음이 뛰어나며 상대팀의 질문에도 논리적 오류에 빠지지 않고 유연하게 대응할 수 있는 우수한 의사소통능력을 보여줌.

관련학과 교육학과, 초등교육과, 영어교육과, 언어교육과, 국어교육과, 윤리교육과, 사회교육과, 컴퓨터교육과, 과학교육과

핵심키워드 대통령후보자 토론, 메타버스

영어 교과군
진로 영어 | [단원명] 말하기

성취기준

📌 [12진영02-01] 다양한 직업 및 진로에 관하여 듣거나 읽고 세부 정보를 설명할 수 있다.

길고 복잡한 구조의 글도 매끄럽게 해석하며 행간에 숨어있는 필자의 의도를 정확하게 파악하여 발표하는 등 글에 대한 전반적인 이해력과 영어 능력이 출중함. 인문, 사회, 의료, 경제 등 다양한 주제를 다루면서 자신의 지식과 생각을 확장시킬 줄 앎. 마이클 무어의 다큐멘터리 영화 '다음은 어디로 쳐들어갈까?'라는 제목의 '핀란드 학교'편 영상을 본 후, 핀란드의 학업성취도가 세계 1위인 이유를 찾아 발표함. 특히 학교에서 경쟁이나 시험보다 평등과 행복을 지향하는 것이 올바른 길임을 학업성취도로 증명하고 있는 것에 대해 '역설적'이라고 표현한 점이 탁월함. 나아가 시험을 치르는 법이 아닌 인간으로서 성장하는 법을 가르치고 싶다는 포부를 밝히며 이를 자신의 진로 가치로 내면화하는 모습은 매우 돋보임. 수업시간에 다루는 독해지문을 미리 읽고 주제 및 개요를 찾아 우리말로 작성하는 과제를 한 번도 빠지지 않고 수행하는 성실함을 지님, 수업 중에는 자신이 먼저 이해한 내용과 교사가 설명한 내용을 비교해서 공부하고, 의문이 있는 경우에는 수업 후에 꼭 질문하여 해결하는 능동적인 학습태도를 지녔으며 뛰어난 영어 실력에도 겸손한 자세로 매시간 소홀함이 없음.

관련학과 전 교육계열   **핵심키워드** 핀란드 교육

영어 교과군
진로 영어 | [단원명] 말하기, 쓰기

성취기준

📌 [12진영04-05] 자기소개서, 서식, 이메일 등을 상황과 목적에 맞게 작성할 수 있다.

'진로 멘토 소개하기' 활동에서 자신의 중학교 선생님과의 인상 깊었던 일화 및 진로 멘토로 삼게 된 이유, 자신에게 끼친 영향 및 변화, 앞으로 자신의 꿈을 이루기 위한 도전과 현재 구체적으로 노력하고 있는 점에 대해 인상적인 발표를 진행함. 자신의 진로와 관련된 영어 기사를 읽고 발표하는 활동에서 '우리의 교육제도는 21세기 교육 목적에 적합합니까?'를 읽고 변화하는 세계의 변화하는 상황과 맞지 않는 교육 시스템에 대해 문제의식을 갖게 되었으며, 이를 계기로 '세계 교육트렌드&교육심리학'이라는 글을 추가로 찾아서 읽고 교육심리학적 관점에 대한 지식을 확장함. 목표에 따른 자기주도적 탐구역량이 자발적으로 계속 촉진되어가는 학생으로 미국의 심리학자 하워드 가드너의 인터뷰 기사, 유럽 국가들의 교육 관련 기사들을 더 찾아 유기적으로 정리하며 완성도 높은 프레젠테이션을 진행함으로써 엄청난 과제 몰입도를 보여줌. '학업계획서'를 작성하는 수업에서 상급 학교 과정에 진학하여 학업을 수행하기 위한 자신의 전공분야에 대한 열의와 관심, 영어 멘토링 봉사활동 계획 등 자신의 고등학교생활에서 중점적으로 진행할 활동 설계, 졸업 후 진로 등 자기주도적 학업 계획을 구체적으로 수립함. 이를 위해 자신이 진학하고자 하는 학교의 전공교과목의 강의계획서와 학점 이수 및 졸업 규정을 미리 살펴보고 자신이 진행할 전체적인 학업 과정을 염두에 둔 매우 실질적인 학업계획서를 제출함.

관련학과 전 교육계열   **핵심키워드** 진로 멘토, 기사 분석, 학업계획서

성취기준

📌 [12영문04-06] 문학 작품을 읽고 상황극의 대본을 작성할 수 있다.

영어교사가 되기를 희망하는 학생으로 여러 권의 영미문학 작품을 집중하여 읽고, 영어로 감상평을 제작하며 뛰어난 독해 및 영작 실력을 보여줌. 'Matilda(Roald Dahl)'를 원서로 읽을 때, 독서 중 모르는 단어를 사전에서 찾아 자신의 어휘 노트에 정리해가며 독서하면서도 계획에 따라 성실하게 독서에 몰입하여 주어진 기간에 완독하고 자신의 생각과 감상평을 적은 5회차 북로그(Booklog) 포트폴리오를 완성하였으며 우수서평으로 선정되어 게시함. '영미 소설 패러디 작품 만들기' 활동에서 어릴 때 읽은 영국작가 Lewis Carrol의 작품 '이상한 나라의 앨리스'를 패러디하여, 주인공 앨리스가 미래로 시·공간을 초월하여 여행하는 내용의 콘셉트로 창작함. 특히 상상 속 상상이라는 독창적인 이중 서사 구조를 사용하여 미래 사회는 현실 세계와 그 안의 또 다른 '메타버스'라는 가상세계가 동시에 공존하고 있음을 경험하게 되는 주인공이 자신의 과거가 메타버스 안에서의 가상현실로서 모험했던 것임을 깨닫게 된다는 창의적이고 흥미로운 이야기를 완성함. 이후 자신이 패러디한 이야기를 시나리오로 하여 탁월한 표현력을 발휘한 12컷의 영어 웹 만화를 제작한 뒤, 콘텐츠를 온라인 교과학습 자료실에 공유함으로써 친구들로부터 수많은 피드백을 받고 큰 호응을 얻음.

관련학과 ▶ 교육학과, 초등교육과, 영어교육과, 언어교육과, 국어교육과, 예술교육과   핵심키워드 ▶ 북로그, 메타버스, 웹 만화

영어 교과군

영어 문학 읽기 ▶ [단원명] 읽기

성취기준

📌 [12영문03-05] 문학 작품을 읽고 필자의 의도나 목적을 추론할 수 있다.

영국의 소설가 찰스 디킨스(Charles Dickens)의 소설 '크리스마스 캐럴'을 읽고 작가의 다른 작품들에 관심을 가지게 됨. 작가가 살았던 시대적, 환경적 배경을 자신의 작품에 반영하여 사회 빈곤층의 삶, 사회의 부조리에 대해 풍자하면서도 예술적으로 표현한 점에 감탄했다는 서평을 작성함. 또한 사람들로부터 인기를 얻게 된 디킨스만의 탁월한 표현 방법이 무엇인지를 책 속의 구체적인 영어 문장과 이야기 장면을 예시로 들면서 친구들에게 작가와 작품들을 흥미롭게 소개하고 추천하여 많은 학생이 해당 책을 추후 자신의 독서 목록에 추가하게 만드는 영향력을 발휘함. 미국의 소설가 오 헨리(O. Henry)의 단편 소설집 중에서 자신이 가장 감명 깊게 읽은 'After twenty years'에 대한 감상문을 작성함. 20년 전 친구와 했던 약속을 지켜내는 두 사람의 우정에 감동하면서도 20년이라는 같은 시간이 흐른 뒤 범죄자와 경찰이라는 서로 전혀 다른 삶을 살 수도 있음을 경고하는 작가 특유의 '심미적 표현법'에 대해 분석함. 이를 바탕으로 자신의 작품을 통해 인간적 따뜻함과 도덕적 교훈을 동시에 줌으로써 인간 삶의 복잡성을 잘 표현했음은 물론이고, 더불어 독자들에게 감상의 자유와 다양성을 준다는 점에서 매우 탁월하다는 자신의 의견을 논리적으로 제시함.

관련학과 ▶ 교육학과, 초등교육과, 영어교육과, 언어교육과, 윤리교육과, 역사교육과, 사회교육과   핵심키워드 ▶ 찰스 디킨스, 오 헨리

기본 영어

[단원명]
말하기, 쓰기

성취기준

📌 [12기영02-03] 실생활 중심의 친숙한 일반적 주제에 관하여 자신의 의견이나 감정을 표현할 수 있다.

수업에 임하는 자세가 진지한 학생으로, 모둠활동에 협력적인 자세로 임하여 훌륭한 팀워크를 조성함으로써 결과를 도출하는 데 리더로서 중요한 역할을 함. 수업 주제 중 특히 교육, 시사, 환경 분야에 흥미를 보이며 환경 운동과 관련된 모둠 주제 프로젝트를 진행함. 이를 위해 국내외의 다양한 환경운동단체에 대해 조사하고, 이를 특징별로 정리하여 발표하면서 환경운동의 필요성에 대해 학생들의 큰 공감을 이끌어 냄. 일회성의 발표에만 그치지 않고 직접 실천하기 위한 학급 행사를 기획하여 동참할 친구들을 직접 한 명 한 명 만나 뜻을 모으는 소통의 과정을 거쳐 추진 팀을 구성하였으며, 점심시간을 이용해 교사에게 조언을 구하기도 하면서 추진력 있게 진행함. 기존의 환경운동 프로그램을 활용하여 매년 3월 마지막 주 토요일 정해진 시간에 1시간 동안 소등하는 전 세계 동참 '어스아워' 캠페인과 '기후행동 1.5도씨' 애플리케이션을 적극적으로 홍보함으로써 학교 내 동참자 늘리기를 활동목표로 정하고 많은 학생의 동참을 이끌어내는 모습에서 목표한 바를 행동으로 옮기는 실천력과 공동체역량이 돋보였음.

관련학과 전 교육계열　　　　**핵심키워드** 환경 캠페인, 그래픽 오거나이저

기본 영어

[단원명]
듣기, 말하기, 읽기, 쓰기

성취기준

📌 [12기영04-03] 실생활 중심의 친숙한 일반적 주제에 관하여 자신의 의견이나 감정을 쓸 수 있다.

'학교는 정말 창의성을 죽일까?', '교육의 죽음의 계곡에서 탈출하는 방법' 등의 강연 영상을 보고 켄 로빈슨(Ken Robinson)의 교육관에 관심을 갖게 되어 그의 저서 '누가 창의력을 죽이는가'를 읽고 친구들이 문제의식을 공감할 수 있도록 발제문을 작성함. 이후 주제 토론 활동 시간에 '창의력을 키우는 학교 만들기'를 토론 주제로 제안하여 친구들과 활발한 토론을 진행함. 한국의 영화를 영어로 추천하는 글쓰기 활동에서 1933년 일본의 식민통치시기를 배경으로 제작한 영화 '암살'을 선정함. '암살'에 대해 논리적인 구성과 적절한 어휘로 내용을 소개함으로써 우수한 영작 실력을 보여주었음. 자기주도적 학습관리 역량을 지닌 학생으로 수업시간에 배운 어법을 자신의 것으로 소화하여 말하기나 쓰기 활동에서 유창하게 활용하는 모습이 인상적임. 여행지를 소개하는 영문 광고 제작 프로젝트에서 경주를 소개하기 위해 국보 제32호로 지정된 첨성대를 표지 사진으로 디자인하여 다양한 문화유산을 지닌 경주의 특성이 담긴 포스터를 광고 문구와 함께 작성하였고, 이를 영어로 유창하게 소개함. 독서활동 시간에 선천적 안면기형을 가지고 태어난 아이를 주인공으로 한 'Wonder(RJ Palacio)'를 읽은 후 북 리포트를 작성하였고, 한 문장으로 표현하는 서평 릴레이에서 '당신이 만나는 모두에게 친절하게 대하는 것은 힘든 일이다'라는 표현을 인용하여 자신이 공감한 부분을 감동적으로 잘 표현함.

관련학과 교육학과, 초등교육과, 영어교육과, 언어교육과, 윤리교육과, 역사교육과, 사회교육과, 특수교육과　　**핵심키워드** 영화 소개, 광고, 북 리포트

독서활동상황

📄 독서활동상황

학년	과목 또는 영역	독서활동상황
1	국어	(1학기) 말의 품격(이기주), 우아한 거짓말(김려령), 감옥으로부터의 사색(신영복), 연금술사(파울로 코엘료)
		(2학기) 죽은 시인의 사회(N.H.클라인바움), 백석시 전집(백석)
	통합사회	(1학기) 왜 식량이 문제일까(캐슬린 게이), 민주주의를 만든 생각들(구민정 외)
		(2학기) 사피엔스(유발 하라리), 인간 불평등 기원론(장 자크 루소)
	수학	(1학기) 신비한 수학의 세계(일본 뉴턴프레스), 수학이 필요한 순간(김민형), 데이터 분석의 힘(이토 고이치로)
		(2학기) 골드바흐의 추측(아포스톨로스 독시아다스)
	공통	(1학기) 핀란드 교육 혁명(한국교육연구네트워크 총서기획팀), 침묵의 봄(레이첼 카슨)
		(2학기) 학교 혁명(켄 로빈슨), 심리학, 이슈로 답하다(이재연)
2	통합사회	(1학기) 왜 식량이 문제일까(캐슬린 게이), 민주주의를 만든 생각들(구민정 외)
		(2학기) 사피엔스(유발 하라리)
	공통	(1학기) 핀란드 교육 혁명(한국교육연구네트워크 총서기획팀), 혐오, 교실에 들어오다(이혜정 등)
		(2학기) 학교 혁명(켄 로빈슨), 심리학, 이슈로 답하다(이재연)
	독서	(1학기) 선량한 차별주의자(김지혜), 변신(프란츠카프카)
		(2학기) 고향(이기영), 모래톱 이야기(김정한), 이춘풍전(전국국어교사모임)
	사회·문화	(1학기) 왜 식량이 문제일까(캐슬린 게이), 이상한 정상가족(김희경), 왜 세계의 절반은 굶주리는가?(장 지글러)
		(2학기) 공정하다는 착각(마이클 샌델), 마스크가 답하지 못한 질문들(미류 등)
	공통	(1학기) 정의로운 교육이란 무엇인가?(코니 노스), 교실이 없는 시대가 온다(존 카우치 외 1인)
		(2학기) 다중지능(하워드 가드너), 메타버스(김상균)

개인별·교과별 '독서활동상황'은 독서활동에 특기할 만한 사항이 있는 학생을 대상으로 책의 제목과 저자만 학기 단위로 입력한다. 독서활동은 교과와 관련된 독서활동을 교과담당교사가 입력하되, 특정 교과에 해당하지 않을 경우는 학급 담임교사가 공통으로 입력할 수 있다. 2024학년도 대입(졸업생 포함)부터 상급 학교 진학 시 '독서활동상황'은 제공하지 않으나 독서활동은 대학에서 매우 중요하게 평가하는 활동이다. 그러므로 학교생활기록부 내의 다양한 교과활동과 창의적 체험활동에서 독서를 통한 지적 호기심과 탐구 동기 유발, 지식의 심화 및 사고의 확장, 탐구역량 등을 나타내는 것이 좋다.

√CHECK

- ISBN에 등재된 도서에 한해 가능함(정기 간행물은 입력 불가).
- 정기 간행물 즉 ISSN에 등재된 도서는 기재할 수 없음.

행동특성 및 종합의견

행동특성 및 종합의견은 행동발달상황을 포함한 각 항목에 기록된 자료를 종합하여 학생을 총체적으로 이해할 수 있도록 학급 담임교사가 문장으로 입력하는 것으로 학생에 대한 일종의 추천서 또는 지도 자료가 되도록 작성하는 항목이다.

대입공정화강화방안

최근 대입공정화강화방안으로 인하여 학교생활기록부의 변화와 함께 2022학년도 대입부터는 교사추천서가 폐지되고 2024학년도 대입부터는 자기소개서도 폐지되었다.

이를 단편적으로 보면 학교생활기록부의 글자수와 함께 항목이 줄었다고 생각할 수도 있지만 그만큼 학교생활기록부 기록과 관리가 중요해졌다는 이야기일 수 있다. 예전에는 학교생활기록부에서 내용이 부족하더라도 자기소개서의 교사추천서를 통해 이를 보완할 수 있었지만, 앞으로는 학교생활기록부에서 한 학생의 모든 모습을 보여줘야 한다.

그중에서도 행동특성 및 종합의견은 '세부능력 및 특기사항' 및 '창의적 체험활동'에서 보여주지 못한 부분과 함께 교사의 종합의견을 담은 교사추천서라고 생각하고 기록해야 한다.

교사추천서 양식

1. 지원자의 학업 관련 영역에 대하여 "V"로 표기해 주시기 바랍니다.
(평가하기 어려운 경우 '평가불가'를 선택)

평가항목	평가대상			매우 우수함	우수함	보통	미흡	평가 불가
	3학년 전체	계열 전체	학급 전체					
1) 학업에 대한 목표의식과 노력	☐	☐	☐	☐	☐	☐	☐	☐
2) 자기주도적 학습 태도	☐	☐	☐	☐	☐	☐	☐	☐
3) 수업참여도	☐	☐	☐	☐	☐	☐	☐	☐

지원자의 학업 관련 평가에 추가적으로 고려할 만한 사항이 있는 경우 기술해 주시기 바랍니다.

2. 지원자의 인성 및 대인 관계에 대하여 "V"로 표기해 주시기 바랍니다.
(평가하기 어려운 경우 '평가불가'를 선택)

평가항목	매우우수함	우수함	보통	미흡	평가불가
1) 책임감	☐	☐	☐	☐	☐
2) 성실성	☐	☐	☐	☐	☐
3) 리더십	☐	☐	☐	☐	☐
4) 협동심	☐	☐	☐	☐	☐
5) 나눔과 배려	☐	☐	☐	☐	☐

지원자의 인성 및 대인관계에 추가적으로 고려할 만한 사항이 있는 경우 사례를 기술해 주시기 바랍니다.

2. 지원자를 평가하는 데 도움이 되는 내용을 기술해 주시기 바랍니다(띄어쓰기 포함 1,000자 이내).

입력하세요

그동안 교사추천서는 학생의 학업 영역과 인성 및 대인관계 그리고 이 학생이 지원하고자 하는 대학 및 학과에 필요한 이유에 대해 기록하였다.

그렇다면 앞으로 행동특성 및 종합의견은 기존의 교사추천서의 내용을 구체적인 근거를 통해 기록해야 한다. 여기서 중요한 것은 구체적인 근거이다. '착하다', '성실하다'와 같은 평가도 나쁘지 않지만, 이러한 평가에 대한 구체적인 근거가 있어야 한다. 이 구체적인 근거는 기존에 작성된 학교생활기록부를 통해 제시되어 있거나, 만약 그런 근거가 없다면 그 근거까지 행동특성 및 종합의견란에 제시되어야 한다.

✏️ 다음은 좋지 않은 근거 제시의 사례이다.

7. 독서활동상황

학년	과목 또는 영역	독서활동상황
1	공통	교사 어떻게 되었을까?(한승배)
	공통과학	생각하는 십대를 위한 토크 콘서트 환경(김강석)
2	공통	정의란 무엇인가?(마이클 샌델)

8. 행동특성 및 종합의견

학년	행동특성 및 종합의견
1	(생략)
2	호기심이 많으며 자신의 호기심을 독서를 통해 해결하려는 모습을 보임.

위 예시를 보면 호기심을 '독서를 통해 해결하려는 모습을 보인다.'라고 기술되어 있다. 그러나 독서활동상황을 보았을 때, 다른 친구들과 비교하여 독서활동이 부족하다면 행동특성 및 종합의견에 기재한 내용의 신뢰성이 떨어지게 된다. 또한, 봉사활동의 경우 봉사활동 누가기록만 입력되는데 봉사활동을 하면서 성장한 과정에 대해 기록하는 항목이 없으므로 행동특성 및 종합의견에서 교사가 직접 관찰 평가한 봉사활동을 통해 성장한 모습을 기록할 수 있다. 그 외에도 이 학생의 진로가 변경된 경우, 진로 변경의 사유가 학교생활기록부 어딘가에는 기록이 되어야 한다. 가장 좋은 항목은 진로활동이겠지만 진로활동에 기록할 수 없다면 행동특성 및 종합의견란에 진로 변경의 이유와 그 과정을 기록하여 현재 어떠한 노력을 하고 있는지 구체적으로 써줌으로써 학생을 평가하는 데 도움을 줄 수 있다.

즉, 행동특성 및 종합의견은 교사추천서인 동시에 학교생활기록부에 담지 못한 이 학생의 장점을 기록하는 곳이라고 생각하고 기록해야 한다.

TIP 📝 봉사활동 기록의 TIP ✏️

📢 행동특성 및 종합의견은 교사의 추천서이다. 즉 이 학생이 왜 선발되어야 하는지에 대해 학업 역량과 전공적합성, 인성, 발전가능성 측면에서 기록되어야 한다.

그러기 위해서는 근거가 있어야 하는데 그 근거는 기존에 기록된 학교생활기록부여야 한다. 즉 행동특성 및 종합의견을 기록하기 위해서는 꼭 이 학생의 학교생활기록부를 정독하고, 이 학생을 교과 및 동아리 선생님은 어떻게 평가하고 있는지 또는 누락된 장점은 없는지 확인하고 기록해야 한다. 또한, 근거가 없다면 구체적인 근거를 제시하며 기록해야 한다. 그 외에도 봉사활동을 통해 성장하는 과정 및 진로 변경 사유와 같이 담임선생님이 관찰한 내용을 조금 더 구체적으로 쓸 수 있는 항목이 행동특성 및 종합의견이므로 교사는 평소 학생을 지속적으로 관찰해야 하며 학생은 이러한 변화가 있을 시 담임선생님께 지속적으로 보고해야 한다. 마지막으로 교사가 학교생활기록부를 정독한 후 학생의 장단점을 기록하되 기록된 사실에 근거하여 입력하면 좋다. 그리고 단점을 입력하는 경우, 이를 극복하려는 노력과 변화 가능성을 함께 입력해야 한다.

교육계열 맞춤형 행동특성 및 발달상황 예시

 01. 전 교육계열

끊임없이 '왜'라는 질문을 하는 학생으로 호기심이 많으며 한번 궁금한 점이 생기면 관련 서적 및 자료를 찾아서라도 궁금증을 해결하는 학생임. 한번은 지역의 역사와 생태적 환경에 대한 호기심을 풀지 못하고 있을 때 지역의 전문가를 찾아가 질문을 하여 해답을 찾았으며, 이를 통해 또 다른 지식을 확장해나가는 모습을 보여줌. 학업적인 면에서도 시험 위주의 공부보다는 교과서의 '더 생각해보기', '융합하기'와 같은 내용에 더 관심을 가지고 직접 해보거나 자료를 찾아 나의 지식으로 만드는 학생임. 또한, 자신이 알고 있는 지식을 친구들에게 전달하는데 단순 지식의 나열이 아니라 자신이 가졌던 질문을 친구들의 눈높이에 맞게 변형하여 퀴즈를 내고 이를 통해 친구들의 호기심을 유발하고 난 이후부터 친구들에게 '이야기 박사', '지식 박사'라는 별명으로 불릴 만큼 이야기를 재미있게 구성하는 능력이 있음. 이렇게 친구들에게 설명하는 모습에 흥미를 느껴 자신의 진로를 공학자에서 교육계열로 변경하고자 관련 학과의 역량 및 필요한 자질이 무엇인지 탐색해보았으며, 지역아동센터 학생들을 대상으로 멘토링를 진행하면서 교육계열의 꿈을 확고하게 굳힘. 학급을 운영하면서 담임과 학생들 간에 사소한 오해가 생겼을 때 서로의 이야기를 듣고 선생님과 학생의 입장을 대변하여 설명하여 오해를 풀게 하는 등 뛰어난 의사소통능력과 문제해결능력 그리고 리더십을 보이는 학생으로 이후 미래 제자들의 호기심을 자극하면서 성장하게 할 뛰어난 교사가 될 것이라 확신함.

 02. 전 교육계열

항상 예의를 갖추고 고운 말을 하는 학생으로 긍정적인 기운을 전파하며 기분 좋은 영향을 주는 학생임. 소외되는 친구를 챙겨 모둠활동을 함께하는 등 주변을 돌아볼 줄 아는 선하고 바른 인성을 갖춤. 교과 및 교육 분야에 대한 호기심이 많아 궁금한 부분이 생기면 독서나 질문을 통해 자기주도적으로 문제를 해결하고 이를 정리하는 습관을 지닌 학생임. 교육 분야에 대한 자신의 진로에 확신을 가지고 꾸준하게 실력을 쌓기 위해 학교활동에 적극적으로 참여함. 학급별 특색사업으로 인권과 교권에 대해 고민하고 이를 퀴즈로 만들어 친구들과 함께 고민하는 시간을 가졌으며, 기업가 정신의 일환으로 실시한 만원의 행복 프로그램에서는 교실 환경을 개선하기 위해 의자에 설치하는 수납 용품을 만들어 판매함. 또한, 학생주도 프로젝트 봉사로 교육 분야에 관심을 가지고 있는 친구를 모아 다문화 센터에서 멘토링 봉사를 실시함. 교과에서도 '온라인 수업을 효과적으로 진행할 수 있는 방안'과 관련하여 온라인 상황에서 질 높은 교육을 받을 수 있는 방안을 찾는 활동을 기획하고 이에 대해 발표하는 등 자신의 진로와 관련된 다양한 경험을 위해 노력하고 시각을 다각화하려고 부단히 노력함. 2학기 학급 자치회장 선거에 참여하여 학교생활 및 학급에 대한 고민이 담겨 있는 정성 가득한 공약들을 바탕으로 2학기 학급 자치회장으로 당선됨. 무엇보다 수업시간에 적극적으로 참여하며 잘 아는 것도 소홀히 하지 않고 거듭 노력하고 확인하는 태도와 적극적인 발표 자세로 여러 교과 선생님들에게 예비 교사로서 충분한 자질이 있다는 칭찬을 받는 학생임.

03 전 교육계열

성적이 우수하고 의욕적이며 매사 긍정적이고 다방면에 관심이 많아 적극적으로 활동하는 팔방미인임. 친구들과 경쟁하기보다는 함께하는 밝은 에너지로 친구들을 즐겁게 하며 열린 마음을 가지고 소통하는 이해심과 배려심을 가지고 있음. 학습에 있어 친구들에게 모르는 내용을 진질하게 잘 가르쳐주고 친구들의 걱정을 챙겨주는 모습 등 나눔의 모습을 보여줌. 자기관리도 야무지게 잘하고 추진력과 리더십도 있어 1학기 학급 자치회장으로서 학급 일을 솔선수범 잘 수행함에 따라 선생님과 친구들의 추천을 받아 학생자치회 부회장으로 입후보하여 선출됨. 학생과 함께하는 학생회 프로그램을 계획하고 추진하는 과정에서 주어진 일을 차질 없이 해내는 모습과 신뢰감 있는 모습을 보여주었고 일이 힘들어도 밝게 웃으며 노력하는 모습이 기특함. 학습에서도 의지가 강해 꾸준히 학업계획서를 작성하면서 학습 시간과 학습 환경을 스스로 관리하는 등 자기주도적으로 열심히 학습함. 수업 태도도 좋고 집중력이 좋아 열심히 하려는 노력이 돋보이는 학생으로 더 큰 발전이 기대됨.

 04. 전 교육계열

수업에 적극적으로 참여하여 교사에게 수업을 함께 만들어 갈 수 있도록 기대하게 해주는 학생으로 교사뿐만 아니라 급우들에게도 다정다감한 학생임. 누가 시키지 않았는데도 불구하고 친구들이 준비물 및 수행평가를 놓치는 모습을 보고 스스로 급우들에게 중요한 안내사항을 반복적으로 안내하고 독려하며 학생들이 학교 행사 및 전달사항에 꾸준히 관심을 갖고 수업 준비에 최선을 다할 수 있도록 노력함. 또한, 교과시간에 합리적 의사결정을 위해 개인의 주장과 욕심으로 아무것도 얻지 못하는 '제로섬' 전략보다는 조금은 손해를 보더라도 우리 모두에게 이익이 되는 '윈윈' 전략이 중요함을 알고 이를 학급에 적용하기 위한 모습을 보임. 학급 체육대회 선수를 정하는 과정에서 몇몇 개인의 주장보다는 모두의 의견을 수렴하면서 개개인의 장점을 살리고 모두가 함께 참여할 수 있는 체육대회를 만들기 위해 의견을 조율하는 모습이 인상적이었음. 또한, 다양한 경험이 필요하다며 학교생활기록부에 기록되지 않는 다양한 외부활동에 참여하여 여러 경험을 쌓는 등 자신의 진로를 위해 진심으로 노력하는 모습을 보았을 때 오늘보다 내일이 더 기대되는 학생임.

05. 전 교육계열

모든 일에 성실하게 자기의 목표를 세워 놓고 목표 달성을 위해 꾸준히 노력하는 학생임. 1학기 학급 자치회장을 맡아 공정한 자세로 학급 활동에 임하였으며, 학급회의시간에 급우들을 독려하며 적극적이고 자유롭게 의견을 나눌 수 있도록 리드하는 모습이 돋보임. 사람에 대한 기본적인 배려 및 책임감이 강하며 자신이 맡은 일에 최선을 다하는 모습, 자기 절제를 하는 모습으로 여러 친구의 모범이 됨. 학업성취도를 높이기 위해 자신에게 맞는 계획표를 작성하여 월별 점검을 하고 달성 여부를 확인하는 모습을 볼 수 있어 인상적임. 초등교사가 되고자 하는 본인의 희망 진로를 구체적으로 실현하기 위하여 관련 대학, 관련 학과를 탐색하고 진로상담을 꾸준히 받는 등 초등교사에 대한 관심을 꾸준히 가져옴. 특히, 다문화가정 아이들과 함께 동화책을 보며 소통하는 시간을 많이 가지면서 교사의 꿈을 키움. 자신의 진로에 대한 뚜렷한 비전을 가지고 있으며 학생이 희망하는 진로에 적합한 재능을 가지고 있음. 앞으로 학업능력 향상을 위해 더욱 노력한다면 보다 많은 발전을 기대할 수 있는 학생임. 더불어 자신의 학업 계획을 잘 수립하고 이를 실천해가는 태도가 모범적임.

06. 전 교육계열

밝은 성격에 넓은 이해심을 지니고 있어 여러 친구들이 스스럼없이 다가갈 수 있는 포용력을 보여 폭넓은 교우관계를 형성하고 있고, 담임교사에게도 먼저 마음을 열고 다가와 주어 사소한 상담을 하는데도 어려움 없이 이야기를 나누며 신뢰를 형성할 수 있었음. 학급 생활을 하는데 학생 자치회 부회장의 역할을 하며 학급 내에서 맡은 바에 소홀해질 수도 있었으나 교실 안에서 해야 할 일들을 미루는 법 없이 최선을 다하며 두 역할 사이에서 균형을 유지하는 지혜를 보임. 학교생활 면에서는 정해진 규칙을 준수하면서도 상황에 맞춰 문제가 되는 부분들을 개선하고 해결하기 위해 노력하였으며, 학교 행사를 진행할 때도 본인의 의도를 관철시키기 위해서 노력하는 것이 아니라 많은 친구들이 함께 참여할 수 있도록 다양한 시각을 위해 토의하고 결과를 반영하여 모두가 만족할 수 있는 행사 운영능력을 보여주었음. 학업적인 면에서도 그때그때의 결과에 연연하기보다는 결과의 해석을 통해 과정의 문제점을 찾고 개선을 위한 구체적인 계획을 수립하는 등 흔들림 없이 실천해나가는 강단을 지니고 있으며, 학습관리와 태도, 성적 면에서도 1년간 많은 발전을 이룸. 또한, 본인이 하고자 마음먹은 바대로 현재 자신이 가진 장점을 유지하고, 부족하다고 생각하는 부분들을 개선해나간다면 자신의 꿈인 교육 분야에서 미래 제자들이 능력을 발휘할 수 있도록 돕는 뛰어난 교육자로 성장할 가능성이 있는 학생임.

 07. 전 교육계열

1, 2학기 학급의 학습부장으로 학기 초에 수능 어휘와 내신 어휘를 섞은 후 총 20개의 단어를 선별해 매주 시험을 출제하는 과정에서 여러 영어 문제집을 참고하여 빈출이 높지만 다소 어려울 수 있는 단어와 함께 단어를 많이 외우지 못한 친구들을 고려한, 쉽지만 필수적으로 알아야 하는 단어들을 찾아 출제하며 꼼꼼함과 타인을 향한 배려심을 보여줌. 또한, 수행평가가 있을 때마다 학급 SNS에 올려 공지함으로써 친구들이 수행평가를 빼먹지 않도록 챙겨 학급 친구들 사이에서 '알림판'으로 통하며 반에서 절대 없어서는 안 되는 존재라는 칭찬을 받음. 타인에 대한 존중과 배려심이 높아 어려운 일을 겪는 친구가 생겼을 때도 따뜻하게 친구를 이해해주고 지지해주며 친구가 다시 용기를 얻고 생활할 때까지 말벗이 되어주고 식사도 같이하며 챙겨줌. 그 외에도 상황 판단이 빠르고 친구들과 선생님을 비롯한 주변 사람들에 대한 진실함이 느껴지며 두루 칭찬받는 모범생으로 학업성취 의욕이 높고 우수하며 긍정적이고 예의가 바른 학생임. 항상 주변을 따뜻하게 돌볼 줄 알고 아침 일찍부터 야간 학습에 이르기까지 학교뿐만 아니라 자신의 학업에 허투루 시간을 보내는 일이 없는 학생임.

 08. 전 교육계열

다정다감한 성품으로 주목받지 않는 상황에서도 자신의 할 일을 수행하고 친구들에 대한 배려가 몸에 배어 무심한 듯 세심하게 주변을 잘 챙기는 편임. 아픈 학생이 있으면 자발적으로 보건실에 함께 가주거나 학급의 힘든 일을 기꺼이 도맡는 모습을 보여 다수의 학급 친구들로부터 1학기 모범학생으로 추천을 받음. 자신의 부족한 점이 발견되거나 인식하게 되었을 때 즉각적으로 노력하는 모습을 보여주는 학생으로, 이러한 노력이 쌓여 계속 성장하는 모습을 보임. 학업적인 측면에서 묵묵히 자신의 노력을 다하고 부족한 과목의 공부 방법을 고민하며 노력함. 수업시간에 참여하는 태도가 좋고 적극적으로 자기 생각을 드러내며 관심 영역을 넓혀가는 학생으로 앞으로가 더욱 기대됨. 또한, 누가 감시하거나 강요하지 않아도 규칙 준수의 중요성을 스스로 인식하여 작은 규칙도 사소하게 여기지 않고 지키려고 노력함. 교사라는 꿈을 가지고 이를 탐구하면서 교사의 영향력이 다른 직업과 비교하여 크다는 것을 알고 더욱 책임감을 가지고 노력해야 함을 느끼고 교사에게 필요한 의사소통능력, 갈등관리, 문제해결력 등을 함양하기 위해 노력함. 이러한 모습을 보았을 때, 교육 및 사회를 긍정적으로 변화시킬 수 있는 인재로 성장할 것이라 기대됨.

09. 전 교육계열

차분한 성격으로 감정 조절을 잘하며 어떤 말을 뱉기 전에 항상 두 번 이상 생각하고 말하는 사려 깊음이 돋보이는 학생임. 주관이 뚜렷하고 소신 있게 자기 생각을 말하는 능력과 주변 친구들의 의견을 수렴할 수 있는 능력을 두루 갖추고 있음. 꾸준하고 풍부한 독서활동으로 자신이 호기심을 가지고 있는 부분을 자기주도적으로 해결할 수 있으며 독서활동 후 자신의 의견을 글로 풀어내는 능력이 출중함. 올바른 학습태도로 성적이 매우 우수하지만 절대 자만하는 모습을 보이지 않고 꾸준하게 노력함. 학급의 다른 누구보다 뚜렷한 진로 의식을 가지고 교내 활동들을 통일성 있게 해나갔으며 목표와 조화를 이룸. 교육과정에 개설되지 않은 교육학, 심리학 관련 스터디 그룹을 자율적으로 조직하여 교육 관련 기사 스크랩, 동영상 뉴스에 대한 찬반 토론을 진행하였고, 교육 관련 학교 행사에 참여하여 경청함. 이러한 과정을 통해 자신의 진로를 더욱 확고히 하였으며 꿈을 이루기 위해 현재 무엇을 준비해야 하는지 계획하는 모습을 보여줌. 각 교과시간에 훌륭한 집중력을 갖추고 수업에 임하여 학급에 들어오는 전 교과 교사들의 칭찬이 자자하고, 다양한 발표활동과 수행평가의 모둠별 활동에 적극적으로 참여하면서 교과담당교사들과 능동적으로 상호작용하는 모습을 보여 담임교사로서 큰 보람을 느끼게 하는 학생임. 여러 교과 학습에서 친구들이 모르는 부분을 질문하면 친절하고 성실하게 설명해 줌.

10. 전 교육계열

이해심이 많고 포용력 있는 자세로 급우들을 챙기고 꼼꼼하고 야무지게 일 처리를 하는 확실한 면모를 보여주었으며, 책임감 있는 자세로 학급의 모범이 되는 학생임. 특히 다양한 의견을 수렴하여 급우들이 서로 협력할 수 있는 분위기를 조성하였으며, 자율활동 시간에 학교폭력 예방 교육을 통해 배운 지식을 바탕으로 급우들에게 서로 상대를 이해하고 친구들을 험담하지 않는 것부터 시작하여 폭력을 예방하자고 제안하여 이를 학급에 적용할 수 있도록 꾸준히 노력함. 1년간 다양한 독서를 하였으며 이중 '왜 자석은 서로 밀어내는가?'에 대한 파인만의 대답을 듣고 '왜'라는 질문을 통해 단순한 사실에 의문을 계속 제기할수록 다양한 답변을 얻을 수 있고, 다양한 방면으로 지식을 확장할 수 있음을 깨달음. 이를 통해 앞으로 보편적인 사실을 무작정 받아들이려 하지 않고 의문을 제기해야겠다는 다짐을 하며, 이러한 습관을 통해 현재 학문에서의 탐구뿐만 아니라 자신의 희망 진로인 교사로서 나아가기 위해 자질을 키우겠다고 다짐함. 교사는 학생들에게 정확한 지식 전달과 함께 풍부한 경험을 공유하는 사람이어야 한다고 판단하고 다양한 독서와 학교의 여러 가지 행사에 적극적으로 참여한 후 소감문을 작성하여 배우고 느낀 점, 자신의 성장과정을 노트로 만들어 정리하는 모습을 보며 앞으로 학생들과 함께 소통하고 생활할 수 있는 뛰어난 교사가 될 수 있을 것으로 기대됨.

MEMO

학생부 바이블
교육계열

CHAPTER

교육계열?

교육을 뜻하는 'Education'은 이끌어낸다는 의미의 라틴어에서 유래되었다. 즉, 교육은 역사에서 축적된 모든 지식과 문화를 학생들에게 전달하는 일이며, 인간의 무한한 가능성을 계발하여 새로운 지식과 문화를 창출하는 일로 국가의 미래와 운명을 결정하는 중요한 활동이다.

교육은 사람을 사람답게 키우는 일이며 지혜를 가꾸는 일이다. 즉, 교육활동이란 한 마리의 생선을 잡아주기보다는 생선을 잡는 방법을 가르치는 활동을 통해 인간을 사회적 존재로 키워내어 공동체의 구성원으로 건강하게 살아갈 수 있도록 하는 활동을 의미한다.

교육은 학생을 가르치고 배우는 과정을 통해 인간의 성장과 발달을 돕는 활동으로 교육계열에 관심이 많은 학생은 사람에 대한 이해와 애정 및 타인을 존중하고 학생 개개인의 잠재력을 존중해주는 자세가 중요하다. 또한, 학생들에게 지식을 전달해야 하므로 자신이 알고 있는 내용을 학생의 눈높이에 맞게 다양한 형태로 전달할 수 있는 소통능력이 필요하다. 그 외에도 자신의 전공분야에 대한 전문성과 성실성 그리고 책임감이 매우 중요하다.

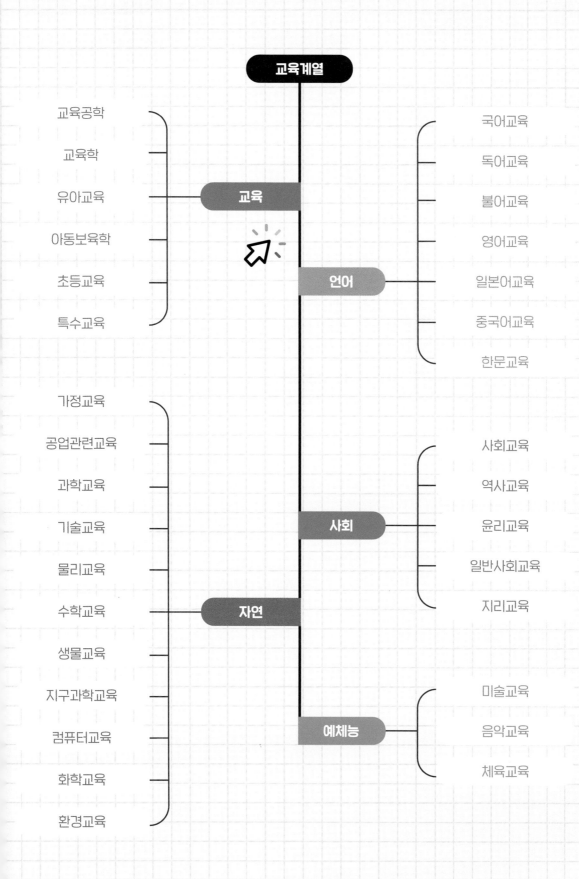

교육계열

교육
- 교육공학
- 교육학
- 유아교육
- 아동보육학
- 초등교육
- 특수교육

언어
- 국어교육
- 독어교육
- 불어교육
- 영어교육
- 일본어교육
- 중국어교육
- 한문교육

사회
- 사회교육
- 역사교육
- 윤리교육
- 일반사회교육
- 지리교육

자연
- 가정교육
- 공업관련교육
- 과학교육
- 기술교육
- 물리교육
- 수학교육
- 생물교육
- 지구과학교육
- 컴퓨터교육
- 화학교육
- 환경교육

예체능
- 미술교육
- 음악교육
- 체육교육

언어계열

국어는 대한민국의 공용어로서 사고와 의사소통의 도구이다.

학습자는 국어를 활용하여 자아를 인식하고 타인과 교류하며 세계를 이해하는 등

다양한 국어 활동을 통해 문화를 이해, 향유하며 새로운 문화의 발전에 참여한다.

또한, 영어 및 제2외국어는 현재 국제적으로 널리 통용되고 있는 언어로서

서로 다른 언어적 배경을 가진 사람들 간의 중요한 의사소통 수단이다.

따라서 글로벌 시대 및 지식 정보화 시대라는 변화에 부응하고

더 나아가 국제사회에서 선도적인 역할을 수행하기 위해서 영어를 이해하고 표현하는

능력은 반드시 갖추어야 할 역량이다.

이렇듯 언어는 학습의 중요한 토대이기에 언어교사는

학습자가 폭넓은 언어 경험을 쌓을 수 있도록 도우면서 일상생활과 학습에 필요한

실질적인 언어 능력을 가르치고,

이를 통해 학습자는 더 깊이 있는 사고와 효과적인 소통

발전적인 문화 창조 능력을 갖추게 된다.

관련 학과

국어교육과, 영어교육과, 한문교육과, 일본어교육과, 중국어교육과, 불어교육과, 독어교육과 등

관련 자격

중등학교 1급/2급 정교사 자격증, 평생교육사, 관광통역안내사, 국제영어능력자격증, 영어번역능력인정, 독일어 능력시험(Zertifikat Deutsch (ZD)), 델프(DELF), 달프(DALF), JLPT(Japanese Language Proficiency Test), JPT(Japanese Proficiency Test), HSKK, HSK, TSC, FLEX 중국어, CPT(중국어 능력 시험), 한자능력급수자격증, 한자지도사 등

진출 직업

교사, 교수, 장학사, 독서 및 논술 지도사, 번역사, 통역사, 관광가이드, 국제교원원, 무역회사 및 일반 기업체 사원, 사회 및 기업 교육자, 문화예술계 시인·소설가 등의 문필인, 전통문화·예술인, 문화문명 비평가, 방송언론인, 출판·편집인, 홍보·광고 제작자, 외국어학원 강사, 교육행정공무원, 방송기자, 번역가, 평론가, 중앙·지방 교육직 공무원 등

진출 분야

국·공립 중등학교, 한국교육과정평가원, 한국직업능력연구원, 중대사관, 무역·수출입 관련 공공기관, 항공사, 출판사, 통번역 관련 국내기업, 국내외 기업, 언론사, 금융기관, 여행사, 호텔, 면세점, 기업의 해외 영업직 등

인재상

A 언어를 이해하기 위해 각 나라의 문학, 철학, 예술 등 다양한 분야에 관심을 가진 학생

B 다른 나라의 언어를 과학적으로 탐구해야 하므로 꼼꼼한 성격을 가진 학생

C 국제화, 정보화 시대에 대응할 수 있는 유연한 사고를 가진 학생

D 교사로서 학생에 대한 애정, 교육에 대한 애정, 정직성, 리더십을 갖추고 있는 학생

E 언어 연구를 담당할 수 있는 전문 능력을 갖추려고 노력하는 학생

국어교사

🖥 직업 소개

국어교사는 중·고등학교에서 학생들에게 국어 및 문학에 대한 이해를 넓히기 위하여 국어, 현대문학, 고전문학, 문법, 작문 및 관련 과목을 전문으로 교육한다.

다양한 상황이나 자료, 담화, 글을 주체적인 관점에서 해석하고 평가하여 새롭고 독창적인 의미를 부여하거나, 필요한 자료나 정보를 수집, 분석, 평가하고 이를 효과적으로 활용하여 의사를 결정하거나 문제를 해결하는 능력을 가르치는 역할을 한다.

또한 학습자에게 더 깊이 있는 사고와 효과적인 소통, 발전적인 문화 창조 능력을 갖추게 하며 자신의 말이나 글에 책임지는 태도를 지니고, 바람직한 인성과 공동체 의식을 함양하도록 지도한다.

💡 적성 및 흥미 ● ● ●

중·고등학교에서 배우는 국어 관련 과목을 즐겨 공부하거나, 책 읽는 것을 좋아하고 우리 문화와 예술에 관심과 흥미가 있는 학생에게 유리하다. 국어교사는 대부분 국어학에 대해 배우므로 언어적 구조를 공부할 수 있는 기본적인 언어 감각과 논리적 사고력, 분석력을 갖추면 도움이 된다.

또한, 문학 작품을 비평적으로 읽고 분석하는 능력도 필요하다. 사람을 가르치는 일을 하므로 상대방에 대한 배려와 공감, 이해 능력이 높고 사람들과 즐거운 관계를 유지하며 협조적인 태도를 가지고 있으면 도움이 된다.

❤ 💬 ✈ 관련 직업

교사   # 장학사   # 홍보·광고 제작자

독서 및 논술 지도사   # 외국어학원 강사

사회 및 기업 교육자   # 교육행정공무원

방송 언론인   # 출판·편집인   # 교수

방송기자   # 번역가   # 평론가

문화예술계 시인·소설가 등의 문필인

전통문화·예술인   # 문화문명 비평가

📇 관련 자격

중등학교 2급 정교사   평생교육사

🖋 국어교사가 하는 일

국어교사는 학생들에게 듣기, 말하기, 읽기, 쓰기, 국어 지식, 문학의 영역을 가르친다. 구체적인 과목으로는 국어, 화법, 독서, 작문, 문법, 문학 등이 있는데, 이를 통해 국어 능력을 길러주는 역할을 하기 위하여 국어 수업 계획을 짜고 교과서를 연구한다. 수업에 도움이 될 만한 동영상, 학습지 등 다양한 수업 도구를 제작하며, 학생들의 수준을 점검하기 위해 형성평가 문제를 출제한다.

또한, 평소 글짓기 등 학생들의 문예창작활동을 주관하여 평가하고 지도하면서 교내의 국어 관련 행사를 진행한다. 그 외에도 학생을 관찰해 생활기록부에 특기를 기록하고, 담임을 맡는 등 학교 전체 운영을 위한 업무를 담당한다.

교과목 지도 이 외에도 학생들이 가지고 있는 다양한 고민을 상담하고, 필요한 경우 학부모와 상담을 하며 창의적 체험활동의 봉사, 진로, 동아리를 지도한다.

영어교사

직업 소개

영어교사는 중·고등학교에서 학생들에게 영어를 이해하고 표현하는 능력을 함양시키기 위해 영어, 영어 회화, 영어 독해와 작문, 실용영어 등의 과목을 전문적으로 교육한다. 영어는 현재 국제적으로 가장 널리 통용되고 있는 언어로서 서로 다른 언어적 배경을 가진 사람들 간의 주요한 의사소통 수단이다. 따라서 영어교사는 학생들이 글로벌 시대 및 지식 정보화 시대라는 변화에 부응하고, 더 나아가 국제사회에서 선도적인 역할을 수행할 수 있도록 영어 의사소통능력과 함께 세계 공동체의 구성원으로서의 가치와 태도를 공유할 수 있도록 지도하는 역할을 한다.

적성 및 흥미

✔ 언어감각

✔ 논리적

✔ 사고력

영어와 관련된 어학실력이 높고, 문학에 관심을 가지고 있는 학생에게 유리하다. 평소 책을 읽는 것을 좋아하고 언어 감각과 논리적 사고력을 갖추고 있으면 좋다. 특히 팝송 및 영어 드라마, 원어를 읽고 듣는 데 흥미를 가지고 있으며, 다른 나라의 언어를 과학적으로 탐구하는 데 관심을 가지고 있는 학생에게 적합하다. 또한, 학생들을 가르치고 지도하는 것이 가장 중요한 업무이므로 교육자로서의 투철한 사명의식과 책임감이 필요하다. 또한 학생에 대한 리더십과 관계형성능력 및 의사소통능력이 필요하고, 원만한 수업 진행을 위한 정확한 언어구사능력이 필요하다.

관련 직업

국공립 중등학교 교사

외국어학원 강사   # 교육행정공무원

교수   # 영어교육관련 전문 저술가

대기업   # 공기업   # 관광통역원

전문대학원 진학   # 방송기자 및 PD

영어교재 및 참고서 전문 출판사

영어교재 및 교구 개발자

통역·번역관련 전문직

관련 자격

중등학교 2급 정교사   관광통역안내사

무역영어   평생교육사   영어독서지도사

국제영어능력자격증   영어번역능력인정시험

영어교사가 하는 일

중·고등학교에서 영어를 가르치고 학생의 생활지도를 한다. 영어 학습을 위해 학습자들의 동기를 유발하고 흥미와 자신감을 유지할 수 있도록 교수·학습을 계획하며, 학습자들의 영어 사용능력 및 인지적, 정의적 특성에 있어서 개인차를 함께 고려한 교수·학습 계획을 수립한다.

이를 통해 학생들의 영어사용능력 향상은 물론 외국의 다양한 문화를 이해할 수 있도록 노력한다. 또한 평가 문항 제작, 평가의 시행과 채점에 관한 사항을 계획에 의해 시행하여 평가에 대한 신뢰도를 유지하도록 노력한다. 교과목 이외의 담임을 맡을 경우 학급을 경영하면서 학생들의 안내자로서의 역할을 수행하며, 학교생활의 전반을 관리한다.

제2외국어교사

💻 직업 소개

제2외국어교사는 중·고등학교에서 학생들의 외국어능력을 키우기 위하여 외국어 및 관련 과목을 전문으로 교육한다. 세계화가 진행 중인 현대 사회에서 언어능력을 갖춘 세계시민으로 나아가기 위해 제2외국어가 중요하게 요구됨에 따라 전략적인 외국어 교육 수립의 필요성이 증대되고 있다. 이에 중·고등학교에서 독일어, 프랑스어, 스페인어, 중국어, 일본어, 러시아어, 아랍어, 베트남어 등의 언어적 지식과 활용 및 각 국가의 문화를 학생들에게 가르치는 교사가 제2외국어교사이다.

💡 적성 및 흥미　● ● ●

중·고등학교에서 제2외국어 시간에 재미있게 공부했던 경험이 있고, 다른 나라의 문화 및 매체에 많은 관심을 가지고 있는 학생에게 유리하다. 외국어 감각이 뛰어나고 다른 나라 언어를 배우는 것에 특별한 거부감이 없는 학생에게 적합하며 외국어로 문학작품을 읽거나 고급 문장을 구사하는 능력이 있으면 좋다.

다른 나라 문화에 대한 늘 새롭게 학습해야 하므로 새로운 것을 공부하는 지적 호기심이 있다면 적성에 맞다. 제2외국어는 성실한 자세로 꾸준히 공부해야 실력을 키울 수 있으므로 성실성과 교사로서의 책임감이 요구된다.

❤ 💬 ✈ 관련 직업

교사　# 번역사　# 교육공무원

국제교육원　# 항공사 요원

통역사　# 관광 가이드

무역회사 및 일반 기업체 사원

📋 관련 자격

중등학교 1급/2급 정교사 자격증　　달프(DALF)

평생교육사　관광통역안내사　델프(DELF)

JPT(Japanese Proficiency Test)　HSKK　HSK

TSC　FLEX 중국어　CPT(중국어 능력 시험)

독일어 능력시험(Zertifikat Deutsch (ZD))

JLPT(Japanese Language Proficiency Test)

📨 제2외국어교사가 하는 일

제2외국어교사는 독일어, 프랑스어, 스페인어, 중국어, 일본어, 러시아어, 아랍어, 베트남어와 같이 자신이 전공하는 교과의 언어를 언어의 기능, 의사소통 활동, 언어재료의 영역으로 구성하여 독해, 회화, 작문 등에 대해 가르친다.

해당 외국어를 통해 학생들의 의사소통능력을 키우기 위해 문법과 더불어 일상회화에 비중을 두고 가르치고, 이를 위해 감각과 놀이 중심의 체험학습, 멀티미디어를 활용한 매체학습 등 다양한 방법론을 통해 언어감각과 회화기법을 지도한다.

교과서 및 시청각자료 등 다양한 학습자료를 활용하여 수업을 진행하며, 과제를 내주고 결과를 검토 및 지도한다.

한문교사

직업 소개

중·고등학교에서 한문 과목을 가르치는 교사이다. 한문은 한자 문화권에서 공통으로 사용되었던 언어로, 우리나라 또한 수천 년 동안 한자와 한문을 사용해 사상과 감정을 표현해왔다. 따라서 우리가 일상생활에 쓰는 상당 부분의 어휘가 한자에 바탕을 두고 있으며, 특히 다른 교과에서 주로 사용하는 학습 용어의 상당수가 한자 어휘로 이루어져 있으므로 원활한 언어생활과 다른 교과에서 사용하는 학습 용어를 바르게 이해하기 위해서 한문 학습이 필요하다.

즉 한문교사는 학생들에게 한문의 언어적 능력과 함께 선인들의 삶과 지혜, 사상과 감정을 통해 바람직한 인성을 교육하는 역할을 한다.

적성 및 흥미

✅ 끈기
✅ 계획성
✅ 성실성

언어에 대한 감각과 호기심을 가지고 있어야 하며, 언어에 대한 전공 지식 외에도 문학, 사학, 철학 등에 대한 폭넓은 지식이 필요하다.

또한, 한문을 공부하기 위해서는 장기간의 시간이 필요하므로 끈기와 함께 자기가 맡은 연구를 끝까지 할 수 있는 계획성과 성실한 자세가 필요하다.

특히 한자 및 한문, 중국어 등에 대한 깊은 관심과 동양 전근대의 문학, 역사, 철학을 아우르는 동아시아적 학문의 기초적 소양에 대한 이해와 관심, 한문을 기반으로 하는 한자문화권의 문화 및 인문 고전에 대한 폭넓은 이해와 관심을 가지고 있는 학생에게 유리하다.

관련 직업

\# 동양서 전문번역자

\# 중등학교 한문교사   \# 고전번역가

\# 연구원   \# 기업체 한문관련 출판사

\# 언론인   \# 학원강사   \# 서예사

관련 자격

평생교육사   한자지도사   한문지도사

중등학교 2급 정교사   한자능력급수자격증

한문 교사가 하는 일

한문교사는 한자, 한자어, 한문으로 구성되며 각종 한문기록과 고사성어, 격언, 속담, 명언·명구 등을 통해 한자 문화권의 언어와 문화를 가르친다.

또한, 학생들의 기본적인 한자독해능력과 한자 문화권의 문화를 이해하기 위한 효과적이고 다양한 교수·학습 방법에 대해 지속적으로 연구해야 한다.

이를 통해 학생들의 의사소통능력, 정보처리능력, 창의적사고능력, 인성 역량, 심미적 감성의 교과 역량을 기를 수 있도록 지도하는 일을 하며, 학교에 필요한 교무, 연구, 학생 등의 업무를 수행한다. 또한, 담임을 맡을 경우 학급을 경영하면서 학생들의 안내자로서의 역할을 수행하며, 학교생활의 전반을 관리한다.

국어교육과

한국어는 한국인의 과거와 현재 그리고 미래를 연결해주는 핵심적인 소통의 통로이자 문화의 핵심으로, 이러한 언어와 문화를 연구하고 교육하는 학과이다.

국어 능력의 배양과 향상을 목적으로 하는 국어교육과는 국어교육, 국어문화, 국어전문가 양성을 비롯하여 언론, 광고, 홍보, 출판, 창작 등 매우 다양한 분야에서 여러분의 꿈을 펼칠 기회를 만드는 학과이다. 그리고 국제화와 다문화 시대를 이끌어갈 핵심은 바로 우리의 언어와 문화를 세계로 펼쳐나가고, 서로의 사고와 문화를 원활하게 주고받으며 소통하는 것을 목적으로 한다.

졸업 후 진출 분야 및 직업

진출 분야

교육청, 교육부, 외교부, 국립국어원, 방송국, 출판사, 대기업, 공기업, 방송국, 출판사, 웅진/대교 등 학습지 관련 업체, 교육개발원, 교육과정평가원, 국어 연구기관 등

진출 직업

교사, 교수, 장학사, 독서 및 논술 지도사, 사회 및 기업 교육자, 문화예술계 시인·소설가 등의 문필인, 전통문화·예술인, 문화문명 비평가, 방송언론인, 출판·편집인, 홍보·광고 제작자, 외국어학원 강사, 교육행정 공무원, 방송기자, 번역가, 평론가, 해외공보관, 출입국심사관, 교육정책연구원, 언어학 연구원 등

개설 대학

가톨릭관동대학교, 강원대학교, 경남대학교, 경북대학교, 경상대학교, 계명대학교, 고려대학교, 공주대학교, 대구가톨릭대학교, 동국대학교, 목원대학교, 부산대학교, 상명대학교, 서울대학교, 서원대학교, 순천대학교, 신라대학교, 안동대학교, 영남대학교, 우석대학교, 원광대학교, 이화여자대학교, 인천대학교, 인하대학교, 전남대학교, 전북대학교, 전주대학교, 제주대학교, 조선대학교, 청주대학교, 충남대학교, 충북대학교, 한국교원대학교, 한남대학교, 한양대학교, 홍익대학교 등

관련 학과

한국어교육과	국어국문학과
한국어교육문화학과	국어국문·창작학과
국어국문 문예창작학과	문예창작학과

고등학교 권장 선택과목 로드맵

교과 영역	선택과목	
	일반선택	진로선택
기초	확률과 통계	실용 국어, 심화 국어, 고전 읽기
탐구	생활과 윤리, 윤리와 사상	고전과 윤리, 사회문제 탐구
체육·예술	연극	
생활·교양	교육학, 논리학, 논술, 한문 I	한문 II

독어교육과

중·고등학교 독일어 교육에 필요한 지식을 습득 및 연구하도록 하여 훌륭한 자질의 독일어 교사를 양성하고자 한다.

독일어의 실용능력 및 독일의 역사, 문화, 경제, 사회 등 독일의 선진문화를 이해하고 습득시키고자 한다. 이를 위하여 독일어교육 및 독일어 문학 전반에 관한 이론과 실제를 체계적으로 학습하여 21세기 한국의 독어교육은 물론 인문학 발전에 기여할 수 있는 유능하고 창의적인 독일어 교사 양성을 주된 목적으로 한다. 또한 융·복합적 학문연구에 기여할 수 있는 학자양성 및 독일어권 지역학의 전문인을 육성하여 독일과의 다양한 교류에 필요한 역량을 가진 인적 자원의 양성에 교육목표를 둔다.

개설 대학

부산대학교, 서울대학교, 전북대학교, 한국교원대학교 등

관련 학과

독일어교육과 독일언어문학과 독일학과
유럽어교육학부 독어교육전공 독일어과
독일어문·문화학과 독일어문학전공
독일어통번역학과 유럽어문학과
독어독문학과 유럽어문학과

졸업 후 진출 분야 및 직업

진출 분야

국·공립 중등학교, 한국교육과정평가원, 국가평생교육진흥원, 한국교육방송공사, 한국직업능력연구원, 한국교육개발원, 인문과학 연구소, 독일어 연구기관, 독일계 기업, 기업의 해외업무 분야, 언론기관, 출판사, 무역회사, 방송국, 신문사 등

진출 직업

교사, 장학사, 통역관, 외교관, 학원강사, 언론인, 무역담당자, 인문과학연구원, 작가, 교육행정가, 문학비평가, 중앙·지방 교육직 공무원 등

고등학교 권장 선택과목 로드맵

교과 영역	선택과목	
	일반선택	진로선택
기초	확률과 통계	영어권 문화, 영미 문학 읽기
탐구	세계지리, 세계사, 사회·문화, 윤리와 사상	여행지리, 사회문제 탐구, 과학사
체육·예술		
생활·교양	교육학, 제2외국어 (독일어Ⅰ)	제2외국어 (독일어Ⅱ)

불어교육과

프랑스 어학과 프랑스 문학에 대한 기초과정과 프랑스어 교육학의 이론을 학습하고 실습함으로써 장차 유능한 프랑스어 교사를 양성하고, 나아가 교육 관련 분야의 전문가를 배출하는 데 그 목표를 두고 있다.

이를 위해 교육과정은 실제적인 프랑스어 교수 이론 및 학습 방법론을 접할 수 있는 프랑스어 교육 분야를 포함하여 독창적인 프랑스 언어학의 이론을 포함한 전반적인 언어학 이론을 접할 수 있는 어학 분야, 전체적인 개관을 통하여 그 본질과 주된 경향을 파악할 수 있는 프랑스 문학 및 프랑스 문화 분야, 그리고 실용적인 측면에서 프랑스어 능력을 갖추기 위한 발음, 회화와 작문 분야로 이루어져 있다.

개설 대학

부산대학교, 서울대학교, 한국교원대학교 등

관련 학과

한국어교육과 국어국문학과

한국어교육문화학과 국어국문·창작학과

국어국문 문예창작학과 문예창작학과

졸업 후 진출 분야 및 직업

진출 분야

국·공립 중등학교, 한국교육과정평가원, 국가평생교육진흥원, 한국교육방송공사, 한국직업능력연구원, 중앙·지방 교육직 공무원, 프랑스계 기업, 기업의 해외업무 분야, 언론기관, 출판사, 무역회사, 방송국, 신문사 등

진출 직업

교사, 장학사, 통역관, 외교관, 학원강사, 언론인, 무역담당자, 인문과학연구원, 작가, 교육행정가, 문학비평가 등

고등학교 권장 선택과목 로드맵

교과 영역	선택과목	
	일반선택	진로선택
기초	확률과 통계	영어권 문화, 영미 문학 읽기
탐구	세계지리, 세계사, 사회·문화, 윤리와 사상	여행지리, 사회문제 탐구, 과학사
체육·예술		
생활·교양	교육학, 제2외국어 (프랑스 I)	제2외국어 (프랑스 II)

영어교육과

영어의사소통능력을 신장하기 위한 다양한 교수방법과 학습과정을 체계적으로 연구하는 학문으로서 순수 이론의 추구에 그치는 기초학문이나 기초과학이 아니라, 이 학문을 통해 그 이론을 실천하는 응용학문이다.

언어의 습득과 관련하여 인간에 대한 폭넓고 체계적인 지식은 물론 언어 교육에 필요한 제반 교육의 이론과 실제에 대한 전문적인 지식도 요구되고 있다. 이에 영어교육과는 중등학교 영어교육을 의사소통 중심으로 유도하고, 학생중심의 교육에 이바지할 수 있는 인재양성에 그 목적을 두고 교육하고 있다.

졸업 후 진출 분야 및 직업

✏ 진출 분야

국·공립 중등학교, 교육청, 교육부, 국가평생교육진흥원, 교육과정평가원, 한국교육방송공사, 한국직업능력연구원, 한국교육개발원, 영어 연구기관, 한국 연구재단, 한국교육학술정보원, 기업 사회 교육원, 방송국, 신문사, 출판사, 여행사, 학습지 및 교재 개발업체, 사설학원 등

✏ 진출 직업

국·공립 중등학교 교사, 외국어학원 강사, 교육행정공무원, 교수, 영어교육관련 전문 저술가, 영어교재 및 참고서 전문 출판사, 대기업, 공기업, 전문대학원 진학, 방송기자 및 PD, 영어교재 및 교구 개발자, 통역·번역 관련 전문직, 관광통역원 등

📖 개설 대학

가톨릭대학교, 강원대학교, 건국대학교, 계명대학교, 고려대학교, 공주대학교, 대구가톨릭대학교, 대구대학교, 목포대학교, 부산대학교, 상명대학교, 서울대학교, 서원대학교, 순천대학교, 원광대학교, 이화여자대학교, 인천대학교, 인하대학교, 전남대학교, 전북대학교, 전주대학교, 제주대학교, 조선대학교, 중앙대학교, 한국교원대학교, 한국외국어대학교, 한양대학교, 홍익대학교 등

📋 관련 학과

교양영어교육부   아동영어교육학과
아동영어교육학전공   어린이영어교육학과
영미어문학부   영어교수법전공
영어학부   영어산업학과
실용영어학과   영어통번역학부
글로벌학부(영어전공)   영어영문학과
외국어자율전공학부(영어전공)   영미문화학과

고등학교 권장 선택과목 로드맵

교과 영역	선택과목	
	일반선택	진로선택
기초	확률과 통계	영어권 문화, 영미 문학 읽기, 실용 수학
탐구	세계사, 세계지리, 생활과 윤리	사회문제 탐구, 여행지리
체육·예술		
생활·교양	교육학, 제2외국어 I	제2외국어 II

일어교육과

일본어라는 매개체를 통하여 일본의 문화를 탐구함은 물론 엄격한 어학 훈련을 통해 전문적인 중등학교 교사를 양성하고, 사회에서 요구하는 일본어 실력이 뛰어난 인재를 배출하고 있다.

다양하고 심도 있는 지식과 새롭게 변해가는 교수법 등을 교수함으로써 일본어로 일상적 의사소통이 가능한 실용적 언어능력과 일본의 정치, 경제, 사회, 문화 전반에 관한 전문적 지식을 갖추고 있으면서 동시에 우리 문화에 대해 깊은 소양과 자긍심을 가진 글로벌한 인재를 키우기 위해 노력하고 있다. 유능한 일본어 교사와 더불어 세계화, 정보화, 다문화 시대를 맞이하여 우수한 일본어 능력과 더불어 인성, 덕성 등을 고루 갖춘 일본어 교육 및 일본지역 전문가를 양성하여 사회의 발전에 기여하고자 한다.

졸업 후 진출 분야 및 직업

진출 분야

국·공립 중등학교, 한국교육과정평가원, 국가평생교육진흥원, 한국교육방송공사, 한국직업능력연구원, 일본대사관, 무역·수출입 관련 공공기관, 한국교육개발원, 인문과학 연구소, 일본 연구기관, 국제 경제/무역 관련 국가·민간 연구소, 출판사, 통번역 관련 국내기업, 국내 일본계 기업, 일본 내 기업, 언론사, 금융기관, 여행사, 호텔, 면세점 등

진출 직업

교사, 번역사, 통역사, 관광가이드, 국제교육원, 항공사 요원, 무역회사 및 일반 기업체 사원, 중앙·지방 교육직 공무원 등

개설 대학

건국대학교, 경남대학교, 경상대학교, 상명대학교, 신라대학교, 원광대학교, 인천대학교 등

관련 학과

| 일본문화관광콘텐츠학과 | 일본어통번역학과 |

| 일본언어문화학부 | 일본학과 | 일본어학과 |

| 일본어문학전공 | 일본어창의융합학부 |

| 일본언어문화전공 | 관광일본어학전공 |

| 융합일본지역학부 | 일본어일본문화학과 |

| 일어일본문화학과 | 국제학부(일본학전공) |

| 중국·일본학부(일본학전공) |

고등학교 권장 선택과목 로드맵

교과 영역	선택과목	
	일반선택	진로선택
기초	확률과 통계	영어권 문화, 영미 문학 읽기
탐구	세계지리, 세계사, 사회·문화, 동아시아사, 사회·문화, 윤리와 사상	여행지리, 사회문제 탐구, 과학사
체육·예술		
생활·교양	교육학, 제2외국어 (일본어Ⅰ)	제2외국어 (일본어Ⅱ)

중국어교육과

중국 문화와 역사 및 문학 전통과 중국어의 특징에 대한 인식을 기초로 효과적인 교수 방법을 통해 중국어와 중국문화를 지도함으로써 시대가 요구하는 인재를 길러낼 수 있는 중국어 교육전문가의 양성을 목표로 한다.

다양한 의사소통 상황에 대응할 수 있도록 중국어 구어와 문어 훈련을 충실히 지도함과 동시에 고급 문어의 이해와 산출을 위한 고대중국어(한문) 교육, 중국 인문전통의 이해를 위한 고전 교육과 중국 정통문학 교육, 현대 중국과 중국인에 대한 인식 심화를 위한 중국 현대문학 교육, 중국인의 삶과 사고에 다가가기 위한 중국문화 교육 등을 폭넓게 실시하고 있다. 또한, 중국의 언어와 문자에 대한 심층적인 접근을 돕기 위해 중국언어학 교육을 실시하고 있으며, 대상과 상황에 맞게 효율적으로 중국어를 지도할 수 있도록 언어습득, 외국어 교수법, 교재론, 교육과정, 평가론 등을 교육하고 있다.

졸업 후 진출 분야 및 직업

🖊 진출 분야

국·공립 중등학교, 한국교육과정평가원, 국가평생교육진흥원, 한국교육방송공사, 한국직업능력연구원, 중국대사관, 무역·수출입 관련 공공기관, 한국교육개발원, 인문과학 연구소, 중국 연구기관, 출판사, 통번역 관련 국내기업, 국내 중국계 기업, 일본 내 기업, 언론사, 금융기관, 여행사, 호텔, 면세점 등

🖊 진출 직업

교사, 번역사, 통역사, 관광가이드, 국제교육원, 항공사 요원, 무역회사 및 일반 기업체 사원, 중앙·지방 교육직 공무원 등

📖 개설 대학

한국교원대학교, 한국외국어대학교 등

📋 관련 학과

중국·일본학부 | 중국어학전공
중국어과 | 중국어교육과 | 중국어문전공
중국학과 | 중국어학과 | 중국언어문화전공
중국경제통상학전공 | 중국문화전공
중국비즈니스학과 | 중국어문학전공
중국어통번역학과 | 중국외교통상학부
중국정경전공 | 중국지역학과

고등학교 권장 선택과목 로드맵

교과 영역	선택과목	
	일반선택	진로선택
기초	확률과 통계	영어권 문화, 영미 문학 읽기
탐구	세계지리, 세계사, 동아시아사, 사회·문화, 윤리와 사상	여행지리, 사회문제 탐구, 과학사
체육·예술		
생활·교양	교육학, 제2외국어 (중국어Ⅰ)	제2외국어 (중국어Ⅱ)

한문교육과

한자문화권에 속한 우리나라는 오늘날 국제화, 세계화 시대를 맞이하여 우리의 전통문화를 계승 발전시켜나가기 위하는 과정으로서 한문교육의 중요성을 더욱 강조하고 있다.

20세기 초에 이르기까지 우리나라의 지적·문화적 성과의 대부분은 한문으로 기록되었기 때문에 이들을 정리·번역·연구하는 것은 다양한 학문 분야에 기여하는 바가 클 뿐 아니라, 지금 우리의 사유와 문화를 풍요롭게 하는 자산을 제공하는 소중한 작업이다. 한문교육에 관한 전반적인 지식과 이론체계를 폭넓게 전달하고 한문 고전의 올바른 이해를 이끌어 내고자 한다. 이를 통해 전통문화와 민족정신의 창조적 계승과 새로운 가치관, 문화를 형성하는 학교는 물론 더 나아가 사회 각계의 한문 교육을 담당하는 전문성을 갖춘 한문 교사양성을 목표로 하고 있다.

졸업 후 진출 분야 및 직업

✏️ 진출 분야

국·공립 중등학교, 한국교육과정평가원, 국가평생교육진흥원, 한국교육방송공사, 한국직업능력연구원, 중앙·지방 교육직 공무원, 일본대사관, 무역·수출입 관련 공공기관, 대기업, 금융기관, 언론사 등

✏️ 진출 직업

중등학교 한문교사, 연구원, 기업체 한문 관련 출판사, 언론인, 학원강사, 고전번역가, 서예사, 동양서전문번역자, 한문고전리라이터 등

개설 대학

강원대학교, 계명대학교, 공주대학교, 단국대학교, 성균관대학교, 성신여자대학교, 영남대학교, 원광대학교, 전주대학교 등

관련 학과

한문학과 중국어교육과 중국어학과
국어교육과 국문학과

고등학교 권장 선택과목 로드맵

교과 영역	선택과목	
	일반선택	진로선택
기초	확률과 통계	고전 읽기
탐구	동아시아사, 윤리와 사상, 한국지리, 사회·문화	고전과 윤리, 과학사
체육·예술		
생활·교양	교육학, 한문 I	한문 II

MEMO

교육계열

교육 교사는 보육, 유치원, 초등학교 및 특수학급 학생을 지도하는 교사로
이 단원에서는 교육의 대상에 따라 보육교사, 유치원교사, 초등교사, 특수교사를 의미한다.

교육의 대상에 따라 보육교사, 유치원교사, 초등교사, 특수교사를 의미한다.
흔히 교육을 교육백년지대계라는 말이 있다. 그만큼 어린 시절부터 교육은 매우 중요하다.
교육이란 인간의 정신적, 신체적 성장과 발달을 특정 이상이나 목적 및 가치 기준 등으로
통제하거나 조력하는 과정이다. 또한 교육은 인간의 행동을 변화시키기 위한 것으로,
매우 구체적인 계획과 지속적인 노력을 필요로 한다.

인간은 부모의 태내에서부터 출생, 성장, 죽음에 이르기까지 가정, 학교 혹은 사회 등의
다양한 장소와 기관에서 교육을 받으면서 성장하고 발달하는 존재이다. 인간이 동물과 다른 점은
사회 속에서 더불어 생활하는 존재이므로 누구나 교육이 필요하다는 점이다. 교육교사는
이러한 학생들을 위해 다양한 방법을 활용하여 교육을 하는 직업이다.

관련 학과

초등교육과, 유아교육과, 아동보육학과, 특수교육과, 초등특수학과, 교육공학과, 교육학과 등

관련 자격

초등학교 2급 정교사, 유치원정교사, 미술실기 교사, 보육교사, 특수학교 2급 정교사(이수 과목에 따라 유치원, 초등특수교육, 중등특수교육으로 구분), 논술지도사, 독서지도사, 방과후아동지도사, 미술심리치료사, 구연동화지도사, 상담심리사, 놀이치료사, 예절지도사, 아동지도사, 유아체육지도자, 아동숲지도사, 언어치료사, 청각치료사, 사회복지사 등

진출 직업

국·공·사립 초등교사, 유치원교사, 보육교사, 특수교사, 교육공무원, 교감, 교장, 아동 방송작가 및 연출가, 프로그램 개발자, 콘텐츠 개발자, 출판(물) 기획자, 아동 교재 개발자, 교육프로그램 개발자, 병원아동생활전문가, 아동발달전문가, 아동상품기획자, 1인 미디어 콘텐츠창작자, 어린이용 앱 개발자, 특수교육 장학사 및 장학관, 복지사 등

진출 분야

국·공립 중등학교, 보육정보센터, 한국양성평등교육진흥원, 국공립/직장보육민간(법인) 어린이집, 특수학교, 유아교육진흥원, 사회복지기관, 장애인복지관, 장애인고용공단, 종합사회복지관, 한국장애인복지시설협회, 아동상담소, 아동심리치료소, 아동 관련 방송매체, 아동 프로그램 업체, 아동 교육·보육 관련 프로그램 제작자, 멀티미디어 제작업체, 출판사, 사회단체 및 문화센터(어린이집, 놀이방), 학원(독서 학원, 공부방, 글짓기 교실) 등

 인재상

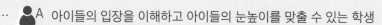 A 아이들의 입장을 이해하고 아이들의 눈높이를 맞출 수 있는 학생

B 다양한 교육방법을 적용하기 위한 창의력이 뛰어난 학생

C 사람들과 좋은 관계를 유지하며 협조적인 태도를 갖춘 학생

D 봉사와 희생정신이 투철하고 교육자적 자질과 사명감이 있는 학생

E 하지 못한 일에도 당황하지 않고 침착하게 행동할 수 있는 통제 능력을 가진 학생

01

보육교사

🖥 직업 소개

보육교사는 공공 어린이집, 사설 어린이집 등 탁아기관에서 유아를 대상으로 양육의 보충적 역할을 하며, 여러가지 사정으로 인해 아이와 함께 있을 수 없는 부모들을 대신하여 아이들을 돌보아주고 교육까지 해주는 직업이다. 부모와 교사의 역할을 동시에 수행하기 때문에 힘이 들기도 하지만 그만큼 보람 있는 일이기도 하다. 특히, 육아의 경험이 있는 사람들에게는 경험을 살릴 수 있는 만큼 더 유리한 직업이다.

💡 적성 및 흥미

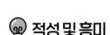

보육교사는 공공 어린이집, 사설 어린이집에서 유아를 대상으로 양육하기에 영유아들과 어울리고 함께하는 일을 좋아하며 영유아를 가르치는 일을 소중하게 생각하는 사람이어야 한다.

특히 보육교사는 영유아들의 갑작스러운 행동에 대처하기 위하여 일반아동 및 특수아동의 신체발달, 심리와 행동, 부모교육 등에 대한 지식과 더불어 돌발상황에 대한 신속한 판단 능력과 대처능력이 필요하다.

무엇보다 보육교사는 교육자로서 사명감과 아이들을 아끼고 사랑하는 마음은 물론 책임감과 성실, 끈기 등을 갖추고 있는 사람에게 적합하며, 아이들에게 모범을 보여야하기 때문에 정확한 언어구사능력과 바르게 행동하는 사람이어야 한다.

♥ ○ ⊿ 관련 직업

\# 보육교사   \# 보육사   \# 아동문학가
\# 아동음악가   \# 유아교육 제작자
\# 아동상담사

📇 관련 자격

보육교사 1, 2, 3급

▷ 보육교사가 하는 일

보육교사는 보육시설에서 보호자의 위탁을 받은 만 5세 미만의 취학 전 아동을 건강하고 안전하게 보호하고 양육하며, 적합한 교육을 제공한다. 영·유아의 성장과 발달과정에 대한 이해, 교육적 측면의 지식을 갖춘 전문가로서 영·유아의 신체적·사회적·정서적·지적 발달이 균형있게 이루어질 수 있도록 교육방법을 연구하고 적용하는 일을 한다. 또한 영양·위생·안전을 위한 보호서비스를 통해 영·유아의 조화로운 발달을 돕는 일을 한다.

나아가 영·유아의 개별적 요구와 관심을 상세히 관찰한 후 이에 맞는 보육방법을 결정하고, 교재를 선택하여 지도한 후 그 결과를 보육일지에 기록한다. 그림책, 놀잇감, 악기 등을 이용하여 영·유아의 정서와 지능발달에 도움을 주며, 균형 있는 영양공급과 바른 생활습관을 지도하는 일을 한다.

유치원교사

직업 소개

유치원교사는 유아교육을 하는 교사로 만 3세 이상 초등교육 연령 이하 어린이의 언어나 신체적, 사회적 기량의 발달을 촉진시키기 위해 단순 지식 전달이 아닌 전인적 성장을 목적으로 기초 교육을 하는 선생님이다.

유아들이 건강한 생활을 할 수 있도록 기초 체력을 기르고, 건강하고 안전한 생활 습관을 가지도록 개인위생에 관한 내용과 안전생활을 가르친다. 유아들의 단체생활과 행사에 참여하기 등 협동을 통하여 다른 사람과 더불어 생활하는 태도 및 공동체 의식을 함양할 수 있도록 사회생활 교육도 실시한다. 또한 유아들의 발표, 토의, 관찰, 실험, 조사, 견학, 발표회 등 유아들이 직접 참여할 수 있는 다양한 수업 방법들을 계획·활용하여 지도하기도 한다.

적성 및 흥미

✅ 섬세함

✅ 책임감

✅ 통솔력

아이들을 배려하고 도와주려는 마음이 강해야 할 뿐만 아니라, 아이들을 사랑하는 마음을 가지고 있어야 한다. 다른 사람을 잘 이해하는 섬세한 성격의 사람에게 유리하며, 어려움이 있어도 참고 견디며 책임감을 갖고 스스로 통제할 수 있는 능력이 요구된다. 유치원교사는 관찰력과 통솔력, 돌발 상황에 대처할 수 있는 능력이 필요하고 정확하면서도 이해하기 쉬운 어휘를 구사하는 능력을 갖추어야 한다. 또한, 솔직하고 도덕적인 정직성이 중요하며 어린이에게 효과적인 의사전달을 위해 예술적 형태를 창조해내는 신체적, 언어적 활동과 이를 자연스럽고 정형화되지 않은 방식으로 표현해내는 것을 선호하는 사람에게 적합하다. 아울러 어린이의 돌발적이거나 통제되지 않은 상황 등 고도의 스트레스 환경에서도 효과적으로 대처해 나갈 수 있는 차분함과 비판을 받아들이는 인내심 등 사소한 부분까지도 주의 깊게 다루는 꼼꼼함이 요구된다.

관련 직업

\# 보육교사   \# 초등학교교사

\# 특수학교교사

관련 자격

유치원 1급/2급 정교사

유치원교사가 하는 일

유치원교사는 유아를 신체적, 정신적 위험으로부터 안전하게 보호하고, 유아의 발달특성에 따라 다양한 교수방법을 활용하여 가르친다. 유아의 발달수준과 유치원의 상황, 부모나 지역사회의 요구, 국가 수준의 교육과정 등을 고려하여 교육계획을 수립하고, 효과적인 교육을 수행하기 위해 유아의 발달단계 및 건강, 심리상태를 관찰하여 기록하며, 그 결과를 교육계획에 반영한다.

또한 행사 참여하기 등의 활동을 통해 타인과 더불어 생활하는 태도 및 공동체 의식, 협동심을 함양할 수 있도록 한다. 발표, 토의, 관찰, 실험, 조사, 견학, 발표회 등 유아가 직접 참여할 수 있는 다양한 수업 방법을 활용하여 유아가 자연 및 사회현상에 대한 흥미와 폭넓은 이해력을 가질 수 있도록 돕고 창의적 표현능력과 심미적 역량을 길러주는 교육활동을 한다.

초등교사

💻 직업 소개

초등학교 교사는 부모만큼이나 가까이에서 아이들의 발달을 돕는 사람이다. 수업은 물론 생활지도도 하고, 학부모와 협력해 학교와 가정의 교육이 조화롭게 이루어지도록 노력하는 역할을 한다. 초등학교 시기에는 신체적·정신적 발달의 기초가 다져지므로 초등학교 교사는 아이들 한 명 한 명 세심하게 이해하고 돌보아야 한다.

그렇기 때문에 초등학교 교사는 학생들을 누구보다 잘 이해하고 학생 눈높이에서 생각할 수 있어야 하며, 높은 사명감과 도덕성이 필요한 직업이다.

💡 적성 및 흥미   ● ● ●

초등학교 교사는 유소년기의 학생들을 대하므로 솔직하고 도덕적인 성격을 지니고 다른 사람들과 즐거운 관계를 유지하며 협조적인 태도를 갖추는 것이 필요하다. 또한 어린 학생들의 욕구나 느낌에 민감하고 이들을 이해하고 도와주려 하는 등 타인을 배려하는 태도를 갖추는 것이 필요하다.

초등교사는 아동기로 변하는 아이들과 만나는 일이므로, 이 시기의 아이들을 좋아하고 잘 이해할 수 있으면 좋다. 또한 다양한 교과를 가르치기 때문에 국어, 수학, 미술, 음악, 사회, 과학 등 다양한 과목에 관심을 가지며 여러 교육방법을 적용할 수 있는 창의성을 가지고 있는 학생에게 유리하다.

❤ 💬 ✈ 관련 직업

#특수학교교사   #진로진학상담교사
#유치원교사   #국어교사   #수학교사

🪪 관련 자격

초등학교 1급/2급 정교사   논술 및 독서 지도사
구연동화지도사   상담심리사   놀이치료사
예절지도사   아동지도사   유아체육지도자

✈ 초등교사가 하는 일

초등교사는 초등학교에서 어린이에게 교과목을 가르치고 바른 인성과 품행을 가지도록 지도한다. 이를 위해 학급담임을 맡은 교사가 자신의 학급학생들에게 도덕, 국어, 사회, 수학, 과학, 체육, 음악, 미술 및 실과, 영어 등 초등학교 전 교과목을 모두 가르친다.

학교교육계획과 수업일수 등을 고려하여 각 교과목의 학급계획안을 작성하고, 이에 맞게 교재 연구 및 교수·학습 자료를 준비한다. 대부분의 수업은 교실에서 이루어지지만 과학, 체육, 음악 교과는 과학실, 운동장, 체육관, 음악실 등에서 수업하기도 하며, 교과목에 따라 실험·실습을 하거나 현장체험학습, 야외수업을 통해 학생들의 학습 흥미를 높인다. 방과후에는 학습 부진아를 지도하기도 하며 학습 과제물을 검사하고, 시험 문제를 출제한 후 학습 평가를 준비한다. 초등학생은 아직 사회성이 충분히 길러지지 않은 연령이므로 학생들이 원만한 친구관계를 맺고 다른 사람과 더불어 생활하는 법과 안전사고 및 폭력예방, 성교육, 기본 생활 습관, 급식지도, 등·하교 지도 등의 생활지도가 학습지도만큼이나 중요하다.

특수교사

직업 소개

특수학교 교사는 특수교육 대상 학생만을 위해 설립된 특수학교, 일반학교의 특수학급, 교육청의 특수교육지원센터 등에서 근무하며 특수 학생의 교육을 담당하는 교사이다.

특수학교는 시각장애특수학교, 청각장애특수학교, 지체장애특수학교, 지적장애특수학교, 정서장애특수학교 등 장애 영역별로 구분되지만, 특수교육의 대상이 되는 학생들이 다수이고, 복수의 장애를 가지고 있기 때문에 많은 학교가 2가지 이상의 장애영역을 포함하고 있다. 일반학교 특수학급은 일반 초·중·고등학교에 재학하는 장애학생들을 위한 학급으로 다양한 장애를 가진 학생들이 특수교사의 도움을 받아 교과나 특별활동, 재량활동 등을 공부한다.

적성 및 흥미

✅ 배려심

✅ 문제해결능력

✅ 학습전달능력

여러 가지 형태의 장애가 있는 학생들의 욕구나 느낌에 민감하고 이해하고 도와주려는 등 타인에 대한 배려심이 필요로 한다. 아울러 장애우를 도와주는 과정에서 어려움이 있어도 이를 포기하지 않고 계속 참고 견디는 성향이 적합하다.

특수교사는 학생을 가르친다는 교사로서의 자질과 함께 어떤 상황에서도 침착하게 문제를 해결할 수 있는 문제해결능력과 자기통제능력, 학습전달능력이 필요하다. 또한 장애인에 대한 남다른 애정과 희생, 봉사정신이 있는 사람에게 적합하며 꾸준한 노력과 인내심이 요구된다.

관련 직업

\# 초등학교교사

\# 중등학교교사   \# 진로진학상담교사

\# 직업능력개발훈련교사   \# 유치원교사

관련 자격

특수학교(유치원) 1급/2급 정교사

특수학교(초등) 1급/2급 정교사

특수학교(중등) 1급/2급 정교사

특수교사가 하는 일

특수학교교사(특수교사)는 장애가 있어 특수한 교육의 대상이 되는 학생들을 가르치고 돌보는 교사로, 교과 학습지도와 생활지도는 물론 일상생활 전반에 관한 훈련, 건강관리, 직업을 갖기 위해 필요한 교육 등에도 관여하는데, 학생의 장애 유형에 따라 교육방법이나 교육내용을 달리한다.

시각장애 학생을 지도할 때는 촉각과 소리를 이용하여 학습을 진행하며 주로 점자 익히기, 보행훈련, 맹인용 물건 사용법 등을 지도한다. 청각장애 학생을 지도할 때는 수화 및 입술 모양을 보고 말을 알아들을 수 있는 순독 등을 가르치며, 지적장애 학생들의 경우 기본 생활 훈련과 수 개념 이해, 글자 해독 등을 주된 학습으로 하여 이해나 기억을 돕기 위한 구체물, 그림카드 등을 활용한다. 지체장애 학생들에게는 목발 사용법, 휠체어 사용법, 서기 자세 등을 훈련시켜 학생이 자신의 움직임을 잘 제어할 수 있도록 한다.

교육공학과

교육현장에서 발생하는 다양한 문제의 해결을 꾀하고 이 과정에서 학습과정과 자원의 설계, 개발, 활용, 관리, 평가를 총체적으로 연구하여 교육현장의 문제점에 대한 대안을 제시하는 학과이다.

교육현장에서 교수자가 학습자에게 효율적으로 내용을 전달할 수 있는 방법을 배우는 곳으로 좁게는 학교에서의 교육을 의미하기도 하지만 넓게는 기업에서의 성인교육, 국가 단위의 다양한 교육콘텐츠 등 모든 것을 포함한다. 이러한 이유로 대상자, 과목, 목적에 따라 달라지는 모든 교육과정을 배우며, 한 내용을 전문적으로 배우는 것이 아니라 내용에 대한 프로세스를 전문적으로 배우는 곳이다.

졸업 후 진출 분야 및 직업

진출 분야

국·공립 중등학교, 여성개발원, 청소년 상담실, 인력개발원, 사회교육협회, 문화센터, 교재 개발업체, 교육 관련 컨설팅 회사, 교육 관련 연구소, 이러닝 업체, 방송국, 신문사, 광고회사 등

진출 직업

국·공립 중·고등학교 교사, 기업체 인재개발, 교육 담당자, 온라인 교육과정 설계 및 개발, 교육학연구원, 교재 및 교구개발자, 시스템소프트웨어개발자, 교육방송 연출자, 교육 분야 기자, 방송인, 광고 기획자, PD, 학원강사 등

개설 대학

건국대학교, 안동대학교, 이화여자대학교, 한양대학교 등

관련 학과

교육심리학과 　 교육학과 　 교육학부

청소년교육·상담학과 　 평생교육·상담학과

교육행정학과 　 글로벌교육학부

글로벌아동교육학부

고등학교 권장 선택과목 로드맵

교과 영역	선택과목	
	일반선택	진로선택
기초	미적분, 확률과 통계	기하, 수학과제 탐구
탐구	윤리와 사상, 물리학Ⅰ, 화학Ⅰ,	물리학Ⅱ, 융합과학, 생활과 과학
체육·예술	연극	
생활·교양	교육학, 심리학, 정보, 제2외국어Ⅰ	공학 일반, 인공 지능 기초, 지식재산 일반

교육학과

교육이란 인간형성의 과정이며 인간은 교육을 통하여 바람직한 인격을 형성하여 행복을 영위하게 된다. 이러한 교육 현상들에 대해 과학적으로 탐구하고 다양한 분야에서 응용 가능한 교육의 기초 학문을 학습하는 학과이다.

교육학과는 교사라는 직업만을 떠올리는 것과 달리 다양한 진출이 가능하다. 교육학과의 목표는 교육에 대한 학문적 이해를 바탕으로 광범위한 교육실천을 위한 효과적인 기술과 방법을 연마하는 것이다. 따라서 발달과정에 맞는 교육과정과 평가방법을 배워 실제로 교육 지도안을 짜보는 활동을 해보기도 하고, 교육심리학자의 이론을 바탕으로 영화, 소설이나 만화에 등장하는 현상들을 교육심리학적으로 분석하기도 한다. 또한 현 교육이슈에 대한 토론이나 교육철학 등의 수업을 통해 자신만의 교육관을 정립한다.

졸업 후 진출 분야 및 직업

✎ 진출 분야

교육청, 교육부, 인력개발원, 사회교육협회, 문화센터, 여성개발원, 청소년상담실, 교원단체 및 교육관련 회사, 교육개발원, 평생교육진흥원, 한국교육학술정보원, 한국교육과정평가원, 한국청소년상담원, 대학교육협의회 등

✎ 진출 직업

중등학교 교사, 특수교육교사, 학원강사, 교수, 사회교육전문가, HRD 전문가, 교육 관련 연구소 연구원, 웹개발자, 교재개발자, 응용소프트웨어 개발자 등

📖 개설 대학

경북대학교, 경상대학교, 계명대학교, 고려대학교, 공주대학교, 국민대학교, 대구가톨릭대학교, 동국대학교, 동아대학교, 목포대학교, 부산대학교, 상명대학교, 서울대학교, 서원대학교, 성균관대학교, 성신여자대학교, 세종대학교, 영남대학교, 원광대학교, 이화여자대학교, 인하대학교, 전남대학교, 전북대학교, 조선대학교, 중앙대학교, 충남대학교, 충북대학교, 한국교원대학교, 한남대학교, 한양대학교, 홍익대학교 등

📋 관련 학과

| 교육공학과 | 교육심리학과 | 교육학부 |

청소년교육·상담학과 평생교육·상담학과

교육행정학과 글로벌 교육학부

글로벌아동교육학부

🎚 고등학교 권장 선택과목 로드맵

교과 영역	선택과목	
	일반선택	진로선택
기초	확률과 통계	고전 읽기, 실용 영어, 실용 수학
탐구	생활과 윤리, 윤리와 사상, 사회·문화, 정치와 법	고전과 윤리, 사회문제 탐구, 생활과 과학
체육·예술	연극	
생활·교양	교육학, 정보, 심리학, 제2외국어 I	지식 재산 일반, 인공지능 기초

아동보육학과

가족의 구조가 핵가족화되고 여성의 사회적 참여가 증가하면서 아이를 믿고 맡길 수 있는 아동보육과 유아교육의 중요성이 증가하고 있는 상황이다.

보육은 영유아의 심신을 보호하고 건전하게 교육하며, 아울러 보호자의 경제적·사회적 활동에 도움을 주려는 목적을 가지고 있다. 교육은 유아에게 알맞은 교육환경을 제공하여 교육하는 것을 중점으로, 생활에 필요한 기초 체력을 기르고 건강하고 안전한 생활 습관을 갖게 하는 목적을 가지고 있다. 아동보육학과의 목적은 현대의 다양한 사회적 변화와 더불어 변화하는 부모들의 요구와 보육현장에서 필요로 하는 올바른 인성과 영유아의 전인적인 발달에 도움을 줄 수 있는 실무능력을 갖추고 아이들과 정서적 교감을 할 수 있는 교사를 양성하는 데 있다.

졸업 후 진출 분야 및 직업

진출 분야

국·공립유치원, 국공립/직장보육민간(법인) 어린이집, 특수학교 , 공사립 유치원, 교육청, 초등학교 돌봄교실, 중앙 및 각 시도 보육정보센터, 한국보육진흥원, 사회복지기관, 직장 어린이집, 놀이방, 사립 유치원, 아동상담소, 아동심리치료소, 아동관련 방송매체, 유아프로그램 업체, 유아교육·보육 관련 프로그램 제작자, 유아용 멀티미디어 제작업체, 출판사, 학원 등

진출 직업

대학 교수, 연구원, 방송국 작가 및 연출가, 유아프로그램 개발자, 아동심리사, 인형극 연출가, 유아교육 관련 프로그램 작가, 구연동화사, 놀이치료사, 미술치료심리사, 아동숲지도사 등

개설 대학

건양대학교, 협성대학교 등

관련 학과

유아교육과 아동교육복지과

아동심리학과 아동미술보육과

글로벌아동교육학과 심리·아동학부

소비자아동학부 아동·가족학과

아동보육학과 가족아동복지학과

영유아보육학과 유아보육과

불교아동보육학과

고등학교 권장 선택과목 로드맵

교과 영역	선택과목	
	일반선택	진로선택
기초	확률과 통계	실용 국어, 실용 수학
탐구	생활과 윤리, 윤리와 사상, 사회·문화, 한국지리	사회문제 탐구
체육·예술	체육, 음악, 미술, 연극	스포츠 생활, 음악 연주, 미술 창작, 음악 감상과 비평, 미술 감상과 비평
생활·교양	교육학, 진로와 직업, 보건, 환경	가정과학

유아교육과

'올바른 사회는 어린이들에게 참다운 교육을 실시함으로써 이루어질 수 있다.'고 한다. 영유아기 발달 과정을 이해하고 효과적인 유아 교육을 위한 이론 및 실습을 제공하며, 건전한 인성을 바탕으로 유아의 특성에 맞는 교육을 개발 적용하는 전문 인력을 양성하는 학과이다.

유아교육과는 교육학의 한 영역으로 폭넓은 사회과학적 인식을 배경으로 삼고, 인간의 기본적인 성품이 유아기에 결정된다는 인식을 바탕으로 유아교육에 대한 전문 지식 및 기술을 갖춘 유능한 전문가를 양성하는 데 교육의 주안점을 두고 있다.

졸업 후 진출 분야 및 직업

진출 분야

공·사립 유치원, 교육청, 중앙 및 각 시도 보육정보센터, 한국양성평등교육진흥원, 국공립/직장보육민간(법인) 어린이집, 특수학교, 유아교육진흥원, 유아교육원, 한국보육진흥원, 사회복지기관, 아동상담소, 아동심리치료소, 아동관련 방송매체, 유아프로그램 업체, 유아교육·보육 관련 프로그램 제작사, 유아용 멀티미디어 제작업체, 출판사, 사회단체 및 문화센터 등

진출 직업

공·사립 유치원교사, 원감, 원장, 연구원, 방송국작가 및 연출가, 유아프로그램 개발자, 아동심리사, 인형극 연출가, 유아교육 관련 프로그램 작가, 구연동화사, 놀이치료사, 미술치료심리사, 아동숲지도사 등

개설 대학

가천대학교, 강릉대학교(원주), 강원대학교, 경기대학교, 경남대학교, 경동대학교, 계명대학교, 공주대학교, 광신대학교, 광주대학교, 광주여자대학교, 대구가톨릭대학교, 대구대학교, 동국대학교(경주), 동양대학교, 동의대학교, 목원대학교, 목포가톨릭대학교, 배재대학교, 백석대학교, 부경대학교, 부산대학교, 성결대학교, 성신여자대학교, 순천향대학교, 안양대학교, 영남대학교, 우송대학교, 이화여자대학교, 인천대학교, 전남대학교, 제주국제대학교, 중앙대학교, 창원대학교, 총신대학교, 한국교원대학교, 한국교통대학교, 호남대학교, 호서대학교 등

관련 학과

아동보육학과, 영유아보육학과, 유아보육과, 아동보육상담학과, 가족아동복지학과, 아동심리학과, 글로벌아동교육학과, 소비자아동학부, 아동미술보육과, 유아교육학과

고등학교 권장 선택과목 로드맵

교과 영역	선택과목	
	일반선택	진로선택
기초	확률과 통계	실용 국어, 실용 수학
탐구	생활과 윤리, 사회·문화	사회문제 탐구, 여행지리
체육·예술	체육, 음악, 미술, 연극	스포츠 생활, 음악 연주, 미술 창작, 음악 감상과 비평, 미술 감상과 비평
생활·교양	교육학, 진로와 직업, 보건, 환경, 제2외국어 I	가정과학, 제2외국어 II

초등교육과

초등교육은 6세에서 12세까지의 아동을 대상으로 실시하는 교육을 말한다.

아동의 심리적 특성을 파악하고 국어, 수학 등 교과에 대한 이론적 기초를 토대로 교사로서 활약할 수 있는 방법들을 공부한다. 교사는 단순히 지식전달자가 아닌 인성발달을 위한 전인교육을 해야 한다는 점에서 다른 직업과 다르다고 할 수 있다. 특히 초등교사는 아동에게 매우 큰 영향을 미치기 때문에 교사로서의 전문성이 더욱 중요하며, 초등교육학의 교육과정은 교육학 분야와 교과교육 분야로 구분된다. 교육학 분야는 초등교사와 학계 전문 인력이 될 사람들에게 교육학의 기초 이론과 교사로서의 사명과 의무를 교육한다.

졸업 후 진출 분야 및 직업

✏️ 진출 분야

국·공립 초등학교, 한국교육개발원, 교육과정평가원, 교육청, 교육부, 과학영재교육원, 미술영재교육원, 소프트웨어 영재교육원, 초등교육 연구소, 교육관련 연구기관, 방송국, 출판사, 몬테소리, 교재 제작업체, 앱 개발업체, 눈높이 대교닷컴, 웅진씽크빅, 에듀넷, 초록우산어린이재단 등

✏️ 진출 직업

국·공·사립 초등교사, 교감, 교장, 아동 방송작가 및 연출가, 프로그램 개발자, 콘텐츠 개발자, 출판 기획자, 아동 교재 개발자, 교육프로그램개발자, 병원아동생활전문가, 난독증 학습장애 지도사, 출판물 기획자, 아동 방송작가, 아동발달전문가, 아동상품기획자, 1인 미디어 콘텐츠 창작자, 어린이용 앱 개발자 등

📖 개설 대학

경인교육대학교, 공주교육대학교, 광주교육대학교, 대구교육대학교, 부산교육대학교, 서울교육대학교, 이화여자대학교, 전주교육대학교, 제주대학교, 진주교육대학교, 청주교육대학교, 춘천교육대학교, 한국교원대학교 등

📋 관련 학과

초등교육학과

📚 고등학교 권장 선택과목 로드맵

교과 영역	선택과목	
	일반선택	진로선택
기초	확률과 통계	수학과제 탐구, 실용 수학, 인공지능 수학
탐구	생활과 윤리, 윤리와 사상, 사회·문화, 한국지리, 정치와 법	생활과 과학, 과학사, 고전과 윤리
체육·예술	체육, 음악, 미술, 연극	스포츠 생활, 음악 연주, 미술 창작
생활·교양	교육학, 논리학, 환경, 정보, 진로와 직업, 기술·가정, 제2외국어 I, 한문 I	가정 과학, 인공지능 기초, 제2외국어 II, 한문 II

특수교육과

지적 기능, 사회적 기술, 의사소통, 감각기능 또는 신체기능 중 한 가지 이상의 결함이 있어 학습과 사회활동에 어려움이 있는 아동과 학생들에게 특별한 방법과 서비스로 교육시켜 사회구성원으로 당당히 설 수 있는 방법을 연구하는 학문이다.

장애인은 신체적, 정서적으로 어려움이 있는 사람들이기 때문에 비장애인과 똑같은 교육을 받기에 힘든 면이 있다. 따라서 일반교육을 받기 곤란한 시각장애아, 청각장애아, 지체부자유아, 언어장애아 등에게 그들의 특성에 맞는 교육을 제공하여 장애를 효과적으로 극복하고 사회에 잘 적응할 수 있도록 해야 한다.

특수교육학은 인간의 존엄성에 대한 실천적·응용적 접근을 중시한다. 장애인이 지닌 가능성과 강점에 관심을 가지고 더불어 사는 사회를 실현함으로써 그들이 만족스러운 삶을 살아갈 수 있도록 도와주는 학문이다.

졸업 후 진출 분야 및 직업

진출 분야

국·공립 중·고등학교, 장애인복지관, 특수교육관련 연구기관, 특수교육지원센터, 종합사회복지관, 병원 부설 치료실 및 상담실, 언론사 등

진출 직업

특수교사, 교육공무원, 특수교육 장학사, 특수교육관련 기업체, 복지사, 특수교육 교구 개발자, 방송PD, 기자 등

개설 대학

가야대학교, 가톨릭대학교, 공주대학교, 단국대학교, 대구대학교, 백석대학교, 부산대학교, 세한대학교, 순천향대학교, 우석대학교, 이화여자대학교, 조선대학교, 창원대학교, 한국교원대학교 등

관련 학과

특수체육교육과	유아특수교육과(심화과정)
특수교육학과	특수체육교육학과
중등특수교육과	수화통역학과
유아특수교육과	중등특수교육학과
초등특수교육과	유아특수교육학과
특수교육과	특수통합교육과(심화전공)

고등학교 권장 선택과목 로드맵

교과 영역	선택과목	
	일반선택	진로선택
기초	확률과 통계	진로 영어, 실용 수학, 실용 영어
탐구	생활과 윤리, 윤리와 사상, 사회·문화, 정치와 법	생활과 과학
체육·예술	체육, 음악, 미술, 연극	스포츠 생활, 음악 연주, 미술 창작
생활·교양	교육학, 정보, 진로와 작업	가정 과학, 인공지능 기초

사회계열

사회교사는 학생들이 사회생활에 필요한 지식과 기능을 익혀 이를 토대로 사회현상을 정확하게
인식하고, 민주 사회 구성원에게 요구되는 가치와 태도를 지님으로써 민주시민으로서의
자질을 갖추도록 하는 교사이다.

사회과에서 육성하고자 하는 민주시민은 사회현상을 이해하고 사회생활을 영위하는 데
필요한 지식의 습득을 바탕으로 인권 존중, 관용과 타협의 정신, 사회 정의의 실현, 공동체 의식,
참여와 책임 의식 등의 민주적 가치와 태도를 함양하고, 나아가 개인적, 사회적 문제를 합리적으로
해결하는 능력을 길러 개인의 발전은 물론, 사회, 국가, 인류의 발전에 기여할 수 있는 자질을 갖춘
사람이기에 이러한 역량을 갖추도록 지도하는 교사를 의미한다.
이를 위해 지리, 역사 및 제반 사회과학의 개념과 원리, 사회 제도와 문화, 사회문제와 가치,
그리고 연구방법과 절차 등에 관한 요소를 통합적으로 선정, 조직하여 사회현상을
종합적으로이해하고 탐구하도록 지도하는 교사이다.

관련 학과

사회교육과, 일반사회교육과, 역사교육과, 윤리교육과, 지리교육과 등

진출 직업

국·공립 중등학교 교사, 사립 중등학교 교사, 장학사, 교육행정가, 방송기자, 편집기자, 교재 및 교구개발자, 사진기자, 잡지사, 교재 개발 출판사, 연구원, 사회조사전문가, 평론가, 데이터분석가, 평생교육사 등

관련 자격

중등학교 2급 정교사, 평생지도사, 한국사검정시험, 세계사검정시험, 청소년 지도사, 사회조사분석사 등

진출 분야

국·공립 중·고등학교, 교육청, 교육부, 박물관, 사회조사기관, 방송국, 신문사, 잡지사, 박물관, 출판사, 학원, 사회적 기업, 교재 및 교구 개발업체, 지자체별 청소년 상담소, 국가생명윤리정책원, 청소년복지시설, 아동·청소년 대상 상담기관, 사회관련 정부기관 및 연구소 등

인재상

- **A** 주변 사람 및 동식물에 대하여 따뜻한 배려심과 이타심을 가진 학생
- **B** 다양한 사상과 주장들을 종합적으로 판단할 줄 아는 능력을 가진 학생
- **C** 사회과학 전반을 폭넓게 수렴하고 통합적인 시각에서 사회문제를 해결할 줄 아는 학생
- **D** 글로벌 시대 다문화 사회의 사회 통합을 위해 봉사하는 학생
- **E** 책임감이 강하고 남을 가르치는 것을 좋아하는 학생

일반 사회교사

💻 직업 소개

사회교사는 중·고등학교에서 전 세계 사회에 대한 이해 및 기여와 관련된 광범위한 주제를 학생들에게 가르치는 교육자이다. 사회 분야의 이해를 넓히기 위하여 사회, 정치, 경제 및 사회·문화 과목을 전문으로 교육한다. 이를 위해 사회교사는 전 세계에 영향을 미치는 다양한 분야의 주제에 대한 관심을 가지고 있어야 하며, 학생들에게 현재 발생하고 있는 사건들과 연관 지을 수 있는 능력을 키워주어야 한다. 또한 경제, 법, 사회·문화에 대한 올바른 개념을 확립하도록 도와주며, 이러한 내용을 가르치기 위해 다양한 교수학습방법을 활용하여 수업을 하는 역할을 한다.

💡 적성 및 흥미 ● ● ●

사회교사는 학생들을 가르치고 지도하는 것이 가장 중요한 업무이므로 교육자로서 투철한 사명의식과 책임감이 필요하며, 교육과 학생에 대한 열정과 애정이 요구된다. 또한 학교 현장에서 다양한 상황이 발생하는 학생을 상대해야 하므로, 원만한 대인관계능력과 의사소통능력 그리고 갈등관리능력이 필요하다. 사회교사는 다양한 정보를 수집할 수 있는 능력과 이를 해석할 수 있는 비판적 사고가 필요하며, 사람과 사회에 대한 폭넓은 시각과 지적 호기심이 있는 사람에게 적합하다. 또한 인문학과 사회과학 전반에 걸친 지식이 필요하다. 이밖에 다른 사람의 주장을 분석, 비판하고 자신의 의견을 논리적으로 설명할 수 있는 논리적인 사고력과 통찰력을 가진 사람들에게 적합하다.

❤ 💬 ✈ 관련 직업

국·공립 중등학교 교사   # 방송기자
평생교육사   # 장학사   # 연구원
방송기자   # 편집기자   # 평론가
교재 및 교구개발자   # 사진기자
사회조사전문가   # 데이터분석가
잡지사   # 교재 개발 출판사
사립 중등학교 교사

📇 관련 자격

중등학교 2급 정교사   평생지도사
청소년 지도사   사회조사분석사

✈ 일반 사회교사가 하는 일

교과내용은 사회과학 개념과 원리, 사회제도와 기능, 사회문제와 가치 그리고 연구방법과 절차에 관한 폭넓은 영역으로 사회현상을 종합적이고 다각적 관점으로 교육하는 일을 한다. 이를 위해 다양한 정보를 활용하여 사회현상에 관한 지식을 발견하고 문제를 해결하는 데 필요한 비판적 사고력, 창의적 사고력, 판단 및 의사결정력 등의 신장을 강조하고 교육한다.

교과서 및 탐구 학습, 현장답사와 체험 학습, 사례 조사 학습, 시뮬레이션 학습, 토론과 토의 학습, 프로젝트 학습 등의 다양한 교수·학습 방법을 활용하여 수업을 진행하고 과제를 내주고 결과를 검토 및 지도하며, 시험을 출제하고 학생의 성적을 평가한다.

역사교사

직업 소개

역사교사는 중·고등학교에서 역사, 한국사, 세계사, 동아시아사 등의 과목을 통해 세계의 형성, 발전되어온 과정을 이해하고, 역사적으로 사고하여 현대 사회를 통찰할 수 있는 능력을 가르친다.

즉 역사를 통해 변화하는 세계에서 능동적으로 나아갈 수 있는 역량을 함양할 수 있도록 교육한다. 이를 위해 다양한 탐구 자료를 학생에 맞게 구성하여 역사적 사고력과 역사 인식을 함양함으로써 역사 사실 이해, 역사 자료 분석과 해석, 역사 정보 활용 및 의사소통, 역사적 판단력과 문제해결능력, 정체성과 상호 존중을 가르치는 역할을 한다.

적성 및 흥미

☑ 호기심
☑ 사고력
☑ 통찰력

평소 국사 및 세계사 등 역사 과목을 즐겁게 공부한 학생에게 적합하며, 인간에 대한 깊은 호기심을 가지며 인류와 사회의 발달 과정에 대해 흥미를 느끼는 학생에게 유리하다.

또한 역사, 사회, 철학 등 인문학과 사회과학 전반에 대한 지식이 필요하다. 특히 역사적 사실에 대한 호기심과 탐구 정신, 역사적 사실을 객관적으로 기술하고 평가할 수 있는 객관성, 논리적 사고력, 판단력, 통찰력, 정직성이 필요하다.

나아가 학생들을 가르치고 지도하는 것이 가장 중요한 업무이므로 교육자로서 투철한 사명의식과 책임감이 필요하며 학생에 대한 리더십, 관계형성능력 및 의사소통능력이 필요하며 원만한 수업 진행을 위한 정확한 언어구사능력이 필요하다.

관련 직업

사회교육원 강사   # 학원강사

문화예술계 역사관련 문화 콘텐츠 기획 및 제작자

방문교사   # 교육행정가   # 교수

교재 및 교구 개발자   # 회사원   # PD

박물관 및 지자체 학예직   # 큐레이터

일반기업 사무원   # 금융관련 사무원

역사 연구원   # 중·고등학교 교사

문화관광해설사   # 언론계 기자

출판물 전문가

관련 자격

중등학교 2급 정교사(역사교사(세계사교사))

한국사검정시험   세계사검정시험

평생교육사

역사교사가 하는 일

역사교사는 중등학교에서 역사, 한국사, 동아시아사, 세계를 가르치는 일을 한다. 이를 위해 사료 학습, 주제 학습, 인물 학습, 탐구 학습, 토론 학습, 정보 통신 기술 활용 학습, 협동 학습, 문제 중심 학습, 프로젝트 학습 등 다양한 교수·학습 모형에 대한 연구를 하며, 역사 연구의 기본 자료인 사료뿐만 아니라 지도, 연표, 그림, 도표, 사진 등 시각 자료를 적극 활용하여 생동감 있고 재미있는 수업이 이루어지도록 계획한다.

이 외에도 문학 작품, TV 드라마, 다큐멘터리, 영화 등을 수업 자료로 활용할 경우에는 허구와 역사적 사실을 구별하며 학생들에게 균형 잡힌 역사의식을 함양하도록 하는 일을 한다.

윤리교사

📖 직업 소개

중·고등학교에서 학생들에게 윤리의식과 철학적 사고력을 키우기 위하여 도덕, 국민윤리, 시민윤리, 윤리와 사상, 전통윤리 및 관련 과목을 전문으로 교육한다.
윤리교사는 근본적인 학문을 가르치는 교사로 학생들의 인성 및 사상에 중요한 영향을 끼칠 수 있는 과목을 가르치는 교사이다. 이를 위해 현대 사회에서 일어나는 다양한 윤리적 문제와 쟁점을 윤리적 관점에서 이해하고 합리적으로 해결할 수 있는 도덕적 탐구와 윤리적 성찰 및 실천 능력을 기르기 위한 과목으로 동서양의 윤리 이론을 토대로 다양한 윤리 문제의 해결방안을 수업하는 교사이다.

💡 적성 및 흥미 ● ● ●

윤리교사는 윤리적 쟁점과 그에 대한 철학적 사상을 다루고 있기 때문에 무엇보다 전문 지식과 사명감을 가지고 있어야 하며, 사람에 대한 공감능력, 이해심, 배려심, 사회성, 대인관계능력이 필요하다.
하나의 사건에 대해 다양한 관점에서 각각의 주장에 대해 종합적으로 판단하는 학생에게 좋으며, 가치문제에 대해 호기심과 뛰어난 이해력을 가진 학생에게 유리하다.
또한 학생들을 가르치고 지도하는 것이 가장 중요한 업무이므로 교육자로서 투철한 사명의식과 책임감이 필요하며 학생에 대한 관계형성능력, 갈등관리능력 및 의사소통능력이 필요하며 원만한 수업 진행을 위한 정확한 언어구사능력이 필요하다.

💗 🗨 ✈ 관련 직업

교구 및 교재 개발자   # 윤리경영 기획자
국·공립 중등학교 교사   # 카운슬러
교육행정공무원   # 장학사   # 기자
교육행정공무원   # 학원강사   # 교수
방송PD   # 사립 중등학교 교사
인성교육 담당자 및 컨설턴트
도덕 윤리교육 콘텐츠 기획·제작자
도덕 윤리교육 콘텐츠 프로그램 개발자

📋 관련 자격

중등학교 1, 2급 정교사(국가전문)

✒ 초등교사가 하는 일

윤리교사는 과목 특성상 실생활에서 일어나는 윤리적 논점에 대한 철학적 사상을 다루고 있으며, 시대별 주요 철학자들의 사상을 가르치기 위해서 동서양 철학사에 대한 역사적 배경지식을 요구한다.
또한, 윤리 교사는 통일교육의 역할까지 짊어지고 있어서 남북한 사회와 국가 안보에 대한 이해, 나아가 세계에서 일어나고 있는 국제문제에 관한 지식까지도 갖추어야 한다.
이 외에도 인성교육과 환경교육도 담당하고 있어 구체적으로 개인생활, 가정·이웃·학교생활, 사회생활, 국가·민족생활 등을 가르치게 된다. 윤리적 규범이나 민주적인 삶의 방식들을 학생들이 자기주도적으로 학습할 수 있도록 다양한 활동형·체험형 주제들을 제공하며 교과서 및 시청각자료 등 다양한 학습자료를 활용하여 수업을 진행한다.

지리교사

직업 소개

지리교사는 중·고등학교에서 사회, 한국지리, 세계지리, 여행지리 등의 과목을 가르치는 교사이다. 지리는 지표 공간의 자연환경 및 인문환경에 대한 지식을 바탕으로 지리적 현상과 사람들의 삶의 방식을 이해하며, 공간상에서 나타나는 문제들을 파악하고 이에 대처할 수 있는 능력을 기르는 과목이다.

지리교사는 궁극적으로 우리 국토에 대한 올바른 인식과 이해를 바탕으로 세계화, 지역화에 필요한 지리적 안목을 기르며, 국토의 의미와 소중함을 느낄 수 있는 기회를 제공한다. 세계 여러 국가와 지역들에서 볼 수 있는 공간적 상호 의존과 갈등의 본질을 파악하고, 환경과 문화의 공간적 다양성에 대한 소양을 기르며, 세계 공존과 번영의 길을 모색할 수 있는 안목을 가르치는 교사이다.

적성 및 흥미

- ✅ 사고력
- ✅ 수리력
- ✅ 관찰력

평소 여행을 좋아하며, 여행 중 주변 자연환경과 인문 특성을 관찰하는 것에 흥미를 느끼는 학생에게 유리하다. 주변에 대한 관심과 그 속에서 벌어지는 질서와 규칙을 파악하는 능력이 뛰어난 학생이나 지도를 읽는 것에 흥미를 가진 학생에게 좋다.

지리교사는 논리적 사고력 및 수리력, 꼼꼼한 관찰력과 함께 평소 비판적 사고와 분석능력이 필요하다. 또한 학생들을 가르치고 지도하는 것이 가장 중요한 업무이므로 교육자로서 투철한 사명의식과 책임감이 필요하며 교육자로서 갖추어야 할 건전한 인성과 타인에 대한 이해와 지도력을 갖춘 학생에게 좋다.

관련 직업

- # 국·공립 중등학교 교사
- # 기자
- # 교육행정직 및 공무원
- # 장학사
- # 교재 및 교구 개발업자
- # 방송PD
- # 문화콘텐츠 기획자
- # 지리관련 연구원
- # 지리정보시스템전문가
- # 출판물 기획자
- # 사립 중등학교 교사
- # 교수
- # 강사
- # 관광 및 여행 컨설턴트

관련 자격

증등학교 2급 정교사   평생교육사

측량 및 지형공간정보 산업기사

지적기사   지적기능사

지리교사가 하는 일

지리교사는 중·고등학교에서 사회, 한국지리, 세계지리, 여행지리를 담당하고 있으며 국토와 관련된 단순 사실의 암기보다는 이전의 학습 과정이나 일상생활을 통해 학생이 이미 터득하고 있는 기존 지식과 인지 구조를 고려한 교수·학습 방안을 계획한다.

또한 지리적 현상을 구체적으로 경험할 수 있는 야외 현장 체험 학습의 기회를 제공하고, 일상생활 속에서 답사 및 여행을 통해 공동체 의식을 함양하며, 학생 스스로 지리적인 경험을 할 수 있도록 지도한다. 이 외에도 학생들이 거주하는 도시와 촌락에서 나타나는 지리적 현상을 경험할 수 있도록 지역사회의 특성과 학교의 실정에 알맞은 지역 학습 자료를 제시하는 일을 한다.

사회교육과

사회생활을 영위하는 데 필요한 사회 여러 분야의 지식과 탐구 방법을 체계적으로 이해시키고 사회문제의 합리적 해결을 위하여 지식을 활용하는 기능을 익혀, 자신의 앞날을 개척하고 사회와 국가 및 인류의 발전에 기여할 수 있는 바람직한 민주시민으로서의 자질과 능력 함양한 사회교사 양성을 목표로 하는 학과이다.

사회교사는 중학교에서 사회 과목을 가르치거나 고등학교에서 일반사회 영역 탐구 과목인 사회·문화, 법과정치, 경제 교과목 등을 가르치게 된다. 연계전공으로 통합사회를 가르칠 수도 있다. 일반사회교사의 경우 일반사회, 법과정치 등을 가르치는데 사회교사의 경우 사회, 법과정치 등 이외에도 지리·역사 영역을 포함하는 차이가 있으나 다수의 대학에서는 두 가지를 모두 가르칠 수 있도록 교육과정을 구성하고 있다.

졸업 후 진출 분야 및 직업

진출 분야

국·공립 중등학교, 교육청, 교육부, 사회조사기관, 한국청소년상담복지개발원, 한국청소년활동진흥원, 사회 관련 연구소, 교재개발연구소, 한국교육개발원, 한국교육과정평가원, 한국교육학술정보원, 한국청소년정책연구원, 교육관련 기업, 방송국, 신문사, 잡지사, 박물관, 출판사, 학원, 사회적 기업, 교재 및 교구 개발업체 등

진출 직업

국·공립 중등학교 교사, 사립 중등학교 교사, 장학사, 방송기자, 편집기자, 교재 및 교구개발자, 사진기자, 잡지사, 교재 개발 출판사, 연구원, 사회조사전문가, 평론가, 데이터분석가, 평생교육사 등

개설 대학

서울대학교, 서원대학교, 성신여자대학교, 순천대학교, 인하대학교, 충북대학교 등

관련 학과

일반사회교육과	역사교육과
지리교육과	윤리교육과	사회학과
사회과학부	지리학과	공간환경학부
국제도시부동산학과	사회융합자율학부
사회적경제학과	국제인문사회학부
문화인류학과	융합사회학부
사회복지학과	사회심리학과
사회안전학부	사회언론정보학부

고등학교 권장 선택과목 로드맵

교과 영역	선택과목	
	일반선택	진로선택
기초	확률과 통계	고전 읽기, 실용 수학
탐구	정치와 법, 사회 문화, 한국지리, 생활과 윤리, 윤리와 사상	여행지리, 사회문제 탐구, 고전과 윤리
체육·예술		
생활·교양	교육학, 철학, 환경, 논술	지식 재산 일반

역사교육과

한국사와 세계사에 대한 올바른 이해와 역사교육자로서의 소양을 갖추게 하고, 한국의 역사교육과 역사 연구에 기여할 수 있는 역량을 보유하도록 돕는 학과이다.

역사 일반에 대한 수업을 통해 학습지도 능력을 배양하고 역사연구법, 사료강독 등을 통해 기초적인 연구 능력을 함양한다. 또한 정기적인 고적답사를 통해 역사의 현장과 문화유산에 대한 현장학습 지도 능력을 배양하여 바람직한 인간교육을 실현할 수 있는 이상적인 중등 역사교사와 역사교육전문가 양성을 교육목표로 두고 있다.

개설 대학

가톨릭관동대학교, 강원대학교, 고려대학교, 공주대학교, 대구가톨릭대학교, 대구대학교, 동국대학교, 부산대학교, 서울대학교, 신라대학교, 원광대학교, 인천대학교, 전남대학교, 전북대학교, 총신대학교, 충북대학교, 한국교원대학교, 한남대학교, 홍익대학교 등

관련 학과

국사학과　국사학전공　한국사학과
역사·문화콘텐츠학과　역사·문화학과
역사관광·외교학부　고고문화인류학과
사회교육학부 역사교육전공

고등학교 권장 선택과목 로드맵

교과 영역	선택과목	
	일반선택	진로선택
기초	확률과 통계	고전 읽기, 실용 수학
탐구	세계사, 동아시아사, 사회·문화, 정치와 법, 한국지리	사회문제 탐구, 고전과 윤리, 과학사
체육·예술	연극	
생활·교양	교육학, 철학, 논리학, 한문 I	한문 II

졸업 후 진출 분야 및 직업

진출 분야

국·공립 중등학교, 교육청, 교육부, 한국교육개발원, 한국교육과정평가원, 국토연구원, 역사박물관, 한국교육학술정보원, 한국장학재단, 한국국제협력단, 방송국, 신문사, 잡지사, 박물관, 출판사, 학원, 에듀넷 교구 개발업체 등

진출 직업

중·고등학교 교사, 사회교육원 강사, 학원강사, 방문교사, 대학 교수, 교육행정가, 역사 연구원, 교재 및 교구 개발자, 박물관 및 지자체 학예직, 문화예술계 역사관련 문화 콘텐츠 기획 및 제작자, 큐레이터, 문화관광해설사, 언론계 기자, PD, 일반기업 사무원, 금융관련 사무원, 출판물 전문가, 회사원 등

윤리교육과

윤리교육의 목표는 인간으로서 필연적인 인간다운 삶을 구현하기 위해서 도덕성 증진과 교육현장에서 이론의 자유, 정의에 대한 동·서양의 윤리학적 이론을 교사로서 전문적인 이론의 적용은 물론 이론의 실천력을 함양하는 데 중점을 두고 있다.

우리 사회가 당면한 정치, 경제, 사회의 여러 갈등구조를 의식과 실천의 측면에서 화해의 구조로 전환하기 위해 동·서양의 윤리적인 방법과 관련 교육현장에서 중시되는 이론과 실천을 통하여 도덕·윤리적 문제들에 대한 해결방안을 탐구하고, 청소년들의 자아실현과 인격 완성을 위한 전문 교육자 양성을 교육목표로 하고 있다.

졸업 후 진출 분야 및 직업

진출 분야

중등학교, 교육청, 교육부, 대학, 국방부, 경찰청, 지자체별 청소년상담소, 국가생명윤리정책원, 청소년복지시설, 아동·청소년 대상 상담기관, 한국교육개발원, 한국교육과정평가원, 한국교육학술정보원, 학습지 및 교재 개발업체, 사설학원, 기업 사회교육원, 방송국, 신문사, 출판사 등

진출 직업

국·공립 중등학교 교사, 사립 중등학교 교사, 장학사 학원강사, 교육행정공무원, 대학 교수, 윤리 관련 저술가, 군·경찰 정훈교육담당자, 방송PD, 기자, 교구 및 교재 개발자, 윤리경영 기획자, 카운슬러, 인성교육 담당자, 및 컨설턴트, 도덕 윤리교육 콘텐츠 기획·제작 및 프로그램 개발자 등

개설 대학

강원대학교, 경북대학교, 경상대학교, 경성대학교, 공주대학교, 목포대학교, 부산대학교, 서울대학교, 서원대학교, 성신여자대학교, 안동대학교, 인천대학교, 전남대학교, 전북대학교, 제주대학교, 충북대학교, 한국교원대학교 등

관련 학과

유학·동양학과 | 철학윤리학과 | 철학과
동양철학과 | 역사철학부 | 교육학부

고등학교 권장 선택과목 로드맵

교과 영역	선택과목	
	일반선택	진로선택
기초	확률과 통계	고전 읽기
탐구	생활과 윤리, 윤리와 사상, 정치와 법, 사회·문화	사회문제 탐구, 고전과 윤리, 과학사
체육·예술		
생활·교양	교육학, 철학, 환경, 한문 I	한문 II

일반사회교육과

사회학, 정치학, 경제학, 법학, 인구학, 사회심리학 등의 전문적인 지식과 빠르게 변화하는 세계에 적응 및 대처하는 능력을 습득하고, 이를 통해 현실적인 각종 사회 관련 문제에 올바르게 대처하여 합리적인 의사결정을 하게 하며 민주시민으로 성장할 수 있도록 조력하는 능력을 가진 교사 양성을 목적으로 한다.

교육과정은 교과교육, 정치교육, 경제교육, 사회·문화교육, 법 교육 등 5개 영역으로 구성되어 있다. 이들 영역에서는 사회과학 전반에 걸친 지식과 그 탐구 방법을 습득하게 하며, 이를 바탕으로 실제 교육현장에서의 실천을 위한 교수 학습 방법의 탐색과 개발에 중점을 두고 있다.

졸업 후 진출 분야 및 직업

 진출 분야

중등학교, 교육청, 교육부, 사회조사 기관, 한국산업인력공단, 지적공사, 한국노인인력개발원, 사회 관련 연구소, 교재 개발 연구소, 한국교육개발원, 한국교육과정평가원, 방송국, 신문사, 잡지사, 박물관, 출판사, 학원, 사회적 기업, 교재 및 교구 개발업체 등

 진출 직업

국·공립 중등학교 교사, 사립 중등학교 교사, 장학사, 방송기자, 편집기자, 교재 및 교구개발자, 사진기자, 잡지사, 교재 개발 출판사, 연구원, 사회조사전문가, 평론가, 데이터분석가, 평생교육사 등

 개설 대학

강원대학교, 경북대학교, 경상대학교, 공주대학교, 대구대학교, 부산대학교, 전북대학교, 한국교원대학교 등

 관련 학과

사회교육과　사회학과　융합사회학부
사회과학부　사회복지학과　사회복지학부
사회심리학과　사회학전공
사회융합자율학부　사회적경제학과
사회적기업학과　국제인문사회학부
사회언론정보학부　문화인류학과

고등학교 권장 선택과목 로드맵

교과 영역	선택과목	
	일반선택	진로선택
기초	확률과 통계	경제 수학, 실용 수학
탐구	경제, 정치와 법, 사회·문화, 한국 지리, 세계지리, 세계사, 동아시아사, 생활과 윤리, 윤리와 사상	여행지리, 사회문제 탐구, 고전과 윤리, 과학사
체육·예술		
생활·교양	교육학, 환경, 실용 경제, 한문Ⅰ	지식 재산 일반, 창의 경영

지리교육과

지리학 전반에 관한 지식과 이론, 연구방법 등을 체계적으로 이해하고, 야외 답사를 통해 실증적으로 검증하며 이를 바탕으로 종합적이고 합리적인 사고를 갖춘 세계화에 부응할 수 있는 지리교사와 지리학자를 양성하는 데 주된 교육 목적을 두고 있다.

중학교 사회과의 지리교육, 고등학교 지리교육에 필요한 지리학 및 지리교육에 관한 폭넓은 이론 연구와 학과의 특성상 현장답사를 중시하며, 봄, 가을에 걸친 정기답사와 수시답사를 통해 지리적 사고를 함양한 뛰어난 지리교사 양성에 교육목표를 두고 있다.

졸업 후 진출 분야 및 직업

진출 분야

국·공립 중등학교, 한국토지주택공사, 한국광물자원공사, 한국관광공사, 한국수자원공사, 한국농어촌공사, 사회교육원, GIS관련 연구소, 통계관련 연구소(통계개발원), 지질·자원관련 연구소(지질자원연구소), 지역 개발 관련 연구소, 공기업, 학습지 및 교재 개발업체, 학원, 방송국, 언론사, 출판사, 여행사 등

진출 직업

국·공립 중등학교 교사, 사립 중등학교 교사, 대학 교수, 교육행정직 및 공무원, 장학사, 강사, 교재 및 교구 개발업자, 방송PD, 기자, 출판물 기획자, 문화콘텐츠 기획자, 지리정보시스템전문가, 관광 및 여행 컨설턴트 등

개설 대학

가톨릭관동대학교, 강원대학교, 경북대학교, 경상대학교, 고려대학교, 공주대학교, 대구가톨릭대학교, 대구대학교, 동국대학교, 부산대학교, 서울대학교, 전남대학교, 전북대학교, 충북대학교, 한국교원대학교 등

관련 학과

지리교육전공	사회교육학부 지리교육전공
지리학과	공간환경학부	도시계획학과
국제도시부동산학과	도시개발·행정학과
도시계획부동산학과	지역개발학부

고등학교 권장 선택과목 로드맵

교과 영역	선택과목	
	일반선택	진로선택
기초	확률과 통계	실용 수학
탐구	한국지리, 세계지리, 사회·문화, 지구과학 I	여행지리, 사회문제 탐구, 생활과 과학
체육·예술		
생활·교양	교육학, 환경	해양 문화와 기술, 농업 생명 과학

MEMO

자연계열

중·고등학교에서 과거 이과 계열의 수학, 과학(물리, 화학, 생명과학, 지구과학), 컴퓨터, 환경,
기술, 가정, 공업계열을 가르치는 교사이다. 단순 지식을 전달하는 사람이 아니라 인생에서
가장 중요한 시기인 청소년기를 보내는 학생들에게 가치관을 확립해 주는 안내자의 역할을 수행하며
이를 위해 학교교육계획과 수업일수 등을 고려하여 자신이 전담하는 과목의 학습안을 설계하고
교과서를 비롯해 시청각 자료 등을 다양한 교재로 활용하여 수업을 진행한다.

자연계 중등학교 교사는 교육과 학생의 통제력, 리더십, 판단력, 분석적 사고능력이 필요하며
원만한 수업 진행을 위한 정확한 언어구사능력이 필요하다. 또한 학생을 지도하는 것이
가장 큰 업무이므로 교사로서의 사명감과 책임감이 필요하고, 학생에 대한 열정과 애정이 요구된다.
그리고 연구방법과 절차 등에 관한 요소를 통합적으로 선정, 조직하여
사회현상을 종합적으로 이해하고 탐구하도록 지도하는 교사이다.

관련 학과

과학교육학과, 수학교육학과, 가정교육학과, 기술교육과, 환경교육과, 컴퓨터교육과, 수학과, 수학응용통계학부, 수학전공, 수학통계학부, 환경공학과, 컴퓨터과학과, 컴퓨터학과, 컴퓨터·소프트웨어공학과 등

진출 직업

국·공립 중·고등학교 교사, 사립 중등학교 교사, 대학 교수, 연구소, 연구원, 과학시험원, 과학관 큐레이터, 과학 학습지 및 교재 개발자, 학원강사, 과학강사, 출판물 기획자, 과학PD, 데이터베이스개발자, 변리사, 시스템소프트웨어개발자, 웹마스터 등

관련 자격

중등학교 2급 정교사, 평생교육사, 사회조사분석사, 보험계리사, 손해사정사, 세무회계사, 생물공학기사, 화공기사, 대기환경기사, 생물분류기사, 소음진동기사, 수질환경기사, 온실가스관리기사, 자연생태복원기사, 토양환경기사, 폐기물처리기사, 농림토양평가관리산업기사, 멀티미디어콘텐츠제작전문가, 사무자동화산업기사, 전자계산기조직응용기사, 정보관리기술사 등

진출 분야

학습지 및 교재 개발업체, 교구 개발업체, 과학학원, 방송국, 출판사, 언론사, 국가과학기술연구회, 울산과학기술원, 한국나노기술원, 한국과학기술원, 한구과학기술연구원, 한국교육학술정보원, 한국장학재단, 한국과학창의재단, 광주과학기술원, 국립광주과학관, 국립대구과학관, 국립부산과학관, 국가평생교육진흥원, 한국교육개발원, 교육과정평가원, EBS 미래교육연구소, 환경관련 업체, 은행, 증권회사, 보험회사, 회계사무소, 세무서, 리서치 회사 등

 ## 인재상

A 논리적인 사고와 수리력, 꼼꼼한 관찰력을 갖춘 학생

B 과학이 기술과 사회 발전에 미치는 영향력을 인식하고 이에 대한 윤리의식을 갖춘 학생

C 예비 교사로서 과학적 사고와 타인에 대한 이해력 및 지도력이 뛰어난 학생

D 기초과학지식에 관심이 많고, 우리 사회의 환경 개선에 적용하도록 노력하는 학생

E 문제를 파악하고 이에 대한 최적의 답안을 도출하는 논리적 사고체계를 가진 학생

가정교사

💻 직업 소개

가정교사는 중·고등학교에서 학생들에게 가정생활에 필요한 지식과 기술을 가르치기 위하여 가정 및 가사과목을 가르친다.

최근 우리 사회는 저출산·고령사회, 다문화사회로의 급변으로 다양한 가정생활 문화와 가치관의 변화를 경험하고 있으며, 한편으로는 가족의 역기능적 현상과 자연재해, 안전사고 증가 등으로 인해 건강하고 안전한 삶에 대한 개인적, 사회적 요구가 증대하고 있다.

따라서 구체적으로 개인과 가족이 전 생애에서 직면하게 될 실생활의 문제를 중심으로 교육 내용을 구성하고, 학습자가 실제적 경험을 통하여 실생활에서 당면하는 문제를 해결하며 실천적 경험을 통해 개인의 자기주도적인 삶과 행복하고 건강한 가정생활을 영위할 수 있는 역량을 지도한다.

💡 적성 및 흥미　　● ● ●

평소 친구, 가족, 주변 사람 등 사람에 대해 관심이 많거나 주변 사람의 고민을 들어 주는 상담에 흥미가 있으면 좋다.

특히 인간에 대한 사랑과 타인에 대한 배려, 봉사정신 등이 있다면 학과 공부에 도움이 되며, 기술·가정 교과목이나 심리 및 교육에 적성이 있다면 좋다.

또한 학생들을 가르치고 지도하는 것이 가장 중요한 업무이므로 교육자로서 투철한 사명의식과 책임감이 필요하고, 학생에 대한 리더십, 관계형성능력, 의사소통능력 및 실천적 문제해결능력이 요구되며 원만한 수업진행을 위한 정확한 언어구사능력이 필요하다.

♥ 💬 ✈ 관련 직업

아동발달전문가 　 # 소비자상담사

교사 　 # 대학 교수 　 # 장학사

아동·청소년 및 소비자 관련 상담사

식품 또는 영양관련 연구원 및 강사

공무원 　 # 방송인 　 # 기자

PD 　 # 패션디자이너

아동관련 프로그램 기획자

📇 관련 자격

가정복지사　　패션 머천다이징 산업기사

의류기사　　패션디자인 산업기사　　영양사

가정복지사 및 가족생활교육사　　가족상담사

조리기능사　　식품기사　　식품산업기사

주택관리사　　의장기사　　주택상담사

공공가정관리사　　영유아보육교사

중등학교 2급 정교사　　평생교육사

✈ 가정교사가 하는 일

가정교사는 가족과 일의 이해, 생활기술, 생활자원과 환경관리의 영역 등으로 구성된 교과내용을 가르친다. 이를 위해 가족생활, 소비생활, 식생활, 의생활, 주생활, 아동양육, 조리, 재봉, 수예 등 가정생활에 필요한 기본적인 지식과 기술을 가르친다.

가정교과는 실생활의 적용을 중시하는 실천교과로서 가사실습, 전통예절을 익히기 위한 생활관 실습 등을 계획·실시한다. 이를 위해 교과서 및 시청각자료 등 다양한 학습자료를 활용하여 수업을 진행하고 과제를 내주고 결과를 검토 및 지도한다. 또한 시험을 출제하고 학생의 성적을 평가하는 일을 한다.

공업관련 교사

직업 소개

공업관련 교사는 특성화 고등학교와 마이스터고등학교에서는 특성화된 과목을, 일반계 고등학교에서 전문교과를 가르치는 교사이다.

전문교과교사는 공업, 상업, 농업 전문교과로 구분되는데 이중 공업관련 교과는 건축구조, 공업입문, 금속재료, 기초제도, 멀티미디어, 시스템프로그래밍, 염색가공, 자동차건설기계, 전자기계제어, 전자전산응용, 정보기술기초, 컴퓨터구조, 통신시스템, 항공기 일반, 환경공업 일반 등의 전문교과목 중 하나 또는 그 이상의 과목을 전문으로 가르치는 일을 한다.

적성 및 흥미

✓ 사고력
✓ 수리력
✓ 관찰력

전문교과교사가 되기 위해서는 자신의 전공에 부합하는 과목을 좋아해야 하며 담당분야에서 필요로 하는 기술이나 이론에 대한 지식을 가지고 있어야 한다. 따라서 논리적인 사고력, 수리력, 사물을 예리하게 관찰할 수 있는 능력이 높은 학생에게 유리하다. 그리고 교사라는 특성상 학생들을 만나고 가르치는 일에 흥미가 있어야 한다.

전문교과교사는 산업 현장의 흐름을 읽고, 이를 수업에 적용하는 능력도 매우 중요하다. 또한 최신의 정보를 지속적으로 탐구하는 능력도 중요하며, 학생들에게 시범을 보이기 위해서는 기능적인 능력이 뛰어난 학생에게 유리하다. 진취형, 현실형의 흥미를 가진 사람에게 적합하며, 리더십, 사회성, 인내 등의 성격을 가진 사람에게 적합하다.

관련 직업

\# 기계교사   \# 전자·기계교사   \# 금속교사
\# 자원교사   \# 조선교사   \# 항공교사
\# 환경공업교사   \# 전기교사   \# 전자교사
\# 통신교사   \# 토목교사   \# 건축교사
\# 기술교사   \# 섬유교사   \# 인쇄교사
\# 자동차교사   \# 산업디자인교사
\# 화학공업교사   \# 세라믹교사
\# 식품공업교사

관련 자격

중등학교 1급/2급 정교사 자격증
교과별 해당하는 자격증

공업관련 교사가 하는 일

공업관련 교사는 공학 분야 교사 및 교육전문가로서, 학생들에게 지식과 역량을 갖출 수 있도록 공학 전반에 대한 이론 및 실험 실습 교과 통해 전공에 대한 이론과 실무 능력을 배양하기 위해 교육하는 일을 한다.

공업관련 교사의 교사로서 기본 업무는 자신이 맡은 교과 교육과정을 수립하고 수업을 전개하는 것이다. 이를 위해 변화하는 교과 연구 및 교재 개발을 하며 학생들의 기능 숙달을 위해 다양한 실험, 실습을 위해 실험, 실습 준비 및 실습장 준비하고 3학년 때는 현장실습을 계획하고 준비한다. 그리고 지속적으로 바뀌는 현장기술에 뒤처지지 않기 위해 현장에 맞는 교육과정을 개선하고자 끊임없이 노력해야 한다.

이 외에도 일반교과교사랑 달리 학생들의 진로 및 취업을 위하여 산학협동사업 계획, 실행 및 지역사회와 학교의 유대 강화를 위한 다양한 일을 한다.

과학교사

💻 직업 소개

과학적 탐구의 산물로 가득한 세계에서 과학적 소양은 모든 사람에게 필수조건이 되고 있다. 일상생활에서 부딪히는 일들에 대해 어떤 결정을 내리기 위해서는 과학적인 정보를 사용할 필요가 있으며 현대사회에서도 과학적 소양의 중요성이 점점 증가하고 있다.

과학교사는 초중등 학교에서 과학관련 교과 즉 공통과학, 물리, 생물, 화학, 지구과학을 가르치는 사람이며, 학생들에게 강의, 실험, 토의, 조사, 프로젝트, 과제 연구, 과학관 견학과 같은 학교 밖 과학 활동 등의 다양한 교수·학습 방법을 활용하여 새로운 것을 창조하고 성취감을 맛보게 하면서 탐구하는 능력을 신장시키는 역할을 한다.

💡 적성 및 흥미 ● ● ●

과학교사는 학생들을 가르치고 지도하는 것이 가장 중요한 업무이므로 교육자로서 투철한 사명의식과 책임감이 필요하다. 또한 학생에 대한 통제력, 리더십, 판단력, 분석적사고 능력이 필요하고, 원만한 수업진행을 위한 정확한 언어구사능력이 필요하다.

과학이론을 아이들에게 능숙하게 지도하기 위해서는 끊임없는 연구와 학생들에 대한 이해가 필요하다. 특히 과학적 사고력과 탐구능력, 문제해결력, 의사소통능력이 필요하며, 교과 내용과 관련된 기술, 공학, 예술, 수학 등의 다른 교과와 통합, 융합하는 능력이 요구된다.

과학교사는 다른 분야의 교사와 마찬가지로 교육사 및 교육심리학 등의 교양 과목도 잘 알고 있어야 하지만 날로 발달하는 과학과 과학기술의 지식을 이해하고 있어야 하며, 새로운 과학 학습지도 방법과 자료에도 익숙해야 하기에 학문에 대해 언제나 진지한 태도를 가져야 한다.

❤ 💬 ✈ 관련 직업

과학교사 # 기술교사 # 학원강사
농업교사 # 방과후 과학탐구강사
출판물 기획자 # 교육계열 연구원
식품 또는 영양관련 연구원 및 강사
과학큐레이터 # 과학콘텐츠개발자
과학 해설사 # 학교밖 과학교실강사
과학저술가 # 과학연극인
환경교사

📋 관련 자격

중등학교 1급/2급 정교사 자격증   생물공학기사
화공기사   화공기술사   화학분석기능사
수질환경기사   소음진동기사   토양환경기사
자연생태복원기사   환경영양평가사
화학분석기사   대기환경기사
환경측정분석사

✈ 과학교사가 하는 일

과학교사는 중등학교에서 과학, 물리, 화학, 생명과학, 지구과학을 가르치는 일을 한다. '과학'에서는 탐구 학습을 통하여 과학의 핵심 개념 이해 및 '과학적 사고력', '과학적 탐구 능력', '과학적 문제해결력', '과학적 의사소통 능력', '과학적 참여와 평생학습능력' 등 과학과 핵심역량을 균형 있게 기를 수 있도록 지도한다.

또한 과학적 창의성을 계발하고 인성과 감성을 함양하기 위하여 과학 교과 내용과 관련된 기술, 공학, 예술, 수학 등의 다른 교과와 통합, 연계하여 지도한다.

기술교사

직업 소개

기술교사는 중·고등학교에서 학생들에게 인간의 조작적 욕구에 부합하는 활동으로 자연으로부터 얻은 자원을 활용하여 생존과 적응에 필요한 산출물을 만드는 창의적 능력을 높이는 지식과 기술을 가르친다.
이를 위해 첨단기술에 대한 이해를 기초로 기술적 문제를 창의적으로 해결하고 일상생활에 적용할 수 있는 기술적 문제해결능력과 기술활용능력을 가르치며 이를 통해 다양한 자원을 활용하여 기술적 문제를 이해하고 해결방안을 탐색하고 개발할 수 있는 역량을 함양할 수 있도록 지도하는 교사이다.

적성 및 흥미

✅ 사고력
✅ 수리력
✅ 관찰력

과학, 수학 등의 이공계 기초 과목을 공부하는 것을 좋아해야 하며, 학생들을 만나고 가르치는 일에 흥미가 있어야 한다. 기술과 관련된 과목들을 공부하기 위해서 논리적인 사고력, 수리력, 사물을 예리하게 관찰할 수 있는 능력이 높으면 좋다.
최근 4차 산업혁명으로 변화하는 기술을 학생들에게 지도하기 위해서는 끊임없는 연구와 학생들에 대한 이해가 필요하며 자연과학 및 인문사회적 접근을 통합적으로 해야 하므로 교과 내용과 관련된 기술, 공학, 수학 등의 다른 교과와 통합, 융합하는 능력이 요구된다.
기술교사는 학생에 대한 리더십, 소통능력이 필요하며 원만한 수업진행을 위한 정확한 언어구사능력이 필요하다. 또한 학생들을 가르치고 지도하는 것이 가장 중요한 업무이므로 교육자로서 투철한 사명의식과 책임감이 필요하다.

관련 직업

\# 국·공립 중·고등학교 교사

\# 사립 중등학교 교사   \# 대학 교수

\# 연구원   \# 학원강사   \# 교재 개발자

관련 자격

중등학교 2급 정교사   평생교육사

기술교사가 하는 일

기술교사는 첨단기술의 발달과 사회의 변화에 적극적으로 대처하고 적응할 수 있는 기술활용능력과 기술시스템 설계능력을 가르친다. 이를 위해 교과서 및 실물이나 모형, 인터넷 자료, 사진 및 동영상 자료, 멀티미디어 자료 등 다양한 학습 자료를 활용하여 수업을 진행한다. 또한 학생들의 발달단계, 학습 수준, 관심, 흥미 등을 고려하여 학생 중심 활동으로 전개하면서도 교과 역량을 충분히 기를 수 있도록 수업을 계획한다. 학생들에게 과제를 내주고 결과를 검토 및 지도하고, 학생의 기술에 대한 지식과 실기의 향상도를 시험하고 평가한다.
학습자의 학업 성취를 위한 평가 결과는 학생의 자기 진단을 위한 자료 및 학업 개선의 자료로 활용하며, 궁극적으로 학생의 적성 파악 및 진로 지도의 기초 자료로 활용하도록 한다.

수학교사

💻 직업 소개

대부분의 사람은 사칙연산만으로 삶을 살아가는 데 아무 문제 없지만, '내가 알고 있는 것을 실제로 어떻게 활용할 수 있는가?'라는 물음을 던지는 것이 중·고등학교 수학의 의의이며, 이 물음에 가장 합리적인 도구로서의 과목이 수학이다.

수학교사는 수학의 개념, 원리, 법칙을 이해하고 기능을 습득하며 수학적으로 추론하고 의사소통하는 능력을 길러, 생활 주변과 사회 및 자연현상을 수학적으로 이해하고 문제를 창의적이고 합리적으로 해결하여 학생들로 하여금 바람직한 태도와 실천능력을 기를 수 있도록 지도하는 교사이다.

💡 적성 및 흥미 ● ● ●

수학교사는 교육과 학생에 대한 통제력, 리더십, 판단력, 분석적사고 능력이 필요하며 원만한 수업진행을 위한 정확한 언어구사능력이 필요하다. 학생들을 가르치고 지도하는 것이 가장 중요한 업무이므로 교육자로서 투철한 사명의식과 책임감이 필요하고, 교육과 학생에 대한 열정과 애정이 요구된다.

또한, 수학에 대한 전문적 지식을 가지고 있어야 하며 수학 공식 및 수학적 지식을 이해하여 실제에 응용하고 적용할 수 있는 능력이 요구된다. 나아가 문제해결을 위한 논리적 사고 및 분석력, 새로운 방법으로 문제해결을 시도할 수 있는 창의력이 필요하다. 탐구형과 관습형의 흥미를 가진 사람에게 적합하며, 분석적 사고와 꼼꼼함, 신뢰감이 높은 성격을 가진 사람들에게 유리하다.

♥ 💬 ✈ 관련 직업

\# 수학교사 \# 순수수학자 \# 보험회사
\# 응용수학자 \# 수학자 \# 학원강사
\# 방과후학교 강사 \# 수학관련 교재 개발
\# 방송국 PD \# 은행원 \# 증권회사

📇 관련 자격

중등학교 1급/2급 정교사 자격증

실용수학능력검정

✈ 수학교사가 하는 일

수학교사는 중·고등학교 학생에게 수학을 가르치는 일을 한다. 학생들로 하여금 실제 생활에서 수학교과의 역량을 통해 문제를 해결하고 수학 학습의 즐거움을 느끼며, 수학에 대한 흥미와 자신감을 기를 수 있도록 중·고등학교에서 학생들에게 수학을 지도한다.

이를 위해 수학교사는 학생이 눈앞에 당면한 문제만 보는 것이 아니라 그 너머의 보이지 않는 원리를 파악할 수 있게 심도 있는 질문을 만들고 이를 학생들이 풀 수 있도록 교육한다.

또한 여러 수학적 지식, 기능, 경험을 연결하거나 수학과 타 교과나 실생활의 지식, 기능, 경험을 연결·융합하여 새로운 지식, 기능, 경험을 생성하고 문제를 해결하기 위해 학생지도 방법을 계획하는 일을 한다.

컴퓨터교사

직업 소개

21세기 지식·정보사회의 인재는 정보와 정보처리기술을 올바르게 활용할 뿐만 아니라, 새로운 지식과 정보, 기술을 창의적으로 생성하고 협력적으로 문제를 해결하는 능력을 갖추어야 한다. 정보는 컴퓨터과학의 기본 개념과 원리 및 기술을 바탕으로 실생활과 다양한 학문 분야의 문제를 창의적이고 효율적으로 해결하기 위한 학문 분야이며, 정보 과목은 컴퓨터 과학적 지식과 기술의 탐구와 더불어 실생활의 문제해결을 위해 새로운 지식과 기술을 창출하고 통합적으로 적용하는 능력과 태도를 함양하는 과목이다.

컴퓨터교사는 중·고등학교에서 학생들의 컴퓨터 구성 체계의 이해와 조작방법의 습득, 정보기술에 관한 문제 해결능력을 기르기 위하여 컴퓨터과목을 전문으로 교육한다.

적성 및 흥미

✔ 책임감
✔ 성실성
✔ 문제해결력

평소 컴퓨터, 게임, 기계 등의 기능을 익히고 조작하는 것에 흥미가 있으면 좋다. 컴퓨터는 융합 학문이므로 공학적 사고와 함께 인간 심리, 인문, 철학, 문학 등의 분야에도 관심이 있으면 좋고, 새로운 분야에 대한 호기심이 많으면 좋다.

무엇보다 컴퓨터교사에게는 다양한 교수학습방법을 적용할 수 있는 능력이 필요하다. 또한 가르치는 것에 흥미와 애정이 있어야 하고 교사로서의 자질뿐만 아니라 끊임없는 노력과 인내를 필요하며 학생들과 함께 생활하며 다양한 문제를 해결해야 하므로 책임감과 성실성, 문제해결력, 의사소통능력, 공감능력과 배려심이 요구된다.

관련 직업

교사   # 네트워크관리자

데이터베이스개발자   # 변리사

시스템소프트웨어개발자   # 웹마스터

웹프로그래머   # 응용소프트웨어개발자

정보시스템운영자   # 컴퓨터보안전문가

디지털포렌식수사관

관련 자격

중등학교 2급 정교사   평생교육사

사무자동화산업기사   전자상거래관리사

전자계산기조직응용기사   정보관리기술사

전파전자통신기사   임베디드SW개발전문가

컴퓨터시스템응용기술사   워드프로세서

정보기기운용기능사   정보처리기능사

데이터분석전문가   반도체설계기사

정보처리기사   정보처리산업기사

전산회계운용사   컴퓨터활용능력

멀티미디어콘텐츠제작전문가

컴퓨터교사가 하는 일

컴퓨터교사는 중·고등학교에서 정보과목을 가르친다. 주요 컴퓨터의 기본 개념과 원리를 가르치며 이를 활용하여 문제를 창의적으로 해결하는 능력을 지도한다. 또한 정보윤리의식, 정보보호능력, 정보기술활용능력을 기르고 컴퓨터과학의 기본 개념과 원리, 컴퓨팅 기술을 바탕으로 실생활 및 다양한 학문 분야의 문제를 창의적이고 효율적으로 해결하는 능력과 협력적 태도를 지도한다. 이를 위해 컴퓨터 사고력 및 역량을 함양할 수 있는 교수·학습을 설계하고, 학습자의 흥미와 동기를 유발할 수 있는 적절한 문제를 활용할 수 있도록 연구하고 이를 학생들에게 전달하는 일을 한다.

환경교사

📖 직업 소개

환경교사는 중·고등학교에서 생태계에 대한 이해를 바탕으로 환경문제 및 환경보전에 대한 학문적, 기술적 방법을 가르치기 위해 환경과목을 전문적으로 교육하는 교사이다.

환경은 인류가 경험하고 있는 지속불가능성의 확산과 환경위기에 대한 문제의식을 바탕으로 학생들이 지속가능한 사회의 체계와 삶의 양식을 이해하고 실천하도록 돕는 과목이다. 환경교사는 다양한 환경 사례와 쟁점을 자연과학적, 인문사회적, 예술적 접근을 아우르는 총체적이고 통합적인 관점에서 탐구할 수 있도록 지도함으로써 학생들이 환경 역량을 기르고 지속가능한 사회를 만들어 가는데 적극적으로 참여할 수 있는 시민으로 자라날 수 있도록 돕는 것을 목적으로 하는 교사이다.

💡 적성 및 흥미   ● ● ●

환경교사는 학생들을 가르치고 지도하는 것이 가장 중요한 업무이므로 교육자로서 투철한 사명의식과 책임감이 필요하며 환경에 대한 감수성 및 통찰능력이 필요하다. 또한 학생에 대한 의사소통능력 및 갈등해결능력과 원만한 수업진행을 위한 정확한 언어구사능력이 필요하다.

변화하는 환경쟁점을 학생들에게 지도하기 위해서는 끊임없는 연구와 학생들에 대한 이해가 필요하며, 자연과학 및 인문사회 그리고 예술적 접근을 통합적으로 해야 하므로 교과 내용과 관련된 기술, 공학, 예술, 수학 등의 다른 교과와 통합, 융합하는 능력이 요구된다.

환경은 교양교과군에 속해 있기에 학생들을 수업에 참여시키기 위한 동기유발을 잘 할 수 있어야 한다. 이를 위해 학생들과 소통하는 능력이 필요하다.

❤ 〇 ✈ 관련 직업

사립 중등학교 교사   # 국립환경연구원

KIST 환경 연구센터 등의 국공립연구원

환경부 및 지방환경청 공무원

엔지니어 혹은 연구원

국·공립 중·고등학교 교사

일반 기업체의 대기 분야의 환경관리인

일반 기업체의 수질 분야의 환경관리인

일반 기업체의 폐수처리 분야의 환경관리인

일반 기업체의 소음진동 분야의 환경관리인

📇 관련 자격

대기관리기술사   대기환경기사   환경기능사

생물분류기사   소음진동기사   수질환경기사

온실가스관리기사   자연생태복원기사

자연환경관리기술사   토양환경기사

폐기물처리기사   환경위해관리기사

중등학교 2급 정교사   평생교육사

📨 환경교사가 하는 일

환경교사는 학생들에게 환경 감수성, 환경 공동체 의식, 성찰·통찰 능력, 창의적 문제해결력, 의사소통 및 갈등해결능력, 환경정보활용능력 등의 역량을 기르는 일을 수행한다. 이를 위해 환경 문제에 대한 탐구, 사례연구, 체험학습방법 등과 같이 학습자 중심의 다양한 교수학습방법을 연구해야 한다.

또한 학교뿐만 아니라 지역의 환경 센터와의 유기적인 연계를 통해 지역의 환경문제를 수업에 적용하기 위해 노력해야 한다.

가정교육과

현대의 사회문제 중 많은 부분이 가정생활과 연관되어 있다는 점을 감안한다면 가정교사의 역할이 더욱더 중요시된다고 할 수 있다.

건강하고 행복한 가정을 만들 수 있는 생활기술 역량을 길러 지속가능한 가정생활 문화의 조성할 수 있도록 학생을 지도하는 가정교사를 양성하는 학과이다. 이를 위하여 가정교과 본질의 이해와 철학적 바탕 위에 가족생활, 식생활, 의생활, 소비생활, 주생활, 교과교육 등 가정교과의 전문지식을 습득하고 가정학의 전문영역을 응용적, 실천적으로 가정생활에 접목시킬 수 있는 내용을 다루고 있다.

개설 대학

강원대학교, 경남대학교, 경북대학교, 고려대학교, 동국대학교, 동국대학교(경주), 배재대학교, 원광대학교, 전남대학교, 전주대학교, 한국교원대학교 등

관련 학과

기술·가정교육과

졸업 후 진출 분야 및 직업

✎ 진출 분야

국공립 중등학교, 한국식품안전관리인증원, 섬유 및 의류업체, 유통업체, 식품업체, 아동관련업체, 패션관련 직종, 언론매체, 교구 및 교재 개발업체 등

✎ 진출 직업

교사, 대학 교수, 장학사, 아동·청소년 및 소비자 관련 상담사, 식품 또는 영양관련 연구원, 공무원, 방송인, 아동관련 프로그램 기획자, 소비자 상담사 등

고등학교 권장 선택과목 로드맵

교과 영역	선택과목	
	일반선택	진로선택
기초	미적분, 확률과 통계	기하, 실용 수학
탐구	사회·문화, 생활과 윤리, 생명과학 I, 화학 I	생활과 과학
체육·예술		
생활·교양	기술·가정, 교육학, 보건	가정과학

공업관련 교육과

특성화고, 마이스터고 등에서 배우는 기계, 전기, 건설, 화학공학 등의 과목들을 가르치는 교사가 되기 위해서는 공학교육 부분의 금속공학교육과, 기계교육과, 건설공학교육과, 화학공학교육과 등에서 공부해야 한다.

공학교육 분야는 현대의 정보산업사회가 요구하는 기계, 전기, 전자공학, 컴퓨터분야 관련 이론과 기술을 연구하는 학문으로 중등교육에서 내실 있는 공학교육을 담당할 교사를 양성하는 학과이다. 이를 위하여 교육전문가의 능력배양을 위하여 교육학은 물론 기초학문과 응용학문을 심도 있게 교육하고 다양한 실험·실습과목을 통해 이론과 실습의 균형 있는 교육을 실시하고 있다.

📖 개설 대학

안동대학교, 충남대학교 등

📋 관련 학과

전기·전자·통신 공학교육과   건설공학교육과

컴퓨터교육과   기계교육과

졸업 후 진출 분야 및 직업

✏️ 진출 분야

국공립 중등학교, 교육과학기술부, 교육청, 한국전기연구소, 한국전기산업연구원, LG 일렉트릭, 빌딩시스템연구소, LG산전연구소, 한국기계전기전자시험연구원, 기계·건설공학연구정보센터, 한국기계연구원, 화학공학소재연구정보센터, 건설공학연구소, 한국전기안전공사, 한국가스공사, 한국석유공사, 한국전력공사, 한국토지주택공사, 한국철도공사, 한국산업기술진흥원, 한국에너지기술평가원, 한국전기안전공사 등

✏️ 진출 직업

교육계열 교수, 데이터베이스 개발자, 학원강사, 실업교사, 기계, 전기, 화학 관련 연구원, 공무원 등

고등학교 권장 선택과목 로드맵

교과 영역	선택과목	
	일반선택	진로선택
기초	미적분, 확률과 통계	기하, 수학과제 탐구, 인공지능 수학
탐구	물리학 I, 화학 I, 생명과학 I, 지구과학 I	물리학 II, 화학 II, 생명과학 II, 지구과학 II, 융합과학
체육·예술		
생활·교양	교육학, 정보, 진로와 직업, 환경	공학 일반, 지식 재산 일반, 인공지능 기초

과학교육과

현대 사회가 정보산업사회·지식기반사회로 발전해가면서 과학의 역할이 점차로 증대되어가고 있으며, 이에 따라 과학교사 양성 또한 그 어느 때보다도 많은 주목을 받고 있다.

21세기 첨단 과학 시대가 요구하는 탐구적 지도 능력을 갖춘 중학교, 과학교사와 고등학교 통합과학, 물리, 화학, 생물, 지구과학 교사 및 과학교육전문가를 양성하는 것을 목적으로 하고 있다. 이를 위하여 과학 전반에 걸친 광범위한 지식 및 효과적인 학습 지도 방법을 배우며, 학생들에게 정신적인 감화를 줄 수 있는 인격 등의 자질을 갖춘 교육과정을 운영하고 있다. 2학년부터는 세부 전공인 물리, 화학, 생물, 지구과학 전공으로 나뉘어 각 전공교사 자격증을 취득하게 되며, 동시에 통합과학 교육과정을 연계 전공하면 통합과학 교사 자격증을 취득할 수 있다.

개설 대학

단국대학교, 이화여자대학교, 전주대학교 등

관련 학과

생물교육과　지구과학교육과　대기과학과

과학교육학부　물리교육과　화학교육과

생물학과　생명과학과　신소재화학과

분자생물학과　화학과　응용화학과

물리학과　응용물리학과　지질학과

지구과학과

졸업 후 진출 분야 및 직업

✏ 진출 분야

국·공립 중등학교, 국립과학관, 울산과학기술원, 한국과학기술원, 교재 개발업체, 교구 개발업체, 과학 학원, 방송국, 출판사, 언론사, 한국교육학술정보원, 한국과학창의재단, 광주과학기술원, 국가과학기술연구회, 국가평생교육진흥원, 한국교육개발원, 교육과정평가원, EBS 미래교육연구소 등

✏ 진출 직업

국·공립 중·고등학교 교사, 사립 중등학교 교사, 대학 교수, 연구소, 연구원, 과학시험원, 과학관 큐레이터, 과학 학습지 및 교재 개발자, 학원강사, 과학강사, 출판물 기획자, 과학PD 등

고등학교 권장 선택과목 로드맵

교과 영역	선택과목	
	일반선택	진로선택
기초	미적분, 확률과 통계	기하, 수학과제 탐구
탐구	물리학 I, 화학 I, 생명과학 I, 지구과학 I 생활과 윤리	물리학 II, 화학 II, 생명과학 II, 지구과학 II, 융합과학, 과학사
체육·예술		
생활·교양	교육학, 정보, 환경	공학 일반, 가정과학, 인공지능 기초

기술교육과

기술학에 기초한 제조기술, 건설기술, 수송기술, 정보통신기술, 생명기술의 공학 기술에 관한 전반적인 이해와 실천적 학습을 통하여 유능한 기술교사, 기술교육전문가 양성을 목적으로 한다.

학생들은 4년 동안 교육학 분야와 전공분야를 심도 있게 다루어 기술 교사로서 전문교과 지식을 갖추게 된다. 또한 교육학 분야로는 일반 교육학과 기술교과 교육학을 다루며 기술교과는 제조 기술, 건설 기술, 수송 기술, 통신 기술, 생명 기술 등에서 현대와 미래의 핵심 기술 내용을 다룬다. 이를 위해 다양한 교육시설을 이용하여 여러 가지 실험·실습을 통해 장차 한국 기술교육을 이끌어 갈 선도적인 기술 교사에게 요구되는 여러 가지 체험을 하게 된다.

졸업 후 진출 분야 및 직업

진출 분야

교육청, 교육부, 중·고등학교, 학원, 방송국, 출판사, 공기업, 방송국, 출판사, 학습지 및 교재 개발업체, 교구 개발업체, 교육개발원, 교육과정평가원, 한국교육학술정보원, 한국장학재단, 교육정책연구원, 언어학 연구원, 공학관련 교육원 등

진출 직업

국·공립 중·고등학교 교사, 사립 중등학교 교사, 대학 교수, 연구원, 학원강사, 교재 개발자 등

개설 대학

세한대학교, 충남대학교, 한국교원대학교 등

관련 학과

기계·재료공학교육과   전지·전자·통신교육과

전자공학교육과   화학공학교육과

기술·가정교육과   가정교육과

건설공학교육과   기계교육과

고등학교 권장 선택과목 로드맵

교과 영역	선택과목	
	일반선택	진로선택
기초	미적분, 확률과 통계	기하, 실용 수학, 인공지능 수학
탐구	물리학 I, 화학 I, 생명과학 I	물리 II, 생활과 과학, 융합과학
체육·예술		
생활·교양	교육학, 기술·가정, 정보, 진로와 직업	가정과학, 공학 일반, 인공지능 기초

물리교육과

자연현상을 연구대상으로 하는 순수과학으로서 다른 응용과학의 기초가 되는 학문이다.

과학적인 이론과 실제적인 실험을 통하여 교육현장에서 학생을 지도할 수 있는 능력을 갖춘 중등교원을 양성하는 데 그 목표를 두고 있다. 물리교육과는 일반물리, 전자기학, 열물리학, 파동 등 물리의 이해를 돕는 물리교과내용학, 물리교육현장에서 필요한 물리교육론, 물리 교재연구 및 지도법 등 교과교육학 과목으로 구성되어 있으며, 이론 및 실기 교과들을 다양하게 제공하고 있다. 이를 통해 건전한 인격의 소유와 탁월한 전문지식을 가진 인재를 육성하며 창의적이고 유능하며 국가·지역사회의 발전에 기여할 수 있는 책임감 있는 교사 양성을 목표로 한다.

졸업 후 진출 분야 및 직업

진출 분야

국·공립 중등학교, 국립광주과학관, 국립대구과학관, 국립부산과학관, 울산과학기술원, 한국나노기술원, 한국과학기술원, 한국교육학술정보원, 한국장학재단, 한국과학창의재단, 광주과학기술원, 국가과학기술연구회, 한국과학기술연구원, 국가평생교육진흥원, 한국교육개발원, 교육과정평가원, EBS 미래교육연구소, 광주과학기술원, 국가과학기술연구회 등

진출 직업

국·공립 중·고등학교 교사, 사립 중등학교 교사, 대학 교수, 연구소, 연구원, 과학시험원, 과학관 큐레이터, 과학 학습지 및 교재 개발자, 학원강사, 과학강사, 출판물 기획자, 과학PD 등

개설 대학

경북대학교, 경상대학교, 공주대학교, 부산대학교, 서울대학교, 순천대학교, 전남대학교, 조선대학교, 충북대학교, 한국교원대학교 등

관련 학과

물리천문학과 | 물리학전공
전자물리학과 | 과학교육학부 | 물리학과
나노전자물리학과 | 전자바이오물리학과
물리·천문학부 | 신소재물리학과
응용물리학과 | 지질·지구물리학부
디스플레이·반도체물리학부

고등학교 권장 선택과목 로드맵

교과 영역	선택과목	
	일반선택	진로선택
기초	미적분, 확률과 통계	기하, 수학과제 탐구
탐구	물리학 I, 화학 I, 지구과학 I	물리학 II, 화학 II, 지구과학 II, 과학사, 융합과학
체육·예술		
생활·교양	교육학, 정보, 환경	공학 일반, 가정·과학, 인공지능 기초

생물교육과

미래세대의 과학교육에 있어 자연과학의 기초 지식 및 개념을 정립하고 생물분야를 중점적으로 다루어 더욱 합리적이고 역동적인 과학 교육 방향을 제시한다.

기초과학분야 중 생명현상을 탐구하는 분야로서, 생명과학과 관련된 과학적 사고력과 실험실습을 통한 탐구능력을 배양하여 전문적 자질을 지닌 교사를 양성하는 데 그 목적이 있다.
충실한 이론 습득과 다양한 실험 실습을 통하여 과학적 사고방식과 탐구정신을 함양하고자 한다. 또한 자연환경과 생명에 대한 존중감 고취, 생명현상을 탐구하는 과학자적 태도 양성, 과학적 사고력 신장, 과학기술과 사회를 연계하여 이해시킬 수 있는 조력자로서의 능력을 갖춘 우수한 생물교사 양성에 교육목표를 두고 있다.

졸업 후 진출 분야 및 직업

진출 분야

국·공립 중등학교, 국립광주과학관, 국립대구과학관, 국립부산과학관, 울산과학기술원, 한국과학창의재단, 국가과학기술연구회, 한국과학기술연구원, 한국교육개발원, 교육과정평가원, EBS 미래교육연구소, 학습지 및 교재 개발업체, 교구 개발업체, 과학 학원, 방송국, 출판사, 언론사 등

진출 직업

국·공립 중·고등학교 교사, 사립 중등학교 교사, 대학 교수, 연구원, 과학시험원, 과학관 큐레이터, 과학 학습지 및 교재 개발자, 학원강사, 과학강사, 출판물 기획자, 과학PD 등

개설 대학

경북대학교, 경상대학교, 공주대학교, 부산대학교, 서울대학교, 서원대학교, 전남대학교, 조선대학교, 충북대학교, 한국교원대학교 등

관련 학과

과학교육학부 생물과학과 생물학과
미생물·분자생물과학과 미생물소재학과
분자생물학과 응용생물학과
농생물학과 생물학화학융합학부
자원생물학과 해양생물공학과
식품생물공학과 화공생물공학과
생물산업공학부 생물환경화학과
생태환경관광학부

고등학교 권장 선택과목 로드맵

교과 영역	선택과목	
	일반선택	진로선택
기초	미적분, 확률과 통계	기하, 수학과제 탐구
탐구	물리Ⅰ, 화학Ⅰ, 생명과학Ⅰ, 지구과학Ⅰ	화학Ⅱ, 생명과학Ⅱ, 지구과학Ⅱ, 과학사, 융합과학
체육·예술		
생활·교양	교육학, 정보, 환경, 보건	공학 일반 가정과학 인공지능 기초

수학교육과

글로벌 시대를 이끌어 갈 유능한 중등 수학교사를 양성하고 수학교육을 학문적으로 연구하고 실천하는 교육전문가를 양성하는 것을 목적으로 한다.

수학교육과에서는 미래 인재를 양성하는 교사로서 갖추어야 할 전문 지식을 위하여 해석학, 대수학, 기하학, 위상수학, 확률통계학을 비롯한 현대수학의 기본 과목을 학습할 뿐만 아니라 소양과 자질, 리더십을 갖추도록 힘쓰고 있다. 수학교사가 알아야 할 수학내용학과 수학교육학 이론을 학습한다. 또한 교육현장 실습 등을 통해 현장 지도 능력을 신장함으로써 교사로서의 사명감과 교육자적 자질 함양을 목적으로 하는 학과이다.

졸업 후 진출 분야 및 직업

🖊 진출 분야

중·고등학교, 대학, 교육청, 교육부, 한국교육학술정보원, 한국장학재단, 한국과학창의재단, 한국교육개발원, 교육과정평가원, EBS 미래교육연구소, 학습지 및 교재 개발업체, 교구 개발업체, 과학 학원, 방송국, 출판사, 언론사, 은행, 증권회사, 보험회사, 회계사무소, 세무서, 리서치 회사 등

🖊 진출 직업

국·공립 중·고등학교 교사, 사립 중등학교 교사, 대학 교수, 수학교육행정가, 연구소, 연구원, 수학 학습지 및 교재 개발자, 학원강사, 출판물 기획자, 방송 PD, 전산, 금융, 보험 사무직, 변리사, 회계사, 계리사 등

📖 개설 대학

가톨릭관동대학교, 강원대학교, 건국대학교, 경남대학교, 고려대학교, 공주대학교, 단국대학교, 대구가톨릭대학교, 동국대학교, 목표대학교, 부산대학교, 상명대학교, 서울대학교, 서원대학교, 성균관대학교, 순천대학교, 우석대학교, 원광대학교, 이화여자대학교, 인천대학교, 인하대학교, 전남대학교, 전북대학교, 전주대학교, 제주대학교, 조선대학교, 충남대학교, 충북대학교, 한국교원대학교, 한양대학교, 홍익대학교 등

📋 관련 학과

국사학과
국사학전공
한국사학과
역사·문화콘텐츠 학과
역사·문화학과
역사관광·외교학부
고고문화인류학과
사회교육학부 역사교육전공

📚 고등학교 권장 선택과목 로드맵

교과 영역	선택과목	
	일반선택	진로선택
기초	미적분, 확률과 통계	기하, 수학과제 탐구, 실용 수학, 인공지능 수학
탐구	물리 I, 화학 I, 생명과학 I, 지구과학 I	생활과 과학, 융합과학
체육·예술		
생활·교양	교육학, 정보, 논리학	공학 일반 인공지능 기초

지구과학교육과

지구의 구조, 구성 물질, 활동과정, 변천의 역사, 그리고 우주환경을 종합적으로 연구하는 학문이다.

지구과학의 세부 분야로서는 우주환경, 천체의 진화를 연구하는 천문학, 지구대기에서 발생되는 여러 자연현상과 그 원인을 연구하는 대기과학 등이 포함된다. 이를 위해 각 분야에 대한 전공지식을 습득하고 이 지식을 효과적으로 학생들에게 가르칠 수 있는 방법을 지구과학 각 분야의 전공지식 및 교과교육을 통하여 학습할 수 있도록 교육과정을 운영하고 있다. 지구과학교육과는 지구의 대기, 지질, 해양 및 천문 분야에 관한 깊고도 폭넓은 지식을 갖춘 우수한 중·고등학교 교사와 지구과학 및 지구과학 교육 분야의 전문 인력을 양성하는 데 교육목표를 두고 있다.

개설 대학

경북대학교, 공주대학교, 대구대학교, 부산대학교, 서울대학교, 전남대학교, 전북대학교, 조선대학교, 충북대학교, 한국교원대학교 등

관련 학과

| 과학교육학부 | 과학교육과 | 지질과학과 |

지구시스템과학과   지구해양과학과

지구환경과학과   지질·지구물리학부

지질환경과학과   대기과학과

대기환경과학과

졸업 후 진출 분야 및 직업

진출 분야

국·공립 중등학교, 한국교육학술정보원, 한국장학재단, 한국과학창의재단, 국가평생교육진흥원, 한국교육개발원, 교육과정평가원, 한국나노기술원, 한국과학기술원, 한구과학기술연구원, 학습지 및 교재 개발업체, 교구 개발업체, 과학학원, 방송국, 출판사, 언론사등

진출 직업

국·공립 중·고등학교 교사, 사립 중등학교 교사, 대학 교수, 연구소, 연구원, 과학시험원, 과학관 큐레이터, 과학 학습지 및 교재 개발자, 학원강사, 과학강사, 출판물 기획자, 과학PD 등

고등학교 권장 선택과목 로드맵

교과 영역	선택과목	
	일반선택	진로선택
기초	미적분, 확률과 통계	기하, 수학과제 탐구
탐구	물리학 I, 화학 I, 생명과학 I, 지구과학 I	물리학 II, 화학 II, 생명과학 II, 지구과학 II, 과학사, 융합과학,
체육·예술		
생활·교양	교육학, 정보, 환경	공학 일반, 가정과학, 인공지능 기초

컴퓨터교육과

컴퓨터의 눈부신 발전은 현대 사회를 구성하는 핵심으로 자리 잡게 되었고, 모든 학문 분야에서 다양하게 사용되고 있다.

정보화 사회에 대비한 미래의 컴퓨터교육을 주도할 정보 컴퓨터 담당교사의 양성을 목표로 한다. 이를 위해 대학에서 체계적인 컴퓨터 이론과 실습을 통하여 전문적인 전공 지식과 중등학교 교사로서의 갖추어야 할 투철한 사명감과 교수학습 이론과 실무를 학습한다. 컴퓨터교육과의 내용은 '정보문화'와 '자료와 정보' 영역에서 정보사회 구성원으로서 갖추어야 할 기본 소양을 증진시키는 데 중점을 두고, '문제해결과 프로그래밍', '컴퓨팅 시스템' 영역에서 컴퓨터과학을 토대로 한 실생활 및 다양한 학문분야의 문제해결능력 신장에 중점을 두고 있다.

개설 대학

가톨릭관동대학교, 공주대학교, 성균관대학교, 순천대학교, 신라대학교, 안동대학교, 제주대학교, 한국교원대학교 등

관련 학과

컴퓨터과학과   컴퓨터IT학과
컴퓨터·소프트웨어공학과   정보융합학부
컴퓨터·정보보호학부   응용소프트웨어학과
컴퓨터데이터정보학과   정보컴퓨터공학부
정보통신소프트웨어학과   SW융합학부

고등학교 권장 선택과목 로드맵

교과 영역	선택과목	
	일반선택	진로선택
기초	미적분, 확률과 통계	기하, 수학과제 탐구, 실용 수학, 인공지능 수학
탐구	물리학Ⅰ, 화학Ⅰ	물리학Ⅱ, 화학Ⅱ, 생활과 과학, 융합과학
체육·예술		
생활·교양	교육학, 정보, 기술·가정, 제2외국어, 논리학	지식 재산 일반, 공학 일반, 인공지능 기초, 창의 경영

졸업 후 진출 분야 및 직업

✏️ 진출 분야

국공립 중등학교, 국방부, 학습지 및 교재 개발업체, 교구 개발업체, 학원, 컴퓨터 관련 기업, 벤처기업, 금융·소프트웨어·게임·모바일 웹 개발업체, IT 정보 보안 회사, 통신사, 전자 상거래 업체 등

✏️ 진출 직업

교사, 네트워크관리자, 데이터베이스개발자, 변리사, 시스템소프트웨어개발자, 웹마스터, 웹프로그래머, 응용소프트웨어개발자, 정보시스템운영자, 컴퓨터보안전문가, 디지털포렌식수사관 등

화학교육과

예비교사로서의 경험을 쌓게 하고 새로운 화학교육의 방향을 연구할 수 있도록 화학교과와 관련된 전문 지식을 제공하여 화학교육 전공 교사를 양성하는 학과이다.

특히 화학은 물질의 구성성분, 구조 및 성분을 다루는 순수과학으로서 다른 응용분야의 밑거름이 되어 인류문명의 발전에 큰 역할을 담당하고 있다. 때문에 화학의 중요성이 날로 증대되어 가고 있으며 이에 화학교육을 담당하는 의욕적인 화학교육자의 양성을 과제로 한다.
이를 위해 화학의 제분야인 물리화학, 유기화학, 분석화학, 무기화학, 생화학을 비롯하여 화학 외의 다양한 강의와 실험 및 연구가 진행되고 있다. 이를 통해 급변하는 화학에 대한 지식을 교수하는 방법을 익히고 활용할 수 있으며, 학생의 발달 특성과 인성적 특성을 이해하고 교사로서 품성과 자질을 갖춘 전인적 교육인 양성에 교육목표를 두고 있다.

졸업 후 진출 분야 및 직업

진출 분야

중·고등학교, 한국교육학술정보원, 한국장학재단, 한국과학창의재단, 과학기술원, 학습지 및 교재 개발업체, 교구 개발업체, 과학 학원, 방송국, 출판사, 언론사 등

진출 직업

국·공립 중·고등학교 교사, 사립 중등학교 교사, 대학 교수, 연구소, 연구원, 과학시험원, 과학관 큐레이터, 과학 학습지 및 교재 개발자, 학원강사, 과학강사, 출판물 기획자, 과학PD 등

개설 대학

경북대학교, 경상대학교, 공주대학교, 대구대학교, 부산대학교, 서울대학교 순천대학교, 전남대학교, 전북대학교, 조선대학교, 충북대학교, 한국교원대학교 등

관련 학과

화학생화학부　화학생명공학과
화학생명분자과학부　화학생명환경과학부
응용화학과　생화학부　화학분자공학과
화학신소재학과　정밀화학과
생명환경화학과　신소재화학과　화학과
농화학식품공학과　농생명화학과
바이오화학산업학부　신소재화학전공
응용생명화학부　화학생명과학과
과학교육학부(화학교육전공)

고등학교 권장 선택과목 로드맵

교과 영역	선택과목	
	일반선택	진로선택
기초	미적분, 확률과 통계	기하, 수학과제 탐구
탐구	물리학 I , 화학 I , 생명과학 I , 지구과학 I	화학 II , 생명과학 II 과학사, 융합과학
체육·예술		
생활·교양	교육학, 정보, 환경	공학 일반, 가정과학

환경교육과

생태계에 대한 종합적 지식을 습득하고 올바른 가치관을 정립하여 환경교육인으로서의 자질을 배양하고, 환경오염에 관한 자연과학적 지식을 습득하여 환경오염의 예방과 처방에 기여할 수 있는 환경교사 및 환경 교육 전문 인력을 양성한다.

변화하는 미래 사회에 능동적으로 대처할 수 있도록 학교와 사회 환경교육현장에서 요구되는 교육 프로그램의 개발능력, 수업지도능력, 정보통신활용능력, 상담지도능력 등과 같은 제반실무 능력 함양을 교육목표로 하고 있다.

졸업 후 진출 분야 및 직업

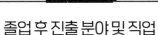 진출 분야

중·고등학교, 대학, 환경부, 환경관리공단, 수자원공사, 환경자원공사, 가스/전기 공사, 한국수력원자력, 한국전력공사, 한국가스공사, 국립공원공단, 국립생태원, 한국환경산업기술원, 수도권매립공사, 한국상하수도협회, 환경보전협회, 국립생물자원관, 학습지 및 교재 개발업체, 교구개발업체, 과학 학원, 방송국, 출판사, 언론사, 환경전문엔지니어링업체, 환경전문시공업체, 환경오염물질분석업체 등

진출 직업

국·공립 중·고등학교 교사, 사립 중등학교 교사, 환경부 및 지방환경청 공무원, 국립환경연구원, KIST 환경 연구센터 등의 국공립연구원, 일반기업체의 대기·수질·폐수처리·소음진동 분야의 환경관리인, 엔지니어 혹은 연구원 등

개설 대학

공주대학교, 목표대학교, 순천대학교, 한국교원대학교 등

관련 학과

환경보건학과 · 환경생명공학과 · 환경공학과 · 환경생명과학과 · 환경생태공학부 · 환경과학과 · 환경융합학부 · 생명환경화학과 · 환경대기과학과 · 친환경과학부 · 가정교육학과 · 대기환경과학과 · 바이오환경과학과 · 바이오환경에너지학과 · 생물환경화학과 · 지구환경과학과 · 화학생명환경과학부 · 환경에너지공학과 · 자연환경공학과 · 과학(수학)교육학과

고등학교 권장 선택과목 로드맵

교과 영역	선택과목	
	일반선택	진로선택
기초	미적분, 확률과 통계	기하, 수학과제 탐구
탐구	사회·문화, 윤리와 사상, 화학 I, 생명과학 I, 지구과학 I	사회문제 탐구 화학 II, 생명과학 II, 융합과학, 생활과 과학
체육·예술		
생활·교양	교육학, 환경, 정보	농업 생명 과학, 해양 문화와 기술

예체능계열

2011년 미국의 오바마 정부에서 예술과 인문학에 관한 대통령자문위원회의
'예술교육에의 재투자'라는 보고서에서 예술교육의 중요성에 대해 언급하였다.
"오늘날 인재는 단지 기술과 지식 이상의 더 생산적이고 혁신적인 능력을 필요로 하고 있습니다.
이를 위해서는 아이들은 창의적이고 지략적이고 상상력이 풍부해져야 합니다.
그러한 창의성을 계발하는 가장 좋은 방법이 예술교육입니다."

이러한 창조성을 개발하기 위한 예술 교육의 예로 호주의 한 주의 학교에서는 예술가 및 교사,
학생이 협력하는 프로젝트를 실시하는 프로그램을 진행하였다.
이러한 결과 학생들은 예술교육을 통해 상상력, 작용 주체, 표현, 공감, 해석, 존중, 탐구, 반성,
참여, 책임 등의 역량을 함양하였으며 이는 예술교육 그 자체에만 머물러 있는 것이 아니라
학생들이 예술교육을 통해서 상상력에서부터 사회적 책임감에 이르는 경험을 하고 있다고 한다.
현재 학교 현장에서 이러한 역량을 함양하기 위한 교과가 바로 예술교과이며
대표적으로 음악교사와 미술교사, 체육교사이다.

관련 학과

미술교육과, 응용미술교육과, 아동문화예술전공, 음악교육학과, 클래식음악전공, 창조공연예술학부, 음악전공, 지휘과, 음악학부, 실용음악학과, 예술학부, 현대미술과, 한국회화전공, 한국화학과, 서예학과, 입체미술전공, 디자인학전공, 체육교육과, 특수체육교육과, 체육학과, 사회체육과, 생활스포츠과, 생활체육과, 스포츠과학부, 스포츠복지과, 특수체육전공 등

진출 직업

교사, 미술관 학예사 및 큐레이터, 방송 및 영화 미술감독, 기업체 미술·디자인팀, 미술심리치료 상담사, 아동미술심리상담사, 문화예술교육사, 작가, 음악치료사, 음악관련 방송인, 스포츠과학 연구원, 유아 및 아동 체육지도자, 노인체육 지도자, 여가교육전문가, 경기 지도사, 선수트레이너, 스포츠심리상담사, 에이전시, 스포츠 마케터, 스포츠 기자, 방송인, 프로스포츠 단체 행정 전문인, 스포츠마케팅전문가

관련 자격

중등학교 2급 정교사, 미술심리치료 상담사, 아동미술심리 상담사, 평생교육사, 박물관 및 미술관 학예사, 아동미술지도사, 실용음악지도사, 생활체육 자격증, 경기지도자 자격증, 생활스포츠지도사 등

진출 분야

중·고등학교, 미술학원, 기업체 미술·디자인팀, 영화사, 미술관, 공연예술가, 음악치료사, 출판사, 박물관, 문화예술공연장, 신문사, 방송국, 스포츠 센터, 경호업체, 스포츠관련 기업, 스포츠 마케팅 기업, 트레이너, 스포츠관련 사업, 스포츠 에이전시, 한국교육과정평가원, 한국교육개발원, 한국스포츠정책과학원, 스포츠과학연구소, 스포츠산업연구소 등

인재상

- A 학생들을 사랑하는 마음과 풍부한 교양 지식을 갖추고 있는 학생
- B 교육자로서 갖추어야 할 건전한 인성, 올바른 국가관과 교직관을 가진 학생
- C 운동에 대한 관심이 많고 이를 통해 심신을 단련하려고 노력하는 학생
- D 예술가로서의 창의력과 예술적 감각과 새로운 것을 관찰할 수 있는 능력을 갖춘 학생
- E 미술과 교육에 대한 전문적 지식과 개방적인 사고를 가진 학생

미술교사

🖥 직업 소개

미술교사는 중등학교에서 미술을 가르치는 교사로 학생들에게 예술 소양으로서의 미술 창이나 미술작품의 감상 및 비평의 방법을 가르치는 교사이다.

미술은 다른 교과와 달리 이론 수업보다는 실기 체험 위주의 수업을 지향하는 경우가 많아 미술교사는 직접 그림을 그리고 전시하거나, 벽화를 그리거나, 혹은 그림 말고도 조소, 사진, 공예, 캘리그라피 등 여러 분야를 활용해 미적 감각과 심미성을 높여주는 역할을 함으로써 학생에게 다양한 미술 체험활동을 경험시켜준다. 최근에는 타 교과와 융합하는 활동으로 뮤지컬에 필요한 의상과 소품을 제작하기 등 융합교육을 실천하기도 한다.

💡 적성 및 흥미 ● ● ●

미술교사의 경우 그리기와 같은 명확한 표현능력을 바탕으로 하는 크리에이티브 성향이 필요하다. 더불어 다양한 문화, 사회현상, 예술과 사상, 그리고 관련 기술 등 관심을 가질 줄 아는 유연한 사고방식이 요구된다.

무엇보다 미술교사에게 필요한 미술과 음악에 관련된 지식과 다양한 방법으로 학생을 가르칠 수 있는 다양한 교수학습방법을 적용할 수 있는 능력이 필요하다. 또한 가르치는 것에 흥미와 애정이 있어야 하고 교사로서의 자질뿐만 아니라 끊임없는 노력과 인내를 필요로 하며 학생들과 함께 생활하며 다양한 문제를 해결해야하기에 책임감과 성실성, 문제해결력, 의사소통능력, 공감능력과 배려심이 요구된다.

미술교사는 예술적 형태를 창조해내는 신체적, 언어적 활동이나 자유로운 예술형과 사람들을 만나 치료해주는 활동을 선호하는 사회형에게 적합하다.

❤ 💬 ✈ 관련 직업

아동미술심리상담사   # 문화예술교육사

교사   # 미술관 학예사 및 큐레이터

방송 및 영화 미술감독

기업체 미술·디자인팀

미술심리치료 상담사

📇 관련 자격

중등학교 2급 정교사   미술심리치료 상담사

박물관 및 미술관 학예사   아동미술지도사

아동미술심리 상담사   평생교육사

📨 미술교사가 하는 일

미술교사는 학생들에게 미술의 소질을 개발하기 위하여 미술, 미슬 창작, 미술 감상 및 비평을 교육한다. 또한 감상, 미술을 가르치는 사람으로 미적체험, 표현, 미술 감상, 미술의 이해, 미술창작의 영역으로 구성되고 구체적으로 회화, 조소, 디자인, 서예, 감상 등에 대해서 교육한다.

이를 위해 주제, 표현방법, 조형요소와 원리, 재료에 대한 이론적 지식과 함께 다양한 미술 기법을 설명하고 시범을 보이며 그 과정을 지도하고 평가한다. 그 외에도 미술대회, 작품전시회 등을 주관하고 미술 특기생을 개별 교육하기도 한다.

체육교사

직업 소개

체육이란 운동, 스포츠, 게임, 무용 등과 같은 활발한 신체 활동을 통해 인간의 신체적, 정신적, 사회적 성장과 발달을 돕는 계획적인 교육활동이다.

하지만 최근의 학교의 상황은 학생의 건강, 감성, 창의성, 사회성을 성장시킬 수 있는 교과들이 위축되었고 지나치게 주요 교과 중심의 편협한 교육이 진행되고 있어 학교 현장에서 '지덕체(智德體) 교육'은 찾아보기 힘들게 되었다.

이러한 상황에서 체육수업을 통해 체력 강화 및 적정 체중을 유지하도록 하며, 일상생활에서 쌓인 스트레스를 해소하고, 또래 친구들과 함께 어울리며 서로 더불어 살아가는 존재를 느낄 수 있는 교육을 하는 직업인이 바로 체육교사이다.

체육교사는 '신체활동'을 통해 체력 및 운동 능력을 비롯한 건강하고 활기찬 삶에 필요한 능력을 기르고 사회 속에서 바람직한 인성을 발휘함으로써 자신의 삶을 개척하고 체육을 즐길 수 있도록 학생을 지도하는 교사이다.

체육교사가 하는일

체육교사는 교실은 물론이고 체육관, 운동장, 수영장, 테니스장, 소강당 등 실내외를 막론하고 학교의 시설에 따라 장소가 다양하며, 여러 장소를 이용하여 수업을 다양하게 할 수 있으니 창의적이고 독창적이고 흥미로운 수업을 진행할 수 있다.

다른 교과와 달리 '신체활동'인 것은 체육수업으로 체육교사는 기초종목인 육상이나 체조를 익혀야 하며 구기 스포츠인 축구나 농구, 배구, 야구, 핸드볼, 배드민턴 등 누구나 쉽게 접하고 알고 있는 스포츠를 학생들에게 시범을 보이는 일을 한다.

또한 이론으로는 학교에서 학생들을 어떻게 교육할 것인가에 대한 방법인 교육학계열의 이론과 건강과 연결되는 보건, 그리고 기능적인 스포츠뿐 아니라 스포츠와 관계된 생리학, 역학, 심리학, 사회학 등 여러 가지 방면의 체육과 관계된 다양한 지식을 학생들에게 교육한다.

관련 직업

경기감독 및 코치 # 경기 심판

스포츠트레이너 # 운동처방사

스포츠에이전트 # 예능강사

체육교사 # 스포츠강사

관련 자격

중등학교 1급/2급 정교사 자격증

생활체육지도사 생활스포츠지도사

스포츠경영관리사 평생교육사

적성 및 흥미

체육교사는 학생들의 건강을 증진시키고 기본 움직임, 원리, 기능, 전술, 태도를 포함한 종합적인 운동 능력을 기를 수 있도록 지도해야 하므로 뛰어난 운동신경을 가진 학생에게 유리하다. 또한 학생을 교육해야 하므로 가르치는 것에 흥미와 애정이 있어야 하고 교사로서의 자질뿐만 아니라 건강하고 안전한 생활 습관 함양을 목적으로 하므로 자기관리능력과 대인관계능력, 창의력 및 문제해결능력을 갖춘 학생에게 유리하다.

긍정적이며 적극적이고 명랑한 성격의 소유자에게 적합하며, 예기치 못한 안전사고가 발생했을 때 신속하고 정확하게 응급처치를 할 수 있는 능력이 요구된다. 그 외에도 각종 운동기구 및 안전관리에 대한 지식을 가지고 있어야 하며, 타인의 운동을 지도하는 입장이므로 리더십이 필요하다.

음악교사

🖥 직업 소개

음악교사는 중·고등학생들에게 다양한 음악 활동을 통해 음악의 아름다움을 경험하게 해주고, 음악성과 창의성을 교육한다. 또한 음악의 역할과 가치에 대한 안목을 길러주어 음악을 생활 속에서 즐길 수 있도록 해주는 역할을 한다.

이를 위해 음악교사는 중·고등학교에서 학생들에게 음악적 정서와 소질을 개발하기 위하여 음악적 감성 역량, 음악적 창의·융합 사고 역량, 음악적 소통 역량, 문화적 공동체 역량, 음악정보처리 역량, 자기관리 역량을 목표로 수업을 하고 있다.

👽 적성 및 흥미   ● ● ●

음악교사는 예술적 감각과 함께 음악에 관한 적성과 재능을 갖추어야 한다. 또한 전공으로 하고자 하는 악기의 실기 교육과 음악을 많이 연주하는 실제적 음악 활동경험이 필수적으로 요구된다.

무엇보다 음악교사에게는 음악 관련 지식과 다양한 방법으로 학생을 가르칠 수 있는 다양한 교수학습방법을 적용할 수 있는 능력이 필요하다. 또한 가르치는 것에 흥미와 애정이 있어야 하고 교사로서의 자질뿐만 아니라 끊임없는 노력과 인내를 필요로 하며, 학생들과 함께 생활하며 다양한 문제를 해결해야 하기에 책임감과 성실성, 문제해결력, 의사소통능력, 공감능력과 배려심이 요구된다.

음악교사는 예술적 형태를 창조해내는 신체적, 언어적 활동이나 자유스러운 예술형과 사람들을 만나 치료해주는 활동을 선호하는 사회형에게 적합하다.

📋 관련 자격

중등학교 2급 정교사   실용음악지도사

평생교육사

❤ ○ ◁ 관련 직업

중등학교 교사   # 방송 및 영화 음향감독

기업체 음향팀   # 문화예술교육사

작가   # 음악치료사

음악관련 방송인

✈ 음악교사가 하는 일

음악교사는 학생들에게 음악적 정서와 소질을 개발하기 위하여 음악, 음악 연주, 음악 감상 및 비평을 전문적으로 교육한다. 또한 음악 수업 및 음악관련 문제에 대해 학승들에게 지도와 조언을 하는 일을 수행한다. 이를 위해 음악 이론, 화음, 악보 읽기, 가창, 작곡, 음악 감상 등의 내용을 가르치고 성악, 기악의 경우 기법과 주법 설명 및 시범을 한다.

그 외에도 학교의 합창단이나 합주단을 조직하고 훈련하거나 리듬, 가락, 화성 셈여림, 음색 등 다양한 악공의 구성요소들과 전통음악을 교육한다.

미술교육과

미술 실기, 이론을 바탕으로 미술교육에 관한 전문적 소양을 수 있는 교육과정을 통해 창의적이고 개성적인 조형 능력을 가지고 폭넓고 풍부한 미술 전반에 대한 지식을 넓혀 유능한 미술교육자 및 현대 사회가 요구하는 미적정서와 감수성, 조형능력과 창의성을 겸비한 예술가 양성에 교육목표를 두고 있다.

졸업 후 진출 분야 및 직업

진출 분야

국·공립 중등학교, 대학, 문화체육관광부, 한국콘텐츠진흥원, 미술사 연구기관, 대한민국예술원, 한국문화예술위원회, 한국문화원연합회, 현대미술연구소, 방송국, 광고회사, 컴퓨터 영상제작업체, 무대세트 제작업체, 미술관, 박물관, 미술학원, 패션디자인 업체, 건축회사 등

진출 직업

중등학교 교사, 미술관 학예사 및 큐레이터, 박물관 학예사 및 큐레이터, 방송 및 영상산업 미술감독, 기업체 미술·디자인 팀, 미술심리치료상담사, 문화예술교육사, 작가, 광고 홍보 사무원, 광고기획자, 만화가, 시각디자이너, 웹디자이너, 일러스트레이터, 조각가, 조명디자이너, 화가, 미술감정사 등

개설 대학

경남대학교, 경상대학교, 공주대학교, 목원대학교, 한국교원대학교, 한남대학교 등

관련 학과

GG 디자인 전공 · ICT 디자인학부 · 조소과 · 응용미술교육과 · 미술학과 · 미술·디자인학부 · 고고미술사학과 · 미술치료학과 · 공예과 · 회화과 · 건축실내디자인전공 · 공간디자인학과 · 공업디자인학과 · 금속·쥬얼리디자인과 · 디자인영상학부 · 디자인학과 · 멀티미디어디자인전공 · 산업디자인학과 · 생활공간디자인학과 · 시각디자인학과 · 실내디자인학과 · 동양화과 · 서양학과 · 한국화·서예학과

고등학교 권장 선택과목 로드맵

교과 영역	선택과목	
	일반선택	진로선택
기초	확률과 통계	
탐구	세계사, 동아시아사, 생활과 윤리, 윤리와 사상	여행지리, 생활과 과학
체육·예술	미술, 연극	미술 창작, 미술 감상과 비평
생활·교양	교육학, 정보	지식 재산 일반

음악교육과

인간의 감정을 훈련하는 교육활동으로, 교육을 통하여 소리에 대해 지각하고 반응할 수 있는 음악적 감수성을 최대로 길러주는 것을 목표로 한다.

음악교육과는 학생들에게 정서와 지각반응이 상호작용하게 하여 심미적 음악 경험을 풍부하게 하고, 비언어적 표현력을 개발 시켜 창의적인 의사소통능력을 가능하게 하는 교육을 담당하며, 음악교사 양성을 주된 목적으로 하고 있다. 이를 위해 음악교육자로서 갖춰야 할 기본적인 소양을 갖추고 음악 수업에 필요한 역량을 연마할 수 있도록 실기 및 이론 등의 음악의 다양한 분야를 창의적인 태도로 접할 수 있도록 하고 있으며, 그로 인해 음악교육의 본질적 가치를 바르게 인식하고 학교 현장에서 효과적으로 지도할 수 있도록 교육과정을 운영하고 있다.

개설 대학

건국대학교, 경남대학교, 경상대학교, 공주대학교, 목원대학교, 서원대학교, 전남대학교, 조선대학교, 한국교원대학교 등

관련 학과

음악과   국악과   실용음악과   작곡과

성악과   기악과   한국음악과

전통예술학부   실용음악과

음악콘텐츠학과   관현악과   예술학부

피아노학과   국악학과

졸업 후 진출 분야 및 직업

진출 분야

국·공립 중등학교, 대학, 예술의전당, 합창단, 예술경영지원센터, 한국예술인복지재단, 한국문화정보원, 한국문화예술교육진흥원, 음반제작회사, 연주 단체, 출판사, 방송사, 잡지사, 학원, 음반 기획사, 공연기획자, 악기관련 업체 등

진출 직업

중등학교 교사, 장학사, 교육공무원, 가수, 악기 수리원 및 조율사, 연주가, 음반기획자, 음악평론가, 음악프로듀서, 작곡가, 편곡가, 영화음악 전문가, 공연기획자, 보이스트레이닝 전문가D 등

고등학교 권장 선택과목 로드맵

교과 영역	선택과목	
	일반선택	진로선택
기초	확률과 통계	진로 영어
탐구	세계사 동아시아사, 세계지리,	생활과 과학
체육·예술	음악, 연극	음악 연주, 음악 감상과 비평
생활·교양	교육학, 정보	지식 재산 일반

체육교육과

신체활동을 근간으로 하는 스포츠 활동을 학문적으로 연구함과 동시에 중등학교 체육교사를 양성한다.

과학적 지식을 바탕으로 체육교육의 전문화된 인재 양성을 위하여 폭넓은 지식과 전문적인 소양을 겸비시켜 체육교육의 전문적인 학문 분야를 연구할 수 있는 능력을 배양을 목표로 하고 있다.

📖 개설 대학

가톨릭관동대학교, 강원대학교, 건국대학교, 경남대학교, 경북대학교, 경상대학교, 고려대학교, 공주대학교, 단국대학교, 대구가톨릭대학교, 동국대학교, 부산대학교, 서울대학교, 서원대학교, 성결대학교, 숙명여자대학교, 원광대학교, 인천대학교, 인하대학교, 전남대학교, 전북대학교, 제주대학교, 중앙대학교, 충남대학교, 충북대학교, 한국교원대학교 등

📋 관련 학과

스포츠과학학부   스포츠복지과   체육학과

사회체육과   생활스포츠과   생활체육과

특수체육교육과   특수체육전공

졸업 후 진출 분야 및 직업

 진출 분야

국·공립 중등학교, 문화체육관광부, 소방공무원, 경찰공무원, 체육지도자연수원, 지역 스포츠 센터, 국민체육진흥기금, 한국장애인체육회, 대한체육회, 태권도진흥재단, 신문사, 방송국, 스포츠 센터, 경호업체, 스포츠관련 기업, 스포츠마케팅 기업, 트레이너, 스포츠관련 사업, 스포츠에이전시 등

진출 직업

중등학교 교사, 특수체육지도자, 생활체육지도자, 스포츠과학연구원, 유아 및 아동체육지도자, 노인체육지도자, 여가교육전문가, 경기 지도사, 선수트레이너, 스포츠심리상담사, 에이전시, 스포츠 마케터, 스포츠 기자, 방송인, 프로스포츠단체 행정 전문인, 스포츠 마케팅 전문가 등

🗄 고등학교 권장 선택과목 로드맵

교과 영역	선택과목	
	일반선택	진로선택
기초	확률과 통계	
탐구	생명과학 Ⅰ, 생활과 윤리	생활과 과학
체육·예술	체육, 운동과 건강	스포츠 생활, 체육 탐구
생활·교양	교육학, 보건	

MEMO

MEMO

01

직업 바이블

직업 탐색이 필요할 땐, 이 책이 답!

10% sale

44,100원/권당

국내 최대 직업 정보 수록! 진로 탐색을 위한 최고의 바이블
총 205개의 대표 직업과 약 1,000개의 관련 직업 소개
직업별 로드맵(관련학과, 관련교과, 적성, 흥미, 미래전망) 소개

02

학과 바이블

학과 선택이 고민 될 땐, 이 책이 답!

10% sale

44,100원/권당

계열별 대표학과 및 관련학과까지 1,000여개 학과 수록
계약학과&특성화학과 정보까지 수록되어
더 강력해진 개정판

03

교과세특 플래너

교과세특 관리를 위한 **필수 플래너!** 강력추천!

20% sale

8,800원/권당

탐구활동 기록 가이드 역할
체계적인 탐구활동 관리

나만의 진로 가이드북 시리즈

도서 시리즈 01

총 6개 계열별
대표 20개 직업과 20개 학과를 연결한 진로 도서

● 인문   ● 사회   ● 자연   ● 공학   ● 의료보건   ● 예체능

10% sale

16,650원/권당

각 직업과 학과에 대한 심도 있는 이해 OK!
실질적인 직업 진출 계획을 위한 진로 가이드북

교과세특 탐구주제 바이블 시리즈

도서 시리즈 02

교과세특 탐구주제 완벽대비를 위한 필수활용서

● 인문   ● 사회   ● 자연   ● 공학   ● 의약   ● 예체능   ● 교육

10% sale

19,800원/권당

2015개정 교육과정
국/영/수/사/과 교과군 58개 과목 모두 수록
1권으로 3년 세특준비 해결! 4053개 탐구주제 수록!

'어떻게 되었을까?' 시리즈

현직 직업인의 생생한 스토리가 담긴 직업가이드북

10% sale

13,500원/권당

실무자의 생생한 직업 이야기
각 분야 전문가들의 다양한 커리어패스
경험담을 통해 진로 설계의 동기부여

50가지의 직업 시리즈 출간!

도서 시리즈 03

학교 맞춤제작 도서

고교학점제 바이블

더 자세한 고교학점제에 대한 정보가 필요할 때!

10% sale

단행본 – 9,900원/권당

고교학점제 A부터 Z까지 모두 담은 도서
고교학점제 정책에 대한 이해부터 대학 계열별
선택과목 안내까지! 한 번에 해결!

맞춤제작 – (권당) 11,000원

자세한 견적은 전화로 문의주세요 :)
Tel) 02-333-5966(내선 2번)

표지/내지 수정 가능!
학교별 교육과정 편제표 및 학업계획서 양식 추가(무료)
고교학점제 안내 책자 제작 시간과 비용 절감 효과

내지구성 미리보기

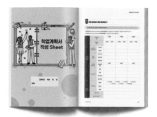

고교학점제 바이블 맞춤제작 특별 혜택

고교학점제 수업에 활용할 수 있는 총 4차시 강의안 PPT파일 무.료.제.공

선생님들을 위한 교육 교구몰

캠퍼스멘토 교구몰

도서/교구/활동지/워크북 등 다양한 교육 교구재를 한 번에 만날 수 있습니다.

[캠토몰 링크] **www.campusmentor.co.kr**

나에게 필요한 모든 것이 있는 곳

MOYACOMPANY

일상 속 변화를 이끄는 교육콘텐츠 전문기업, 모야컴퍼니를 만나보세요.

[모야컴퍼니 홈페이지] **moyamall.com** [모야몰 링크] **smartstore.naver.com/moya_mall**

※ 참고문헌

- 2015 개정교육과정 별책 42, 창의적 체험활동 교육과정(제2015-74, 교육부)
- 2015 개정교육과정 창의적 체험활동 해설(고등학교), (교육부, 2017)
- 2020 초, 중등 진로교육 현황 결과 발표(교육부, 한국직업능력연구원, 2021)
- 2020 고등교육기관 졸업자취업통계연보(한국교육개발원)
- 2021 학교생활기록부 기재요령(경기도교육청)
- 2021학년도 학생 봉사활동 운영 계획(경기도교육청)
- 2021 충북대학교 학생부종합전형 가이드북
- 2021학년도 서울대학교 학생부종합전형 안내서
- 2021학년도 연세대학교 학생부종합전형 안내서
- 2021학년도 고려대학교 학생부종합전형 안내서
- 2021학년도 충북대학교 학생부종합전형 안내서
- 2022학년도 동국대학교 학생부종합전형 안내서
- 2022학년도 강원대학교 학생부종합전형 안내서
- 2022학년도 학교생활기록부 개재요령(교육부)
- 국어 교과(군) 교과 세부능력 및 특기사항 기재 도움 자료(교육부, 시도교육청, 한국과학창의재단, 2020)
- 과학 교과(군) 교과 세부능력 및 특기사항 기재 도움 자료(교육부, 시도교육청, 한국과학창의재단, 2020)
- 고교학점제 도입에 따른 교육과정 이수 지도 방안 탐색(교육과정평가원, 2020)
- 교육통계분석자료집 (한국교육개발원, 2021)
- 남, 녀 청소년의 사회 비교 경향성, 비합리적 신념과 성취목표와의 관계 (하정희, 교육심리연구, 20(40), 785-805, 2006)
- 사회 교과(군) 교과 세부능력 및 특기사항 기재 도움 자료(교육부, 시도교육청, 한국과학창의재단, 2020)
- 수학 교과(군) 교과 세부능력 및 특기사항 기재 도움 자료(교육부, 시도교육청, 한국과학창의재단, 2020)
- 영어 교과(군) 교과 세부능력 및 특기사항 기재 도움 자료(교육부, 시도교육청, 한국과학창의재단, 2020)
- 일반고 학생들의 진로선택과정에 대한 질적 연구(박나실, 서울대학교 대학원, 2020)
- 자아존중감과 무망감을 기준으로 한 진로 결정 유형에 따른 진로 준비 행동과 진로 의사결정 어려움의 차이(김소영, 건국대학교, 2018)
- 진로 및 직업 탐색'에 대한 청소년 설문조사 (스마트학생복, 2021.05.20.)
- 한국사 교과(군) 교과 세부능력 및 특기사항 기재 도움 자료 (2020, 교육부, 시도교육청, 한국과학창의재단, 2020)
- 학과바이블 (한승배 외, 캠퍼스멘토)

※ 참고사이트

- 글래스도어(https://www.glassdoor.com/)
- 대입정보포털 어디가 (http://www.adiga.kr/)
- 서울대학교 아로리 (http://snuarori.snu.ac.kr/)
- 워크넷 (https://www.work.go.kr/)
- 커리어넷 (https://www.career.go.kr/)
- 학교알리미 (https://www.schoolinfo.go.kr/)

학생부 바이블 교육계열

1판 1쇄 찍음	2021년 10월 28일
2판 2쇄 펴냄	2023년 8월 18일

출판	(주)캠퍼스멘토
제작	(주)모야컴퍼니
저자	김강석, 최미경, 한승배, 전소영, 이남순, 배수연, 안병무, 유현종

총괄기획	박선경 (sk@moyacompany.com)
책임편집	(주)모야컴퍼니
연구기획	김예솔, 민하늘, 최미화, 양채림
디자인	(주)모야컴퍼니
경영지원	지재우, 윤영재, 임철규, 최영혜, 이석기
마케팅	이동준, 신숙진, 김지수, 김연정, 박제형, 강덕우, 박지원
발행인	안광배, 김동욱

주소	서울시 서초구 강남대로 557(잠원동, 성한빌딩) 9F
출판등록	제 2012-000207
구입문의	(02) 333-5966
팩스	(02) 3785-0901
홈페이지	www.campusmentor.co.kr (교구몰)
	smartstore.naver.com/moya_mall (모야몰)

ISBN	978-89-97826-88-9(44080)